AF814808

your**SUCCESS CODE**

Der Schlüssel, um Ideen
in echtes Geld zu verwandeln

Dr. Michaela Schatzl-Linder

yourSUCCESS CODE

Der Schlüssel, um Ideen in echtes Geld zu verwandeln

Alle Angaben wurden gründlich recherchiert, gesammelt, sondiert und publiziert. Dennoch: Alles ohne Gewähr. Jegliche Haftung seitens der Herausgeberin und | oder der Autorin ist ausgeschlossen. Für den Inhalt verlinkter Webseiten Dritter übernehmen wir keine Haftung.

www.yoursuccess.at
Autorin: Dr. Michaela Schatzl-Linder BSc
Umschlaggestaltung: www.studiozett.com
Coverbild: Shutterstock
Illustration: Teile der grafischen Gestaltung wurden unter Verwendung von Vorlagen und Design-Elementen von Canva (www.canva.com) erstellt. Die Nutzung erfolgt in Übereinstimmung mit den aktuellen Lizenzbedingungen von Canva.

Druck und Vertrieb im Auftrag der Autorin
Buchschmiede von Dataform Media GmbH
Julius-Raab-Straße 8 | 2203 Großebersdorf | Österreich

www.buchschmiede.at – Folge deinem Buchgefühl!
Kontaktadresse nach EU-Produktsicherheitsverordnung:
info@buchschmiede.at

ISBN: 978-3-99181-880-9 (Hardcover)
ISBN: 978-3-99181-882-3 (Softcover)

Printed in Austria

Der Erfolg liegt in Ihrer Hand.

Geben Sie ihm Schub!

KLAR

MUTIG

KONSEQUENT

INHALT

Liebe Leser!

Vielen Dank, dass Sie dieses Buch gekauft haben! Damit haben Sie bereits den ersten wichtigen Schritt in Richtung Ihres unternehmerischen Erfolgs gesetzt. Sie haben sich bewusst entschieden, nicht länger nur von Ihrer Idee zu träumen, sondern den Weg in die Umsetzung zu gehen. Und genau hier setzt dieses Buch an: Es begleitet Sie Schritt für Schritt, damit aus einer guten Idee ein tragfähiges Geschäftsmodell entsteht und aus einer Vision ein reales Unternehmen.

Am meisten profitieren von diesem Buch all jene, die voller Begeisterung eine brillante Idee in den Händen halten, jedoch im Bereich Wirtschaft und Unternehmertum noch nicht so sattelfest sind. Vielleicht sind Sie Techniker, Tüftler oder ein kreativer Kopf. Vielleicht kommen Sie aus einem Handwerksberuf, haben gerade ein Studium abgeschlossen oder stehen mit Ihrem Unternehmen am Anfang. Gemeinsam ist Ihnen allen: Sie haben eine Lösung mit großem Nutzen entwickelt, doch Sie fragen sich, wie daraus ein Angebot wird, das Kunden begeistert und wirtschaftlich erfolgreich ist.

Warum ist dieses Buch für Sie so wertvoll? Weil es Ihnen einen klaren und verständlichen Weg aufzeigt, wie man ein erfolgreiches Unternehmen aufbaut und führt. Sie müssen kein Betriebswirtschaftsstudium absolviert haben, um die Inhalte zu verstehen. Stattdessen finden Sie hier leicht umsetzbare Methoden, viele Beispiele aus der Praxis und kurze Übungen, die Sie sofort ausprobieren können. So bleiben Sie nicht in der Theorie stecken, sondern kommen gleich ins Tun und das mit überschaubarem Aufwand.

Vielleicht kennen Sie das Gefühl: Die Idee ist genial, doch irgendwo zwischen Technik, Bürokratie und Selbstzweifeln geht die Energie verloren. Genau an diesem Punkt unterstützt Sie dieses Buch. Es soll für Sie ein Begleiter sein, der Ihnen Orientierung gibt, Mut macht und zeigt: Sie sind nicht allein auf diesem Weg. Viele andere Gründer und Unternehmer standen an derselben Stelle wie Sie jetzt und haben den

Sprung geschafft. Warum also nicht auch Sie?

Mit diesem Buch legen Sie das Fundament für Ihren persönlichen und unternehmerischen Erfolg. Nehmen Sie sich die Zeit, die Übungen durchzuführen, die Beispiele auf Ihre Situation zu übertragen und die Schritte konsequent zu gehen. So wächst Ihre Idee und Sie wachsen mit.

Lassen Sie uns jetzt gemeinsam loslegen. Ihre Idee hat es verdient, umgesetzt zu werden. Und Sie haben es verdient, die Früchte Ihrer Arbeit zu ernten.

Dieses Buch ist speziell für technikaffine Gründer, EPUs und produzierende KMUs konzipiert und bietet praxisnahes Wissen, klar formuliert und frei von betriebswirtschaftlichem Fachjargon. Mit strukturierten Tools und bewährten Methoden wie dem Business Model Canvas erhalten Sie eine Schritt-für-Schritt-Anleitungen, die leicht verständlich und sofort anwendbar ist.

Zahlreiche Beispiele aus der technischen Welt zeigen Ihnen, wie sich Ideen erfolgreich in Produkte verwandeln lassen. Der Fokus liegt dabei stets auf der Umsetzung. Statt sich in Theorien zu verlieren, werden Sie zum Handeln motiviert.

Aus Gründen der besseren Lesbarkeit wird dieses Buch nicht gegendert. Personenbezeichnungen mit der männlichen Form beziehen sich stets auf alle Geschlechter. Diese verkürzte Form enthält keine Wertung und dient allein der sprachlichen Vereinfachung.

Zur Handhabung dieses Buchs

Sie können dieses Buch Abschnitt für Abschnitt lesen, wenn Sie das erste Mal ein Unternehmen gründen möchten und Ihr Geschäftsmodell dafür entwickeln. Gerade der erste Teil des Buches ist hier entscheidend, da Sie sich damit beschäftigen werden, in welche Richtung Sie Ihr Unternehmen ausgestalten möchten. Im zweiten Teil fokussieren Sie sich auf die Definition und Auswahl Ihrer Zielkunden. Wenn Sie diese gefunden haben, wird im Teil drei Ihr Produkt für die vorher definierte Zielgruppe entwickelt und schlussendlich das Geschäftsmodell aufgebaut und getestet.

Wenn Sie bereits Unternehmer sind, können Sie das Buch gerne als Nachschlagewerk verwenden und in jene Kapitel tiefer eintauchen, die Sie aktuell am meisten beschäftigen und wo Sie den größten Nutzen für sich daraus ziehen können.

Wenn beim Lesen oder bei den Experimenten weitere Fragen auftauchen sollten, bieten wir Ihnen ab 2026 eine Onlineberatung an. Sie können diesbezüglich gerne mit uns Kontakt aufnehmen unter www.yoursuccess.at/jetztstarten und die Option: „Onlineberatung zum Buch" auswählen. Wir würden uns sehr freuen, Sie auf Ihrer Reise ein Stück weit begleiten zu dürfen.

Zur besseren Orientierung im Buch sind hier die verwendeten Piktogramme und deren Bedeutung kurz erklärt.

EXPERIMENTE

Jedes neue Thema wird unmittelbar durch ein praktisches Experiment vertieft, das Sie direkt zur Umsetzung des Gelernten einlädt. Dieser Ansatz bringt Sie sofort ins Handeln, ohne dass Sie erst das gesamte Buch durcharbeiten müssen. So können Sie bereits beim Lesen der ersten Zeilen konkrete Fortschritte erzielen und das theoretische Wissen in greifbare Ergebnisse verwandeln.

FAZIT
Jeder thematische Abschnitt schließt mit einem prägnanten Resümee ab, das die wichtigsten Erkenntnisse auf den Punkt bringt. Diese kompakte Zusammenfassung erleichtert nicht nur das Einprägen der Kernbotschaft, sondern schafft auch eine schnelle Orientierungshilfe für die praktische Umsetzung im Arbeitsalltag.

IN A NUTSHELL
Am Ende jedes Kapitels finden Sie die wichtigsten Erkenntnisse und Kerninhalte stichwortartig zusammengefasst. Diese kompakten Highlights dienen als praktisches Nachschlagewerk und ermöglichen es Ihnen, die wesentlichen Punkte schnell zu erfassen oder später gezielt wiederzufinden.

BONUS FÜR KI-UNTERSTÜTZUNG
Das Thema Künstliche Intelligenz erhält in diesem Buch den Stellenwert, den es verdient. Überall dort, wo Sie dieses Icon entdecken, finden Sie praxiserprobte Tipps zum gezielten KI-Einsatz bei der Geschäftsmodell-Entwicklung. Diese Impulse können Sie ergänzend nutzen, ausprobieren und für Ihre individuellen Bedürfnisse weiter verfeinern. Mein Ziel ist es, Ihnen dabei den Einstieg in dieses zukunftsweisende Thema zu erleichtern und zu zeigen, wie schnell Sie zu konkreten, verwertbaren Ergebnissen gelangen.

FACHCHINESISCH? Keine Sorge, Sie müssen kein Wirtschaftsexperte sein, um dieses Buch zu verstehen. Ich verwende bewusst nur wenige Fachbegriffe, und jene, die vorkommen, sind im Glossar kurz und verständlich erklärt. So finden Sie sich schnell zurecht und wissen immer genau, was gemeint ist.

EINLEITUNG

5 - 3 - 1

Ihr Schlüssel zu Klarheit, Können und Erfolg

Merken Sie sich dafür einfach 5 – 3 – 1: Sie bauen 5 zentrale Wissenspunkte auf, die Ihnen das notwendige Fundament geben, entwickeln 3 konkrete Fähigkeiten, die Sie direkt in der Praxis anwenden können, und entdecken 1 Sache, die Sie nie wieder missen möchten, weil sie Ihr unternehmerisches Denken und Handeln dauerhaft verändern wird. Dieses Buch nimmt Sie Schritt für Schritt mit, verbindet Theorie mit greifbaren Übungen und führt Sie so von der Idee zur Umsetzung, damit aus Ihrem Vorhaben ein tragfähiges und zukunftssicheres Geschäftsmodell wird.

5 ERKENNTNISSE FÜR IHR WISSEN:

- **Wer sind wirklich Ihre Kunden?** Sie werden erfahren, wie Sie Ihre Zielgruppe präzise eingrenzen und ihre wahren Bedürfnisse erkennen.
- **Was überzeugt Ihre Kunden?** Sie werden lernen, auf was zu achten ist, wenn Sie ein starkes Wertangebot entwickeln, das die Herausforderungen der Kunden löst und Chancen nutzt.
- **Was trägt Ihr Geschäftsmodell**? Es wird klar beschrieben, wie Ressourcen, Partner und Aktivitäten zusammenwirken, um ein einzigartiges Angebot zu schaffen.

- **Wie wird Ihr Geschäftsmodell profitabel**? Sie werden lernen, wie Sie Kosten und Einnahmen klug steuern, um nachhaltigen Erfolg zu sichern.
- **Wie minimieren Sie Risiken?** Sie bekommen Tools zur Verfügung gestellt, wie Sie Annahmen systematisch testen, Ihr Modell kontinuierlich verbessern und so Schritt für Schritt optimieren.

3 FÄHIGKEITEN FÜR IHR KÖNNEN

- **Kunden wirklich verstehen**: Sie erfahren, wie Sie mit der Empathy Map in die Perspektive Ihrer Zielgruppe eintauchen und deren Bedürfnisse, Herausforderungen und Wünsche präzise erfassen.
- **Einnahmequellen gezielt gestalten**: Sie lernen gezielt herauszufinden, worauf Ihre Kunden Wert legen und wofür sie tatsächlich bereit sind zu bezahlen, und diese Erkenntnisse direkt am Markt zu validieren.
- **Annahmen rasch und kostengünstig überprüfen**: Sie erlernen klare Hypothesen zu formulieren und mit effizienten Experimenten (z. B. Interviews, Landing Pages oder Concierge-Tests) schnell und praxisnah zu testen.

1 GEMEINSAMES ZIEL: DER DURCHBRUCH ZU IHREM ERFOLG!

Sie werden ein Werkzeug schätzen lernen, welches Ihnen direkt und unmittelbar dabei hilft, Ihre gesteckten Ziele zu erreichen, und das ist die konsequente Arbeit mit dem Business Model Canvas, als Landkarte und Steuerungsinstrument, das Ihnen hilft, Chancen zu erkennen, Risiken zu minimieren und Ihr Geschäftsmodell kontinuierlich und zielgerichtet weiterzuentwickeln, sodass der Erfolg nicht mehr lange auf sich warten lässt.

STARTEN

KOMMEN SIE INS TUN!

Kapitel 1

WARUM ein eigenes Unternehmen gründen?

Kapitel 2

Wie identifiziert man die besten **IDEEN**?

Kapitel 3

Weshalb braucht es ein **GESCHÄFTSMODELL**?

Kapitel 1: WARUM ein eigenes Unternehmen gründen?

Warum Ihr "WARUM" so wichtig ist

Im Rahmen meiner Beratertätigkeit konnte ich oft beobachten, dass technikaffine Gründer mit einer genialen Idee starten, ohne genau zu wissen, wohin sie wollen oder warum sie diesen Weg einschlagen. Doch genau dieses „Warum“ ist der Motor für Ausdauer, Motivation und Richtung. In diesem ersten Kapitel nehmen wir uns bewusst Zeit, um Ihr inneres Antriebsmoment zu entdecken: Was treibt Sie wirklich an? Was möchten Sie mit Ihrem Unternehmen bewirken? Und was macht Ihre Idee nicht nur technisch spannend, sondern auch unternehmerisch relevant?

Diese Fragen sind nicht nur für Gründer wichtig, sondern auch für all jene, die bereits ein Unternehmen führen. Lassen Sie uns daher gemeinsam diese Aspekte erkunden.

Inspiriert durch das Beispiel von Dr. Ingeborg Hochmair, die mit MED-EL weltweite Wirkung erzielt hat, schauen wir uns typische Gründungsmotive an. Wir beleuchten die Unterschiede in den Beweggründen und klären den Unterschied zwischen Vision und Mission. Das Ziel dieses Kapitels ist es, dass Sie Ihr persönliches „Warum“ entdecken und daraus ein klares, motivierendes Zielbild für Ihr Unternehmen entwickeln.

Denn nur wer sein „Warum“ kennt, findet auch einen Weg für das „Wie“ das es braucht, um ans Ziel zu kommen, dabei längere Durststrecken zu überdauern und Hürden entlang des Weges erfolgreich zu meistern.

Ihr persönliches WARUM

Zunächst werden wir uns mit den Gründen beschäftigen, warum Menschen den Schritt in die Selbständigkeit wagen und ihr eigenes Unternehmen gründen. Wir werden uns eine inspirierende Erfolgsgeschichte ansehen und die häufigsten Beweggründe für die Selbständigkeit untersuchen. Am Ende dieses Kapitels werden Sie ein klares Verständnis dafür haben, was Sie tatsächlich langfristig antreibt und motiviert und wie Sie Ihre eigenen unternehmerischen Ziele auch erreichen können.

Eine Erfolgsgeschichte

Lassen Sie mich die Frage, warum man ein eigenes Unternehmen gründen sollte, mit einer wahren Erfolgsgeschichte beantworten. Dr. Ingeborg Hochmair (1), geboren in Wien, ist Elektrotechnikerin, Unternehmerin und eine wahre Pionierin in der europäischen Medizintechnik. Gemeinsam mit ihrem Mann Erwin Hochmair entwickelte sie 1977 das weltweit erste mikroelektronische Mehrkanal-Cochlea-Implantat – eine revolutionäre Hörprothese für taube und hochgradig schwerhörige Menschen.

Ihr Weg in die Selbständigkeit

Im Jahr 1989 gründete sie das Unternehmen MED-EL (2) mit Sitz in Innsbruck. Ihr Ziel war es, diese Technologie nicht nur weiterzuentwickeln, sondern auch in Serie zu bringen, zu verbessern und weltweit verfügbar zu machen. Heute zählt MED-EL zu den weltweit führenden Herstellern von Hörimplantaten, beschäftigt über 2.500 Mitarbeiter und exportiert in mehr als 120 Länder. Das Unternehmen ist vollständig im Familienbesitz und ein Paradebeispiel für nachhaltigen Technologiebetrieb „Made in Austria".

Technische Exzellenz und unternehmerische Vision.
Ingeborg Hochmair zeigt eindrucksvoll, was möglich ist, wenn technische Exzellenz, klare Vision und unternehmerische Beharrlichkeit zusammenkommen. Sie erhielt zahlreiche Auszeichnungen, darunter den Lasker-DeBakey Medical Research Award, den Russ Prize und mehrere Ehrendoktorate. Sie ist damit eine der bekanntesten Technik-Unternehmerinnen Europas und ein starkes Role Model für all jene, die ihre technischen Ideen auf den Markt bringen wollen.

Die Beweggründe zur Selbständigkeit
Die Geschichte von Dr. Ingeborg Hochmair zeigt eindrucksvoll, wie technisches Können gepaart mit unternehmerischer Vision Großes bewirken kann. Doch was motiviert Menschen grundsätzlich dazu, den Schritt in die Selbständigkeit zu wagen? Hier sind laut Global Report Entrepreneurship Reality Check (3) von 2025 die sieben häufigsten Gründe dafür.

1. **Eigenverantwortung & Unabhängigkeit**: Sie bestimmen die Inhalte, die Zeit, den Ort und das Ziel.
2. **Leidenschaft für die eigene Idee**: Es geht dabei um Ihr Produkt und um Ihr Engagement.
3. **Finanzielle Chancen**: Ihr Einkommen wächst mit Ihrem Einsatz.
4. **Flexibilität**: Sie bestimmen Ihren Rhythmus selbst.
5. **Innovation entfalten**: Technische Lösungen selbst entwickeln.
6. **Sinn und Wirkung**: Sie gestalten erkennbar und nachhaltig mit.
7. **Frustration im Angestelltenverhältnis**: Fehlende Perspektiven, eine Unternehmenskultur, die nicht zu ihren Werten passt oder zu geringe Wertschätzung, die Ihnen entgegengebracht wird.

Ergänzend sei noch zu erwähnen, dass sich die Beweggründe für eine

Unternehmensgründung oft je nach Geschlecht und Ausbildung unterscheiden. Während Frauen häufiger Sinn, Selbstverwirklichung und Vereinbarkeit mit anderen Interessen anstreben, stehen bei Männern eher finanzielle Ziele, Status und Herausforderung im Vordergrund. Technisch ausgebildete Gründer bringen viel Innovationskraft mit, fühlen sich jedoch in betriebswirtschaftlichen Fragen oft unsicher, wohingegen wirtschaftlich gebildete Gründer risikobereiter agieren und ihr Know-how gezielt einsetzen.

Diese Unterschiede zeigen: Es gibt nicht den einen Gründertyp und genau deshalb braucht es individuelle Impulse, die zu Ihrer Ausgangslage passen. Besonders technikaffine Gründer mit innovativen Ideen profitieren davon, wenn sie ihre Stärken gezielt einsetzen und zugleich typische Hürden frühzeitig adressieren.

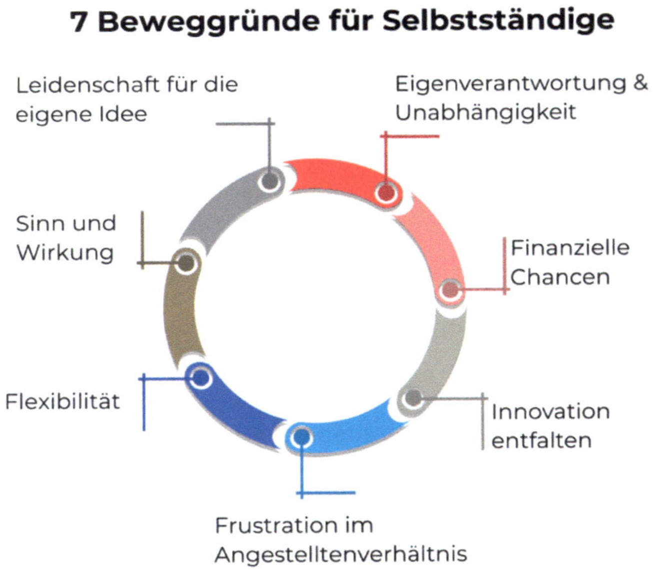

Abbildung 1: 7 Beweggründe für Selbständige

Drei Schlüsselimpulse für Sie als Gründer

Gerade in der Vorbereitungs- und Anfangsphase der Gründung ist es für den langfristigen Erfolg eines Unternehmens wesentlich, sich über die drei unten angeführten Themen ausreichend Gedanken zu machen, da sich diese massiv auf die Erfolgsaussichten auswirken können.

Schlüsselimpuls	Beschreibung
Nutzen klar denken	Überlegen Sie konkret, welchen Mehrwert Ihr Produkt oder Ihre Dienstleistung für eine bestimmte Zielgruppe stiftet, und zwar messbar: Wer profitiert wie stark und wie häufig davon?
Prototyp testen	Zeigen Sie Ihre Lösung möglichst früh echten Nutzern, um ehrliches Feedback zu erhalten und daraus konkrete Verbesserungen abzuleiten, statt im stillen Kämmerlein zu tüfteln.
Sicherheit durch Struktur	Legen Sie von Beginn an klare Etappen, ein realistisches Budget und konkrete Erfolgskriterien fest. Das gibt Orientierung und hilft, fundierte Entscheidungen im Entwicklungsprozess zu treffen.

Hobby oder Unternehmung?

Viele Technikbegeisterte lieben es zu tüfteln, doch das allein macht noch kein Unternehmen aus. Der entscheidende Unterschied liegt darin, ob Sie auch dann weitermachen, wenn die Motivation einmal fehlt. Bei einem Hobby können Sie es einfach beiseitelegen, wenn die Lust verflogen ist. Ein eigenes Unternehmen zu führen, erfordert hingegen tägliches Engagement und besonders dann, wenn Rechnungen bezahlt werden müssen, Rückschläge auftreten, die Technik nicht mitspielt oder das Einkommen schwankt.

Unternehmerisches Handeln erfordert mehr als Begeisterung für die eigene Idee. Es bedeutet, sich auch jenen Aufgaben zu stellen, die weniger Freude bereiten, sei es die strategische Ausrichtung des Marketings, die sorgfältige Planung der Finanzen oder anspruchsvolle Kundengespräche. Allen voran verlangt es die Fähigkeit, auch in unsicheren Phasen klare Entscheidungen zu treffen.

Wer nur dann aktiv wird, wenn die Motivation gerade hoch ist, bleibt im Stadium des Hobbys oder eines unvollendeten Traums. Wirtschaftlicher Erfolg entsteht dort, wo Beharrlichkeit auf Disziplin trifft, wo man auch dann handelt, wenn der Weg steinig erscheint. Erst dieser bewusste Schritt über den inneren Widerstand hinweg verwandelt die Leidenschaft des „Hobby-Technikers“ in die Professionalität eines erfolgreichen Unternehmers. Denn am Ende entscheidet nicht allein die Idee über den Erfolg, sondern die konsequente Umsetzung.

Bevor Sie den Weg in die Selbständigkeit einschlagen, lohnt es sich, einen ehrlichen Blick auf Ihre persönliche Ausgangslage zu werfen. Starten Sie daher gleich jetzt mit dem ersten Experiment in diesem Buch. Dadurch kommen Sie rasch ins Tun und das Gelesene bleibt nicht mehr abstrakte Theorie, sondern kann sofort auf die eigene aktuelle Situation übertragen werden. Los geht’s!

EXPERIMENT 1: Unternehmergen

Haben Sie das Gen zum Unternehmertum?

Die folgenden Fragen helfen Ihnen dabei, Ihre Motivation, Ihre Belastbarkeit und Ihre unternehmerische Bereitschaft realistisch einzuschätzen. Es geht darum, zu erkennen, wo Sie bereits gut aufgestellt sind und wo es noch Entwicklungspotenzial gibt. Beantworten Sie die Fragen möglichst spontan mit „Ja“ oder „Nein“.

Haben Sie das Gen zum Unternehmertum?	JA	NEIN
1. Würden Sie auch am Wochenende an Ihrer Idee arbeiten, wenn es nötig ist?	☐	☐
2. Erledigen Sie ungeliebte Aufgaben regelmäßig?	☐	☐
3. Können Sie weitermachen, wenn Erfolge auf sich warten lassen?	☐	☐
4. Sehen Sie Rückschläge als Lernchance?	☐	☐
5. Haben sie einen Plan, wie Sie erste Einnahmen generieren?	☐	☐
6. Können Sie mit anfangs unsicherem Einkommen leben?	☐	☐
7. Organisieren und Strukturieren Sie sich selbst zuverlässig?	☐	☐
8. Lernen Sie gerne betriebswirtschaftliche Grundlagen und Zusammenhänge?	☐	☐
9. Haben Sie ein unterstützendes Netzwerk?	☐	☐
10. Verfügen Sie über finanzielle Rücklagen für sechs bis zwölf Monate?	☐	☐
11. Sind Sie bereit, aus technischen Misserfolgen Erkenntnisse zu gewinnen?	☐	☐
12. Fühlen Sie sich motiviert, auch bei Widerstand weiterzumachen?	☐	☐

Interpretation der Ergebnisse:

Punkte	Interpretation
0 – 4 JA	Ein unmittelbarer Start in die Selbständigkeit wäre zum jetzigen Zeitpunkt möglicherweise noch verfrüht. Es empfiehlt sich, zunächst Ihre Planung, finanzielle Sicherheit, persönliche Disziplin sowie unternehmerische Kompetenzen gezielt weiterzuentwickeln.
5 – 8 JA	Sie bringen bereits eine solide Grundlage mit, das ist ein wichtiger erster Schritt. Nutzen Sie diese Ausgangslage, um nebenberuflich erste Erfahrungen zu sammeln, Ihre Idee in kleinen Projekten zu erproben und wertvolles Feedback von potenziellen Kunden einzuholen. So können Sie Ihr Vorhaben mit Bedacht weiterentwickeln und Stück für Stück in Richtung Selbständigkeit wachsen.
9 – 12 JA	Herzlichen Glückwunsch! Sie sind gründungsbereit und bringen die nötigen Voraussetzungen mit, um Ihr Vorhaben selbstbewusst in die Tat umzusetzen. Nun ist es an der Zeit, Ihre nächsten Schritte klar zu planen, ein erstes funktionsfähiges Produkt (MVP) zu entwickeln, es am Markt zu testen und anschließend mit Überzeugung durchzustarten.

5 Punkte, die Sie vor Ihrer Gründung beachten sollten, um den Start zu erleichtern

Sie fühlen sich ausreichend vorbereitet, haben den Selbsttest mit Bravour bestanden und sind sich absolut sicher den Schritt in die Selbständigkeit zu wagen, dann sollten Sie noch kurz einige grundlegende Voraussetzungen bedenken, bevor es dann wirklich losgeht.

Punkt	Beschreibung
Finanzieller Puffer	Sorgen Sie für einen finanziellen Puffer, der Ihre Fixkosten für mindestens sechs bis zwölf Monate abdeckt. So bleiben Sie handlungsfähig, auch wenn Einnahmen zunächst ausbleiben.
Testen des Geschäftskonzepts	Testen Sie Ihr Geschäftskonzept im Kleinen, zum Beispiel nebenberuflich, um echtes Kundenfeedback zu erhalten und Ihre Idee marktgerecht weiterzuentwickeln.
Klare Ziele und Exit-Strategie	Was wollen Sie erreichen und wie handeln Sie, wenn der gewünschte Erfolg ausbleibt?
Betriebswirtschaftliche Grundlagen	Erarbeiten Sie sich betriebswirtschaftliche Grundlagen, um fundierte Entscheidungen treffen zu können.
Netzwerk aufbauen	Bauen Sie sich frühzeitig ein Netzwerk auf, denn der Austausch mit Gleichgesinnten und Experten ist oft der entscheidende Erfolgsfaktor auf dem Weg zum eigenen Unternehmen.

Fazit: Ihr persönliches WARUM

Von der ersten Idee zur Umsetzung: Ihre Reise startet jetzt!

Die Geschichte von Dr. Ingeborg Hochmair zeigt, wie technisches Können und unternehmerische Vision zusammen Großes bewirken können.

Mit den drei Schlüsselimpulsen: Nutzen klar denken, Prototyp testen sowie Sicherheit durch Struktur haben Sie konkrete Ansätze zur Umsetzung Ihrer Ideen. Nutzen Sie die Tools und Methoden aus diesem Buch, um Ihre Ideen und Gedanken strukturiert und mit Überzeugung umzusetzen.

Ihre individuelle VISION

Vielen Technikern, die ein Unternehmen gründen wollen, ist oft nicht bewusst, wie wichtig es ist, von Anfang an eine klare Vision zu haben, wohin die Reise gehen soll. Oft wird das Thema belächelt und als Zeitverschwendung abgetan. Doch das ist ein fataler Irrtum, den viele Unternehmen erst zu spät erkennen.

WARUM gibt es Ihr Unternehmen – Wofür stehen Sie?

Lassen Sie uns gemeinsam erkunden, warum es so wichtig ist, so früh wie möglich mit der Visionsarbeit zu beginnen. Sollten Sie schon länger Unternehmer sein und bisher noch keine klare Vision für Ihr Unternehmen haben, dann nutzen Sie jetzt die Gelegenheit und beginnen Sie damit. Nehmen Sie sich einen Moment Zeit und schreiben Sie auf, was Sie mit Ihrem Unternehmen erreichen möchten.

Eine klare Gründungs- oder Geschäftsintention gibt Ihnen Orientierung und motiviert nicht nur Sie selbst, sondern auch Ihr gesamtes Team, da klar ist, welche Ziele und Werte verfolgt werden. Eine sauber definierte Vision schärft den Blick auf das Wesentliche und dient Ihnen als Entscheidungskompass. Stellen Sie sich vor, Sie stehen vor der Wahl, ein neues Projekt zu starten oder ein bestehendes zu optimieren. Ihre Vision hilft Ihnen, die richtige Entscheidung zu treffen.

Als Techniker wird es Ihnen ungemein helfen, wenn Sie den Sinn Ihres Unternehmens kennen, da Sie dadurch leichter Ihre Zielgruppe identifizieren und gezielt ansprechen können. Sie werden auch leichter die passenden Mitarbeiter finden, da Sie mit Ihrer Vision jene Menschen ansprechen, die ähnliche Werte verfolgen. Nicht zuletzt werden Sie es auch leichter haben, entsprechende Geschäftspartner zu finden, wenn für die Außenwelt klar ersichtlich ist, wofür Sie stehen und welche Vision Sie verfolgen.

Gerade wenn es um die Ausarbeitung Ihres individuellen Geschäftsmodells geht, ist es entscheidend, sich vorab zu überlegen, welches

Ziel Sie erreichen möchten und welche Vision Sie verfolgen. Ohne eine klare Vision ist ein zielgerichtetes Handeln und die strategische Ausrichtung Ihres Unternehmens nur sehr schwer möglich. Ihre Vision ist der Ausgangspunkt für die Entwicklung Ihres Geschäftsmodells.

Investieren Sie daher ausreichend Zeit, um Ihre Vision zu entwickeln und klar zu definieren. Jeder Moment, den Sie hier investieren, wird sich später auszahlen und Ihnen helfen, Ihre Ziele schneller und effizienter zu erreichen.

Eine klar formulierte Vision beantwortet nicht nur die Frage, wohin sich Ihr Unternehmen langfristig entwickeln soll, sondern gibt Ihnen auch das Gefühl von Sicherheit und Richtung. Sie hilft Ihnen, Wichtiges von Unwichtigem zu trennen und bringt Klarheit in Ihr tägliches Handeln. Der in Großbritannien geborene Bestseller-Autor Simon Sinek widmete ein ganzes Buch dieser Frage. In Start With Why und auch auf seiner Webseite (4) schreibt er: „People don't buy what you do, they buy WHY you do it."

Erfolgreiche Unternehmen zeichnen sich nicht nur dadurch aus was sie tun, sondern vor allem durch das „Warum" dahinter, durch die klare Mission und deren dahinterliegenden Absichten, die ihr Handeln tragen. Wer diese Grundhaltung authentisch vermittelt, schafft nicht nur Produkte oder Dienstleistungen, sondern emotionale Bindung.

Kunden, die diese Vision teilen, werden zu überzeugten Botschaftern, nicht aus Zufall, sondern aus Überzeugung. Denn wer versteht, woran Sie glauben, folgt Ihnen nicht nur als Kunde, sondern als Partner auf dem gemeinsamen Weg.

"People don't buy
what you do,
they buy
WHY you do it."

Simon Sinek (4)

Die eigene Vision entwickeln

Beginnen Sie strukturiert, die folgenden Fragen zu beantworten, und lassen Sie sich bewusst auf diese spannende Reise ein. Sie werden Klarheit gewinnen, was Sie wirklich wollen, und Dinge identifizieren, die für Sie nicht mehr relevant sind. Dies wird Ihnen helfen, sich auf das Wesentliche zu konzentrieren.

Zunächst werden die drei Stufen zur Ausarbeitung der eigenen Unternehmensvision etwas genauer erläutert, damit Sie ein klares Bild davon bekommen, wie der Prozess in der Praxis abläuft. Anhand der drei Experimente am Ende des Abschnitts können Sie Ihre eigene Vision dann Schritt für Schritt selbst ausarbeiten.

Stufe 1: SELBSTREFLEXION - Starten Sie bei sich selbst

- **Welches Problem beschäftigt Sie so intensiv, dass Sie es unbedingt lösen möchten?** Gibt es etwas in der Welt, das Sie als ungerecht, ineffizient oder unbefriedigend empfinden? Unternehmen wie Airbnb, die das Problem der teuren Unterkünfte löste, oder Patagonia, das sich für Umweltschutz einsetzt, wurden gegründet, um ein tief empfundenes Problem zu lösen.

- **Welche Veränderung möchten Sie mit Ihrem Unternehmen in der Welt bewirken?** Überlegen Sie, welchen positiven Beitrag Ihr Unternehmen für Ihre Kunden, die Gesellschaft oder die Umwelt leisten kann.

- **Wer profitiert am meisten von Ihrem technischen Angebot und warum ist Ihnen genau diese Zielgruppe so wichtig?** Diese Frage zielt darauf ab, mit wem Sie gerne arbeiten möchten und für wen Sie einen Mehrwert erzielen wollen.

- **Was hat Sie bisher im Leben begeistert und angetrieben und wie können Sie dies in Ihr Unternehmen einbringen?** Denken Sie an die Momente in Ihrem Leben, die Sie begeistert und angetrieben haben. Wie können Sie diese Leidenschaft und Energie in Ihr Unternehmen transferieren?

- **Welche Prinzipien und Werte sollen in Ihrem Unternehmen gelebt werden?** Definieren Sie die Prinzipien und Werte, die in Ihrem Unternehmen gelebt werden sollen. Schreiben Sie diese auf und machen Sie sie zu einem festen Bestandteil Ihrer Unternehmenskultur. Visionen ohne Werte sind oft nur leere Worthülsen. Unternehmen wie IKEA verdanken ihren Erfolg klaren Werten, die täglich gelebt werden.

Stufe 2: ZUKUNFTSBILD ENTWERFEN - Richten Sie den Blick in die Ferne

- **Wie könnte die Zukunft Ihres Unternehmens aussehen?** Stellen Sie sich vor, Ihr Unternehmen ist in 10 Jahren sehr erfolgreich. Wie sieht das konkret aus? Welche Ziele haben Sie erreicht? Haben Sie bestimmte Umsatzziele erreicht, neue Märkte erschlossen oder innovative Produkte entwickelt? Was sagen andere über Ihr Unternehmen? Welche ambitionierte Zukunft wollen Sie erreichen? Konkretisieren Sie Ihr Zielbild.

- **Was macht Ihr Unternehmen einzigartig?** Was unterscheidet Ihr zukünftiges Unternehmen von anderen Unternehmen in Ihrer Branche? Warum sollte es gerade Ihr Unternehmen geben? Diese Fragen sollen Sie dabei unterstützen, sich klar vom Mitbewerber abzugrenzen und Ihr eigenes Profil zu schärfen.

- **Welche Probleme lösen Sie für Ihre Kunden?**
  Überlegen Sie, welche Probleme Sie in der Zukunft erfolgreich für Ihre Kunden gelöst haben werden. Was werden Ihre Kunden über Sie sagen? Welche Herausforderungen haben Sie für sie beseitigt? Schreiben Sie diese Probleme auf und entwickeln Sie Lösungsansätze.

- **Welche Produkte/Services bieten Sie in 5 Jahren an?**
  Gibt es Produkte oder Dienstleistungen, die Sie nicht mehr anbieten werden, und warum? Wird es weitere Innovationen geben? Sind die bisherigen Angebote noch gültig oder werden diese überarbeitet beziehungsweise gänzlich gestrichen sein? Versuchen Sie, Ihre Vision greifbar zu machen, indem Sie ein konkretes Zukunftsbild entwickeln.

- **Wie sieht die Zusammenarbeit in Ihrem Unternehmen aus?**
  Wie stellen Sie sich die Zusammenarbeit mit Ihrem Team und Ihren Partnern in der Zukunft vor? Welche Tools, Prozesse oder Werte prägen die Zusammenarbeit? Werden Sie weiterhin vor Ort in einem gemeinsamen Büro zusammenarbeiten oder mehr remote? Kommen mehr agile Ansätze zum Tragen? Wie wird es im Bereich Co-Creation aussehen?

Stufe 3: VISION FORMULIEREN - Entwickeln Sie Ihre eigene Ideen
Bevor Sie mit der Formulierung Ihrer eigenen Vision beginnen, beherzigen Sie bitte die unten angeführten Punkte, die eine gute Vision ausmachen. Lesen Sie sich auch die unten angeführten Beispiele durch, wie erfolgreiche Unternehmen Ihre Vision definiert haben. Lassen Sie sich nicht entmutigen, wenn Ihr erster Entwurf nicht auf Anhieb eine gelungene Vision beschreibt. Die eigene Vision zu entwickeln ist ein Prozess, auf den man sich einlassen sollte und der einige Zeit in

Anspruch nimmt, da es mehrere Runden brauchen wird, an der Vision zu arbeiten, bis eine Version entsteht, welche die Absichten auf den Punkt bringt, leicht verständlich ist und die Botschaft, die man vermitteln möchte, klar transportiert.

Eine gute Visio ist:

- **Inspirierend**: Sie spricht Sie emotional an und wirkt motivierend.
- **Langfristig**: Sie denkt in Jahren und Jahrzehnten.
- **Richtungsweisend**: Sie zeigt eine klare Ausrichtung und fungiert als Kompass für die täglichen Aktivitäten.

Damit Sie sich ein Bild davon machen können, wie gute Visionen aussehen, habe ich für Sie drei unterschiedliche Unternehmen und deren Vision angeführt. Lassen Sie sich durch die Beispiele für die Entwicklung Ihrer eigenen Vision gerne inspirieren.

***Patagonia:** „We're in business to save our home planet:"*

Diese Vision bestimmt die Unternehmenskultur, die Produktentwicklung und auch die Geschäftsstrategie (5).

***IKEA**: „To create a better everyday life for the many People."*

Aus dieser Vision leiteten sich das sehr erfolgreiche Geschäftsmodell der flach verpackten Möbel, das entsprechende Sortiment und die Preispolitik ab (6).

***Airbnb:** „Belong anywhere."*

Diese zwei Wörter bringen die Vision des Unternehmens auf den Punkt. Menschen sollen sich unabhängig vom Ort wie zu Hause fühlen (7). Es geht dabei nicht nur um eine Unterkunft, sondern um das Gefühl der Zugehörigkeit, des Vertrauens und der Gemeinschaft. Dies sind zentrale emotionale Werte. Airbnb hat dadurch ein starkes Markenversprechen geschaffen, das weltweit verstanden wird.

Beispiele wie man es NICHT machen sollte

„Wir wollen Marktführer in unserer Branche werden."
Hier fehlen die Wirkung und der Nutzen für den Kunden und die Gesellschaft. Sie ist rein vom eigenen Ego getrieben. Man ist stark nach innen orientiert und nicht nach außen Richtung Kunden. Darüber hinaus ist die „Marktführerschaft" anzustreben kein inspirierendes Zukunftsbild, sondern ein Wettbewerbsziel.

„Unsere Vision ist es, beste Qualität zu liefern."
Diese Formulierung ist zu vage, denn was bedeutet „beste Qualität"? Diese häufig verwendete Redewendung ist emotionslos und gibt auch keine klare Richtung vor, wohin man sich entwickeln möchte. Es liefert keine klare Vorstellung, was man vorhat, für wen man die Leistung erbringt und welche Haltung man als Unternehmen einnimmt.

„Unser Ziel ist nachhaltiges Wachstum und zufriedene Kunden."
Dies ist ein klassisches Beispiel einer Ansammlung von sogenannten Buzzwords, die klingen, als ob sie einem Geschäftsbericht entnommen wurden. Es fehlen die Inspiration, die Emotion und die Richtung, wohin man sich entwickeln möchte.

Diese Beispiele zeigen deutlich, wie nichtssagend und austauschbar viele Visionen formuliert sind, oft fehlen der Blick nach außen, die emotionale Kraft und eine klare Vorstellung der angestrebten Zukunft. Damit Ihre Vision nicht in diese Falle tappt, sondern wirklich

Orientierung, Motivation und Verbindung gibt, lade ich Sie nun ein, selbst aktiv zu werden. Nehmen Sie sich Zeit und ziehen Sie sich an einen ruhigen Ort zurück. Mit den nächsten drei Experimenten werden Sie Schritt für Schritt Ihre eigene Vision entwickeln.

EXPERIMENT 2: Ihre Beweggründe

Was möchten Sie mit Ihrem Unternehmen bewegen?

Was treibt Sie innerlich an beziehungsweise was stört Sie so sehr, dass Sie es ändern möchten. Welches Problem können Sie dadurch lösen? Wofür lohnt es sich zu kämpfen? Beginnen Sie zuerst einige Stichwörter zu sammeln, um benennen zu können, was Sie motiviert und antreibt.

....

....

....

....

EXPERIMENT 3: Ihre Einzigartigkeit

Was macht Ihr Angebot einzigartig?

Wie unterscheiden Sie sich von Ihren Mitbewerbern? Was machen Sie anders und warum? Hier entwickeln Sie Ihr Alleinstellungsmerkmal. Versuchen Sie zu skizzieren, welche Produkte und/oder Dienstleistungen Sie anbieten möchten, und entwickeln Sie daraus Schritt für Schritt Ihr Wertangebot. Im nächsten Schritt ergänzen Sie, was Ihre Leistungen von denen des Mitbewerbers unterscheidet.

....

....

....

....

....

EXPERIMENT 4: Ihre Ziele

Welches Ziel möchten Sie erreichen?

Wie soll Ihr Unternehmen in 5 Jahren wahrgenommen werden? Was werden Ihre Kunden und Mitarbeiter über Ihr Unternehmen sagen? Spinnen Sie den Gedanken weiter und entwickeln Sie daraus Ihre Vision. Bleiben Sie dran und Sie werden sehen, dass nach einigen Runden des stetigen Verfeinerns eine gelungene Vision für Ihr Unternehmen entstehen wird.

....

....

....

....

FAZIT: Ihre individuelle VISION

Ihr innerer Kompass zum unternehmerischen Erfolg

Zusammenfassend lässt sich sagen, dass eine klare Vision der Schlüssel zum Erfolg Ihres Unternehmens ist. Sie gibt Ihnen Orientierung, motiviert Sie und Ihr Team und hilft Ihnen, Ihre Ziele zu erreichen.

Als Bonus können Sie sich gerne den kostenlosen Fragebogen zum Thema: Unternehmensvision 12 Leitragen, auf meiner Homepage unter www.yoursuccess.at/bonusmaterial herunterladen.

Ihre MISSION

Ich werde oft gefragt, was der Unterschied zwischen einer Vision und einer Mission eines Unternehmens ist. Lassen Sie uns daher die wesentlichen Unterschiede und Merkmale genauer betrachten.

Die Vision

Aus den vorangegangenen Seiten haben Sie bereits erfahren, dass die Vision Ihres Unternehmens das große Zukunftsbild beschreibt, also wohin es sich langfristig entwickeln möchte und welchen übergeordneten Sinn es verfolgt. Sie ist inspirierend, richtungsweisend und emotional, oft auf Jahrzehnte angelegt.

Die Mission

Die Mission hingegen beschreibt den konkreten Auftrag im Hier und Jetzt: Was tut Ihr Unternehmen, für wen und wie? Überlegen Sie, welche konkreten Schritte Sie unternehmen müssen, um Ihre Vision zu erreichen. Sie ist handlungsorientiert und zeigt, wie Sie Ihre Vision im Alltag leben können. Dies gibt Ihnen und Ihrem Team eine klare Richtung und Motivation.

*Die **VISION** beschreibt das*
WARUM** und **WOHIN

*Die **MISSION** beschreibt das*
WAS, WIE** und für **WEN

Werfen wir nun einen genaueren Blick auf die Vision von Airbnb und IKEA, um den Unterschied zwischen Vision und Mission zu verdeutlichen:

Vision von Airbnb: *„Belong anywhere."*

Das Unternehmen beschreibt damit, dass sich Menschen überall auf der Welt zuhause fühlen sollen.

Mission von Airbnb: *„To create a world where anyone can belong anywhere through healthy travel that is local, authentic, diverse, inclusive and sustainable."*

Auf Deutsch: „Eine Welt zu schaffen, in der sich jeder überall zugehörig fühlen kann. Durch gesundes Reisen, das lokal, authentisch, vielfältig, inklusiv und nachhaltig ist."

Hier beschreiben Sie, wie Sie Ihre Mission im Alltag umsetzen wollen, indem Sie durch authentische, nachhaltige Gastfreundschaft das Gefühl von Zugehörigkeit schaffen.

Vision von IKEA: *„To create a better everyday life for the many people."*

Das Leben möglichst vieler Menschen verbessern.

Mission von IKEA: *„Offer a wide range of well-designed, functional home furnishing products at prices so low that as many people as possible can afford them."*

Gute, günstige Möbel für alle. Dadurch wird das Wie der Vision für den Alltag klar.

Gerade bei erfolgreichen Unternehmen kann man erkennen, dass es ihnen sehr gut gelingt, ihre Vision in konsequente Prozesse und Angebote zu übersetzen. Dazu gehört auch, dass die Vision in die Unternehmenskultur integriert wird und als Leitbild bei der Auswahl der Mitarbeiter unterstützt und vor allem als Leitbild in der Führung dient. Für den langfristigen Erfolg ist es von entscheidender Bedeutung, dass die Vision in regelmäßigen Abständen hinterfragt wird und gegebenenfalls

Anpassungen vorgenommen werden, um weiterhin als Kompass für die strategische Ausrichtung des Unternehmens zu dienen.

EXPERIMENT 5: Ihre Mission

Zeigen Sie, was Sie tun und machen Sie dadurch Ihre Mission sichtbar

Formulieren Sie Ihre Mission in einem Satz: Was tun Sie konkret, für wen und auf welche Weise, um dieses Zukunftsbild Schritt für Schritt Wirklichkeit werden zu lassen?

Oft hilft ein Perspektivenwechsel, um Unklarheiten zu erkennen und die Formulierungen zu schärfen, indem man sich beispielsweise die Frage stellt: „Ist es deutlich erkennbar, was ich konkret tun will und für wen?"

....

....

....

....

FAZIT: Ihre MISSION

Vom großen Warum zum konkreten Wie

Vision und Mission ergänzen sich: Die Vision zeigt das langfristige „Warum" und „Wohin", die Mission das konkrete „Was, Wie und für Wen" im Hier und Jetzt. Nur wenn beides klar definiert und regelmäßig überprüft wird, entstehen Orientierung, Motivation und nachhaltiger Erfolg.

IN A NUTSHELL: WARUM ein eigenes Unternehmen gründen?

Vision, Mission und der Weg zum nachhaltigen Erfolg

- Technische Brillanz allein macht noch kein Unternehmen. Der Erfolg entsteht, wenn technische Leidenschaft auf unternehmerische Klarheit, Ausdauer und Struktur trifft.
- Jede Gründung ist individuell. Unterschiedliche Beweggründe, Hintergründe und Zielsetzungen erfordern maßgeschneiderte Strategien.
- Ihre Reise beginnt bei Ihnen selbst. Mit gezielter Selbstreflexion, konkreten Experimenten und einer klaren Vision legen Sie den Grundstein für ein erfülltes, wirksames Unternehmertum.
- Ihre Vision ist Ihr Zukunftskompass: Sie beschreibt das große Ziel hinter Ihrer Idee, wirkt inspirierend und ist langfristig gedacht.
- Die Mission bringt die Vision in den Alltag. Sie beschreibt konkret, was Sie heute tun, für wen und auf welche Weise damit Ihre Vision Wirklichkeit wird.

Kapitel 2: Wie identifiziert man die besten IDEEN?

Ideen generieren, strukturieren und bewerten

Ideen entstehen selten durch Zufall. Sie wachsen dort, wo aufmerksame Beobachtung, klare Fragen und technisches Können auf echte Bedürfnisse treffen. Der entscheidende Vorsprung liegt dabei nicht in der Suche nach der „genialen Erfindung“, sondern in der Fähigkeit, systematisch Probleme zu erkennen, Trends zu deuten und Verbesserungspotenziale im Alltag Ihrer Zielgruppen zu erschließen.

Fragen wie: Was ließe sich vereinfachen, neu kombinieren oder sogar weglassen, um den Nutzen für Ihre Kunden entscheidend zu steigern? Sind hier wesentlich.

Im Laufe meiner Beratertätigkeit konnte ich immer wieder beobachten, dass viele Gründer und auch Unternehmer mit einer technischen Lösung starten, ohne zu wissen, welches Problem sie tatsächlich lösen. Dabei gibt es erprobte Methoden, um gezielt tragfähige Geschäftsideen zu entwickeln. Denn wie es so treffend heißt: Gute Ideen sind Lösungen auf der Suche nach ihrem Problem, großartige Ideen beginnen beim Problem selbst. Ihr Ziel ist es daher nicht, möglichst viele Einfälle zu sammeln, sondern jene zu identifizieren, die relevant sind.

In diesem Kapitel möchte ich Ihnen zeigen, wie Sie aus einer guten technischen Idee echten Nutzen für andere stiften, sodass aus Ihren Ideen und Gedanken Schritt für Schritt ein tragfähiges und lukratives Unternehmen entstehen kann.

Hier beginnt der Weg von der Idee zur Innovation. Nicht im Labor, sondern dort, wo echte Bedürfnisse auf klare Lösungen warten.

Ideen GENERIEREN leicht gemacht

Gute Geschäftsideen fallen bekanntlich nicht vom Himmel. Sie entstehen, wenn Sie bewusst hinschauen, kluge Fragen stellen und Ihr technisches Können mit echten Bedürfnissen verknüpfen. Der erste Schritt auf diesem Weg ist oft der schwerste. Häufig begegne ich technikaffinen Entwicklern, die innovative Lösungen erschaffen, doch unsicher sind, ob sich daraus ein wirtschaftlich solides Geschäft aufbauen lässt. Gleichzeitig gibt es Gründungswillige, die zwar den Wunsch nach einem eigenen Unternehmen tragen, jedoch noch keine klare Produkt- oder Dienstleistungsidee gefunden haben, um durchzustarten.

An dieser Stelle kann ich Ihnen eine beruhigende Erkenntnis mitgeben: Sie müssen kein „geborenes Ideen-Genie“ sein. Entscheidend ist vielmehr, dass Sie lernen, systematisch und konsequent nutzerzentriert zu denken – eine Perspektive, die für viele technisch geprägte Menschen zunächst ungewohnt sein mag.

Denn während der Fokus oft auf technischer Perfektion liegt, rückt hier eine neue Frage in den Mittelpunkt: Welchen echten Nutzen stiftet meine Lösung für die Menschen, die sie verwenden? Warum dieser Blickwinkel nicht nur lohnend, sondern essenziell ist, um aus technischen Innovationen erfolgreiche Geschäftsmodelle zu machen, wird Sie durch dieses Buch begleiten. Es ist der Unterschied zwischen einer brillanten Erfindung und einem Produkt, das Kunden wirklich begeistert.

Die Kunst anzufangen: Ideen entwickeln, die Menschen wirklich helfen.

Im Folgenden lernen Sie drei konkrete und in der Praxis sehr bewährte Methoden kennen, die auch von Innovationsführern wie Google, Tesla oder Dyson eingesetzt werden. Drei einfache Transferübungen werden Ihnen helfen, das Gelernte sofort anzuwenden, sodass Sie sofort ins Tun kommen.

Methode 1: Probleme erkennen statt Lösungen erfinden
Die wahrscheinlich wirksamste Methode ist, sich konsequent auf die Suche nach ungelösten Problemen zu machen. Statt Lösungen zu entwickeln, die (noch) niemand braucht. Beobachten Sie Ihr Umfeld: Wo entstehen Reibungspunkte, Frust oder unnötiger Aufwand? Besonders wertvoll ist der Blick in technische Arbeitsumfelder, in denen Systeme oft nicht reibungslos miteinander funktionieren oder Potenziale ungenutzt bleiben.

Ein Beispiel aus der Praxis:
James Dyson (8) war frustriert, weil sein damaliger Staubsauger mit Staubbeuteln ständig an Saugleistung verlor, je mehr sich diese füllten. Dieses alltägliche Ärgernis führte dazu, dass er aktiv nach einer besseren Lösung suchte.

Er entwickelte das Dual-Zyklon-System, das Schmutz durch Zentrifugalkraft aus der Luftfilterung entfernt, ohne Beutel und mit konstant hoher Saugkraft. Er testete über 5.127 Prototypen, bevor das Produkt 1983 als "G-Force" auf den Markt kam.

Dyson revolutionierte dadurch den Staubsaugermarkt mit einem neuartigen Reinigungsprinzip. Die Einführung des beutellosen Zyklon-Staubsaugers machte das Unternehmen global bekannt (9).

Methode 2: Trends beobachten und kombinieren
Trends zeigen, wohin sich die Gesellschaft und die Märkte entwickeln. Wer aktuelle Entwicklungen früh erkennt und mit eigenen Kompetenzen verbindet, hat einen erheblichen Wettbewerbsvorteil. Technisch ist vieles möglich, die relevante Frage, die man sich stellen sollte, ist: „Was wird morgen gebraucht und gewünscht?“

Ein Start-up kombiniert beispielsweise zwei Megatrends: „Pflege im Alter“ und „Smart Home“. Daraus entsteht eine modulare Steuerungslösung, die sowohl Komfortfunktionen (beispielsweise Licht,

Raumtemperatur und automatische Rollläden) als auch Sicherheit (Sturzerkennung und Medikamentenerinnerung) für ältere Menschen vereint.

Hier handelt es sich um keine neue Technologie, die erst aufwendig und kostspielig entwickelt werden muss, sondern um bestehende Lösungen, die durch eine kombinatorische Anwendung einen klaren Nutzen stiftet und so zu einem neuen Angebot für eine bestimmte Zielgruppe führt.

Tipp: Nutzen Sie Tools wie Google Trends (10), die 55+ Musterkarten erprobter Geschäftsmodelle des BMI Lab (11) oder besuchen Sie die verschiedensten Webseiten, die es zu Zukunftsmärkten gibt, und stellen Sie sich dabei die Frage: Wie kann ich diesen Trend mit meiner technischen Stärke verbinden? Wichtig ist, dass Sie mit Ihren Ideen rausgehen, so wie es Steve Blank in seinem Buch The Startup Owner's Manual (12) mit folgenden Worten beschreibt: "Die besten Geschäftsideen entstehen nicht im Labor, sondern im echten Leben."

Methode 3: Bestehendes weiterdenken mit SCAMPER

SCAMPER ist ein einfaches und sehr effektives Kreativwerkzeug. Statt das Rad neu zu erfinden, nehmen Sie ein bestehendes Produkt oder System und denken Sie es weiter. Dies geschieht durch gezielte Fragen wie:

S – Substitute: Was könnten Sie ersetzen?

C – Combine: Was lässt sich kombinieren?

A – Adapt: Was können Sie anpassen?

M – Modify: Was könnten Sie verändern?

P – Put to another use: Wofür ließe sich das noch nutzen?

E – Eliminate: Was können Sie weglassen?

R – Reverse: Was können Sie umkehren?

"Die besten Geschäftsideen entstehen nicht im Labor, sondern im echten Leben."

Steve Blank (12)

Ein Beispiel aus der Praxis:
LEGO setzt die SCAMPER-Technik ein, um bestehende Produkte mit neuen Ideen anzureichern, insbesondere durch das „Combine"-Prinzip. Ein bekanntes Beispiel ist die „LEGO-Movie-Reihe": Hier werden klassische LEGO-Konstruktionen mit den Geschichten und Charakteren populärer Filme kombiniert. Dadurch hat LEGO erfolgreich den physischen Baukasten mit filmischen Erzählwelten verknüpft (13).

EXPERIMENT 6: Problem-Liste

Erstellen Sie Ihre erste Problem-Liste

Bestens geeignet für Gründer mit dem Ziel, den Blick für echte Bedürfnisse zu schärfen. Sei es im Alltag oder im Arbeitsumfeld.
Nehmen Sie sich 5 – 10 Minuten Zeit und schreiben Sie mindestens 10 Dinge auf, die Sie oder andere in Ihrem Umfeld regelmäßig frustrieren oder unnötige Zeit kosten. Achten Sie dabei auf:

- Technische Abläufe, die möglicherweise zu kompliziert sind
- Wiederkehrende Fehlerquellen, die vermeidbar sind
- Kommunikationsprobleme zwischen Systemen oder Geräten
- Manuelle Prozesse, die automatisierbar wären

1)	2) ....
3)	4) ....
5)	6) ....
7)	8) ....
9)	10) ....

Wählen Sie im zweiten Schritt den aus Ihrer Sicht relevantesten Punkt aus und stellen Sie sich die folgenden drei Fragen:

- Gibt es dafür bereits eine Lösung?
- Sind diese akzeptabel, teuer, unpraktisch oder veraltet?
- Wie würden Sie dieses Problem lösen?

Gibt es eine Lösung? ....

Ist die Lösung akzeptabel? ....

Meine Lösung: ....

EXPERIMENT 7: Reverse Engineering

Innovationspotenzial durch Reverse Engineering ermitteln

Dieses Experiment ist vor allem für kleine und mittlere Unternehmen gedacht, die bereits bestehende Produkte im Portfolio haben. Das Ziel hier ist, das Innovationspotenzial von bestehenden Produkten zu identifizieren.

Wählen Sie dazu ein bestehendes technisches Produkt aus Ihrem Portfolio aus und analysieren Sie dessen Kernfunktionen.

- Welche Aufgaben erfüllt die Kernfunktion?
- Wo liegen die Schwachstellen der Kernfunktion?
- Welche Verbesserungen würden Ihre Kunden sofort begrüßen?

Entwickeln Sie dazu drei Ideen zur Optimierung, sei es durch eine angepasste Materialwahl, eine digitale Anbindung, eine höhere Benutzerfreundlichkeit oder eine Zusatzfunktion. Überlegen Sie, was das bestehende Produkt ergänzen könnte, beziehungsweise hinterfragen Sie auch kritisch, was zukünftig von dem Produkt erwartet wird.

Idee 1: ....

Idee 2: ....

Idee 3: ....

EXPERIMENT 8: Kundeninterview

Latente Bedürfnisse durch Kundeninterviews erkennen

Dieses Experiment richtet sich an Gründer genauso wie an EPUs und KMUs. Mit Kundeninterviews sollen Sie bereits frühzeitig latente Bedürfnisse bei Ihren zukünftigen oder bestehenden Kunden erkennen. Sprechen Sie daher mit mindestens drei Personen aus Ihrer jeweiligen Zielgruppe. Idealerweise identifizieren Sie vorab die Personen, welche das Problem regelmäßig erleben. Stellen Sie dazu Fragen wie:

- Was nervt Sie in Ihrem Arbeitsalltag besonders?
- Welche technische Lösung würden Sie sich wünschen?
- Gibt es etwas, das Sie improvisieren oder regelmäßig selbst basteln?

Dokumentieren Sie die Antworten wortwörtlich. Oft steckt der Keim für eine starke Geschäftsidee in den Formulierungen der Nutzer. Gar nicht so selten entstehen dabei völlig neue Produktideen, denen sich die aktuellen Nutzer noch gar nicht richtig bewusst sind.

Typische Fehler bei der Ideenfindung vermeiden

Gerade technisch versierte Gründer und kleinere Unternehmen tappen immer wieder in typische Denkfallen. Hier finden Sie vier Fehler, die ich in der Praxis oft erlebe.

Fehler 1: Technikzentrierung statt Kundenfokus
Viele entwickeln, was sie selbst spannend finden, jedoch nicht, was Kunden tatsächlich brauchen. Die Folgen sind gravierend: Sie haben Produkte mit beeindruckender Technik, allerdings ohne nennenswertes Absatzpotenzial. Mein Tipp: Fragen Sie sich immer zuerst, welches Problem Ihr Produkt konkret löst und für wen.

Fehler 2: Keine Validierung
Ideen werden entwickelt, gebaut, perfektioniert, doch nie am Markt getestet. Das Risiko, das Sie dabei tragen, ist, dass monatelange Arbeit für ein neues Produkt verloren ist, da es keine Käufer findet. Mein Tipp: Testen Sie bereits sehr früh Ihre Idee. Ein klickbarer Prototyp oder ein einfaches Kundengespräch kann Ihnen sehr viel Klarheit bringen.

Fehler 3: Zu komplex starten
Der Wunsch, „es gleich richtig zu machen“, führt oft zu überfrachteten und viel zu komplexen Produkten. Das hemmt die Geschwindigkeit bei der Markteinführung und verkompliziert auch den Markteintritt selbst. Mein Tipp: Starten Sie daher mit einem sogenannten Minimum Viable Product (MVP). Realisieren Sie erstmals nur die nötigsten Funktionen und arbeiten Sie von hier aus weiter.

Fehler 4: Angst vor Ideenklau
Viele behalten ihre Ideen für sich, aus Angst, dass jemand diese stehlen könnte. Der Nachteil dabei ist, dass Sie keinerlei Rückmeldungen bekommen, ob die Idee am Markt Anklang findet. Mein Tipp: Sprechen Sie mit potenziellen Nutzern, Feedback gerade am Anfang ist Gold wert, und was am Ende zählt, ist nicht die Idee, sondern die Umsetzung und dazwischen liegen Welten.

Fazit: Ideen GENERIEREN leicht gemacht
Ideen sind überall, Sie müssen nur lernen, sie zu sehen.
Wenn Sie bewusst beobachten, echte Probleme erkennen, Trends klug kombinieren und Bestehendes infrage stellen, werden Sie regelmäßig auf gute Ideen stoßen. Entscheidend ist, dass Sie nicht im Denken stecken bleiben, testen Sie Ihre Ideen und sprechen Sie mit echten Menschen darüber, nur so erhalten Sie auch Feedback, was Menschen wirklich hilft, um ihre Aufgaben besser und schneller zu lösen.

BONUS für KI-Unterstützung
Was bei der Erstellung eines guten Prompts zu beachten ist
Sie werden bestimmt schon die eine oder andere Erfahrung mit einem KI-Tool wie ChatGPT oder Perplexity gemacht haben. Wenn Sie konkrete und vor allem relevantere Antworten von der KI erhalten möchten, ist die Qualität Ihrer Eingabe (Prompt) entscheidend.

Schon mit wenigen gezielten Angaben lässt sich das Ergebnis deutlich verbessern. Die folgenden fünf Punkte helfen Ihnen dabei, Ihre Prompts klarer und wirkungsvoller zu gestalten.

ROLLE festlegen
Definieren Sie, in welcher Funktion die KI antworten soll, zum Beispiel als Coach, Fachexperte oder Sparringpartner. Das hilft der KI, ihre Antwort gezielt aus der passenden Perspektive zu formulieren. Beispiel: `Bitte agiere als erfahrener Business-Coach für Technik-Startups.`

AUFGABE präzisieren
Beschreiben Sie konkret, was die KI tun soll, etwa Ideen entwickeln, ein Konzept erstellen oder ein Geschäftsmodell analysieren.

Je klarer Ihre Aufgabenstellung, desto relevanter ist das Ergebnis. Beispiel: Nenne mir fünf Geschäftsideen für Moosbilder im B2B-Bereich.

TONALITÄT definieren

Geben Sie an, in welchem Stil oder Ton die Antwort verfasst sein soll, beispielsweise motivierend, sachlich, einfach verständlich oder inspirierend. Damit stellen Sie sicher, dass die Inhalte zu Ihrer Zielsetzung und auch zu Ihrem Schreibstil passen. Beispiel: Antworte motivierend und in einfachen kurzen Sätzen.

ZIELGRUPPE beschreiben

Erklären Sie, für wen die Inhalte gedacht sind, das beeinflusst die Wortwahl, die Detailtiefe und die Beispiele. Die KI kann so besser einschätzen, auf welchem Niveau sie antworten soll. Beispiel: Die Zielgruppe sind technikaffine Gründer ohne umfangreiches betriebswirtschaftliches Vorwissen.

KONTEXT & DATEIEN angeben

Ergänzen Sie relevante Informationen, wie Ihre Interessen, Rahmenbedingungen, Unternehmenswebseite oder vorhandene Unterlagen. Auch Dateien wie Ideensammlungen oder Präsentationen können berücksichtigt werden.

Darüber hinaus können Sie noch definieren, welches Ausgabeformat Sie gerne hätten. Sie können gewisse Einschränkungen vorgeben und damit unerwünschte Resultate vermeiden. Sie können auch Beispiele zur Orientierung geben und so die Qualität der Antwort erhöhen.

Ideen rasch nach Relevanz STRUKTURIEREN

Sie haben im vorangegangenen Kapitel viele spannende Ideen gesammelt, sei es für neue Produkte, Dienstleistungen oder Geschäftsmodelle. Doch jetzt stellt sich die Frage: Welche Ideen passen zusammen? Was ist relevant? Wo lohnt es sich, weiterzudenken? Genau hier setzen die folgenden Methoden an.

Jetzt kommt Struktur ins Spiel

In diesem Abschnitt möchte ich Ihnen bewährte Werkzeuge vorstellen, mit denen Sie Ihre Gedanken strukturieren, ordnen und priorisieren können. Denn erst durch Klarheit und Systematik lassen sich Ideen gezielt weiterentwickeln und fundierte Entscheidungen treffen.

Diese Methoden helfen Ihnen, den Überblick zu behalten, Zusammenhänge zu erkennen und das Wesentliche herauszufiltern. So verwandeln Sie ein buntes Ideensammelsurium in eine präzise, umsetzbare Strategie und wissen stets, worauf es wirklich ankommt.

- Das **Affinitätsdiagramm** bringt Ordnung in komplexe Themen.
- Das **KANO-Modell** hilft Ihnen zu verstehen, was Ihre Kunden wirklich begeistert.
- Die **Themenlandkarte** (Mind-Map) schafft den Überblick für strategische Entscheidungen.

Lassen Sie uns gemeinsam erkunden, wie Sie aus vielen guten Ideen die Besten herausfiltern und diese gezielt weiterentwickeln. Nehmen Sie sich ein wenig Zeit, greifen Sie zu Stift und Papier oder öffnen Sie Ihr digitales Whiteboard und machen Sie mit!

Sie werden sehen: Strukturieren macht nicht nur den Kopf frei, sondern bringt Sie auch einen großen Schritt näher zur Umsetzung und somit an Ihr Ziel.

Das Affinitätsdiagramm

Das Affinitätsdiagramm (auch KJ-Methode nach Kawakita Jiro) hilft, große Mengen an Ideen, Daten oder Informationen zu ordnen, Muster zu erkennen und komplexe Themen übersichtlich zu strukturieren.

Mit dieser einfachen Methode schaffen Sie schnell eine gemeinsame Basis für die weitere Diskussion und entscheiden, welche Ideen priorisiert und welche vorerst zurückgestellt werden (14). Die praktische Umsetzung sieht dabei wie folgt aus.

Schritt-1: Ideen und Informationen sammeln

Tragen Sie alle relevanten Ideen und Informationen zu dem Thema, das Sie gerade bearbeiten und näher beleuchten wollen, zusammen. Diese Inputs können gerne aus einer der beschriebenen Methoden aus dem vorangegangenen Kapitel "Ideen generieren leicht gemacht" stammen.

Schritt-2: Ideen aufschreiben und eindeutig benennen

In diesem Schritt kommt es darauf an, jede Idee auf einer separaten Karte zu notieren. Diese Vorgehensweise ermöglicht es Ihnen später, die Gedanken flexibel neu zu ordnen und zu gruppieren.

Formulieren Sie Ihre Ideen dabei so prägnant und eindeutig wie möglich, denn nur so bleiben sie auch nach einiger Zeit verständlich und verwertbar. Nehmen Sie sich die Zeit, die nötig ist: Oft zeigt sich erst später, dass vage Notizen den ursprünglichen Gedanken nicht mehr klar widerspiegeln. Wertvolle Impulse verdienen es, nicht in Unklarheit zu verschwinden.

Schritt-3: Ideen gruppieren

Im dritten Schritt versuchen Sie, die Ideen in eigene Gruppen zusammenzufassen. Eine Gruppe enthält dabei Ideen, die ähnlich oder verwandt sind. Dies soll meist intuitiv geschehen und basiert auf der Affinität oder Ähnlichkeit der Ideen zueinander.

Schritt-4: Gruppen beschriften und benennen
Sobald Sie alle Karten gruppiert haben, wird jede Gruppe mit einem Titel oder einer Beschreibung versehen, die das gemeinsame Thema oder die gemeinsame Idee der Gruppe zusammenfasst und am besten beschreibt.

Schritt-5: Überprüfen und Verfeinern
Im letzten Schritt überprüfen Sie nochmals die einzelnen Gruppen, um sicherzustellen, dass alle Ideen sinnvoll gruppiert sind und die Gruppen klar definiert sind.

Abbildung 2: Beispiel für ein Affinitätsdiagramm

In der Praxis wird das Affinitätsdiagramm beispielsweise im Rahmen der Google Design Sprints (16) genutzt, um Ideen aus Brainstormings oder Nutzerinterviews zu clustern und somit Entscheidungshilfen für den nächsten Entwicklungsschritt zu liefern (15).

Viele weitere erfolgreiche Unternehmen setzen das Affinitäts-diagramm ein, um in komplexen Innovationsprozessen Muster zu erkennen, Fokus zu gewinnen und neue Nutzerperspektiven sichtbar zu machen. Es ist ein Kernwerkzeug moderner Innovationskultur.

Das KANO-Modell

In diesem Buch geht es auch darum, Produkte und Dienstleistungen zu entwickeln oder bestehende Angebote zu optimieren. Dabei werden Sie unweigerlich auf eine Fülle von Ideen stoßen. Hier kommt das Kano-Modell ins Spiel: Es unterstützt Sie dabei, diese Ideen so zu verfeinern, dass sie nicht nur Erwartungen erfüllen, sondern Ihre Kunden wirklich begeistern.

Entwickelt in den 1980er-Jahren von Prof. Noriaki Kano, einem japanischen Qualitätsforscher, der mit diesem Modell die Kundenzufriedenheit in den Fokus rückt (17). Es zeigt: Nicht alle Produktmerkmale wirken gleich. Manche Funktionen begeistern, andere enttäuschen oder bleiben schlicht unbemerkt. Das Modell unterteilt Merkmale daher in fünf zentrale Kategorien, die entscheidend für die Wahrnehmung Ihrer Kunden sind.

Basisfaktoren:

Diese Faktoren sind grundlegende Anforderungen, die erfüllt werden müssen, um Unzufriedenheit zu vermeiden. Wenn sie nicht erfüllt sind, führt dies zu großer Unzufriedenheit, ihre Erfüllung führt jedoch nicht unbedingt zu einer erhöhten Zufriedenheit. Ein Auto, das startet und fährt, ist eine grundlegende Erwartung. Niemand lobt es, doch wehe, es funktioniert nicht.

Leistungsfaktoren:
Je mehr, desto besser. Diese Faktoren führen zu einer höheren Zufriedenheit, je besser sie erfüllt ist. Die Zufriedenheit steigt dabei linear mit der Leistung dieser Faktoren. Als Beispiel kann hier die Kraftstoffeffizienz eines Autos genannt werden. Je besser die Effizienz, desto zufriedener ist der Kunde.

Begeisterungsfaktoren:
Hier handelt es sich um unerwartete Merkmale, welche die Kundenzufriedenheit erheblich steigern können, wenn sie vorhanden sind. Ihr Fehlen führt jedoch nicht zu Unzufriedenheit, da sie nicht erwartet werden. Ein kostenloses Upgrade auf ein höherwertiges Hotelzimmer wäre dazu ein passendes Beispiel aus der Praxis.

Indifferente Faktoren:
Diese Faktoren haben keinen Einfluss auf die Kundenzufriedenheit, unabhängig davon, ob sie vorhanden sind oder nicht. Das könnte ein besonderes Design an der Rückseite eines Gerätes sein, das bei der Verwendung kaum sichtbar ist.

Rückweisende Faktoren:
Diese Faktoren führen zu Unzufriedenheit, wenn sie vorhanden sind. Sie sind das Gegenteil von Begeisterungsfaktoren. Wie beispielsweise ein aufdringliches Werbeplakat in der Autoscheibe.

Warum ist das Kano-Modell so hilfreich?
Es unterstützt Sie dabei, Ihre Ressourcen gezielt einzusetzen und den Fokus auf die Merkmale zu legen, die wirklich einen Unterschied für Ihre Kunden machen. So entwickeln Sie Produkte und Services, die Erwartungen nicht nur erfüllen, sondern übertreffen, und genau das schafft emotionale Bindung und Differenzierung im Markt (18).

Ein praktisches Vorbild ist hier Apple. Das Unternehmen investiert gezielt in Begeisterungsfaktoren, wie z. B. MagSafe (magnetisches Laden, das elegant überrascht) oder AirDrop (einfach, schnell, komfortabel, doch nicht zwingend notwendig). Gleichzeitig verzichtet Apple bewusst auf überkomplexe Leistungsmerkmale, wie z.B. auf duzende Menüebenen, die zwar Technik-Fans gefallen, jedoch viele Nutzer eher überfordern würden.

Wenn Sie Ihre nächsten Produktideen oder Servicefeatures bewerten möchten, lohnt sich ein Blick durch die Kano-Brille. Denn wer seine Kunden überrascht, bleibt länger im Gedächtnis (19).

EXPERIMENT 9: Ideen Check

Ideen Check: Must-have oder Magic-Moment?

Nach der Ideensammlung ist vor der Bewertung. Mit den folgenden 5 Schritten nehmen Sie Ihre besten Produkt- oder Serviceideen unter die Lupe. Für einen einfachen Einstieg beginnen Sie die Ideen aus Ihrer eigenen Perspektive den jeweiligen Kategorien zuzuordnen und fahren Sie dann mit der Kundensicht fort. Das Kano-Modell unterstützt Sie dabei, herauszufinden, welche Ideen wirklich begeistern, welche erwartet werden und welche möglicherweise abschrecken.

Schritt 1: Wählen Sie 3 Funktionen Ihres Top-Produktes aus.

Funktion 1: ....

Funktion 2: ....

Funktion 3: ....

Schritt 2: Beschreiben Sie, wie Sie reagieren würden, wenn diese Funktion vorhanden ist?

Diese Funktionen bedeuten: ....

....

Schritt 3: Beschreiben Sie, wie Sie reagieren würden, wenn diese Funktion fehlt?

Ein Fehlen der Funktionen bedeutet: ....

....

Schritt 4: Fragen Sie 5–10 reale beziehungsweise potenzielle Kunden zu diesen 5 Funktionen Ihres Top-Produktes.

Beurteilung Kunde 1: ....

....

Beurteilung Kunde 2: ....

....

Beurteilung Kunde 3: ....

....

Beurteilung Kunde 4: ....

....

Beurteilung Kunde 5: ....

....

Schritt 5: Kategorisieren Sie die gewonnenen Erkenntnisse und priorisieren Sie Ihre nächsten Entwicklungsschritte.

Identifizierte Kategorien: ....

....

Priorisierung: ....

....

Die Themenlandkarte / Mind-Map

Als dritte Methode zum Strukturieren Ihrer Ideen möchte ich Ihnen eine sehr klassische und hochwirksame Visualisierung vorstellen: die Themenlandkarte, auch bekannt als Mind-Map. Möglicherweise ist Ihnen diese Technik bereits begegnet. Gerade im geschäftlichen Kontext entfaltet sie ihre volle Stärke, wenn es darum geht, Ideen zu ordnen, Zusammenhänge zu erkennen und Klarheit zu schaffen (20).

Eine Themenlandkarte ist ein visuelles Denkwerkzeug, mit dem Sie Gedanken, Konzepte und Informationen strukturiert darstellen können. Ausgangspunkt ist ein zentrales Thema, von dem aus sich Hauptzweige und Unterkategorien entwickeln, ähnlich einer Landkarte, die Orientierung bietet. Sie eignet sich hervorragend für Brainstormings, Innovationsprozesse und der Entwicklung neuer Serviceangebote.

Abbildung 3: Grundidee einer Mind-Map

Das Ziel der Methode ist:

- Rasch einen Überblick zu gewinnen
- Relevante Themen zu priorisieren
- Strategische Stoßrichtungen abzuleiten
- Lücken aufzudecken (weiße Flecken sichtbar machen)
- Zusammenhänge zu erkennen und interne wie externe Faktoren zu verbinden

So setzen Sie Ihre individuelle Themenlandkarte in die Praxis um.

Schritt 1: Definieren Sie ein zentrales Thema
Formulieren Sie Ihre Fragestellung oder Idee und schreiben Sie diese in die Mitte des Blatts oder Boards.

Schritt-2: Entwickeln Sie zuerst die Hauptzweige
Überlegen Sie sich zentrale Kategorien wie beispielsweise Kundennutzen, Technologie, Prozesse, Vertrieb, Marktumfeld.

Schritt-3: Ergänzen Sie mit Unterzweigen
Zu jedem Hauptzweig notieren Sie passende Unterthemen, Aspekte oder Ideen.

Schritt-4: Stellen Sie Verbindungen her
Zeichnen Sie Linien zwischen Themen, die sich gegenseitig beeinflussen oder zusammengehören.

Schritt-5: Setzten Sie visuelle Akzente
Nutzen Sie Farben, Symbole oder Größenunterschiede, um Schwerpunkte hervorzuheben.

Siemens setzt zum Beispiel Themenlandkarten gezielt ein, um „digitale Geschäftsmodelle zu entwickeln“. Dabei werden strategische

Technologiebereiche, Kundensegmente und Anwendungsszenarien in Beziehung gesetzt. Die Landkarte dient als strategisches Analyseinstrument, um Innovationsfelder zu identifizieren und Schwerpunkte zu setzen (21).

Mit dieser bewährten Methode verwandeln Sie ein ungeordnetes Ideensammelsurium in eine strategische Landkarte mit Richtung. Sie erhalten dadurch eine ideale Basis für fundierte Entscheidungen und ein wertvolles Werkzeug für die Kommunikation im Team oder mit Ihren Geschäftspartnern.

EXPERIMENT 10: Themenlandkarte
Entwicklung Ihrer neuen Serviceleistung
Anhand dieses Experiments erlernen Sie, wie Sie Ihre Ideen rund um Ihre neue Serviceleistung so strukturieren, dass Sie Chancen erkennen, Prioritäten setzen und eine strategische Grundlage für die Entwicklung Ihres Angebots schaffen.

Schritt 1: Formulieren Sie das Ziel in einem kurzen Satz. Zum Beispiel: Unser Ziel ist es, Kunden nach dem Kauf besser zu begleiten.

Unser Ziel ist es: ....

....

Schritt 2: Sammeln Sie nun alle Ideen und Begriffe, die Ihnen dazu einfallen. Tipp: Pro Gedanke eine Haftnotiz.
Denken Sie dabei an:

- Kundenbedürfnisse und Markttrends
- technische Möglichkeiten und interne Kompetenzen
- Preismodelle und Vertriebswege
- Wettbewerber und mögliche Herausforderungen, etc.

Schritt 3: Clustern Sie Ihre Ideen zu Themenfeldern (Hauptzweige) Benennen Sie die entstehenden Gruppen mit aussagekräftigen Überschriften.

Hauptzweig 1: ....

Hauptzweig 2: ....

Hauptzweig 3: ....

Schritt 4: Stellen Sie nun Verbindungen her. Wo gibt es Zusammenhänge/Abhängigkeiten? Was beeinflusst was? Markieren Sie wichtige Schnittstellen, Synergien oder strategische Hebel.

Schritt 5: Leiten Sie erste Erkenntnisse ab und planen Sie die nächsten Schritte.

- Welche Themen sind **zentral** für Ihre Serviceleistung?
- Wo besteht noch **Klärungsbedarf** oder eine Ideenlücke?
- Welche 2 – 3 Themenfelder wollen Sie als Nächstes **vertiefen**?
- Welche **Prototypen** oder Tests könnten Sie daraus ableiten?

Notieren Sie konkrete nächste Schritte oder To-dos.

Erkenntnis 1: ....

Erkenntnis 2: ....

Erkenntnis 3: ....

ToDo 1: ....

ToDo 2: ....

ToDo 3: ....

Fazit: Ideen rasch nach Relevanz STRUKTURIEREN

Warum lohnt sich das Strukturieren?

Die drei vorgestellten Methoden: Affinitätsdiagramm, KANO-Modell und Themenlandkarte, verwandeln kreatives Chaos in strategische Klarheit und machen aus vielen Ideen wertvolle Innovationen. Jede Methode hat dabei ihre Stärken wie beispielsweise Struktur schaffen, Kundenbedürfnisse verstehen und den Überblick behalten. Nutzen Sie diese bewährten Werkzeuge, um Ihre nächsten Projekte erfolgreich voranzutreiben. Der Weg von der Idee zur Umsetzung wird dadurch nicht nur klarer, sondern auch erfolgreicher.

Ideen genau und nachvollziehbar BEWERTEN

Nachdem Sie Ihre Ideen identifiziert und strukturiert haben, stehen Sie vor der nächsten entscheidenden Frage: Welche Ideen sind es wert, weiter verfolgt zu werden? Die SWOT-Analyse ist eines der bewährtesten Werkzeuge, um genau diese Frage zu beantworten. Sie verschafft Ihnen einen Rundumblick und hilft dabei, realistische Einschätzungen zu treffen. Gleichzeitig deckt sie sowohl interne als auch externe Faktoren auf, die über Erfolg oder Misserfolg entscheiden können (22).

Die SWOT-Analyse als Methode der Wahl

Die SWOT-Analyse umfasst vier zentrale Bereiche, die im Folgenden kurz dargestellt und beschrieben werden. Für eine vertiefende Auseinandersetzung mit der Materie empfehle ich Ihnen, die im Anhang angegebene Literatur zu konsultieren.

Abbildung 4: SWOT-Analyse

Strengths (Stärken): Interne Vorteile und Ressourcen, die Ihr Unternehmen besonders gut beherrscht. Es wird die Frage beantwortet: Was können Sie besser als andere?

Weaknesses (Schwächen): Interne Nachteile oder Bereiche, in denen Verbesserungsbedarf besteht. Wo haben Sie Defizite gegenüber der Konkurrenz? Wo sollten Sie noch besser werden?

Opportunities (Chancen): Externe Möglichkeiten und Trends, die Sie nutzen können. Welche Marktentwicklungen eröffnen neue Potenziale? In welchen Bereichen könnten Sie noch wachsen?

Threats (Bedrohungen): Externe Risiken und Herausforderungen, die Ihr Geschäft gefährden könnten. Was könnte Ihren Erfolg bedrohen?

Das folgende Beispiel soll Ihnen eine bessere Vorstellung darüber geben, wie die SWOT-Analyse in der Praxis eingesetzt wird. Apple verwendet diese Methode regelmäßig, um seine Stärke und Schwächen sowie Chancen und Bedrohungen gleichermaßen zu scannen. Als potenzielle Bedrohungen werden regulatorische sowie wirtschaftliche Risiken gesehen wie auch der intensive Wettbewerb inklusive Nachahmer. Als Chancen werden Wachstums-möglichkeiten in neuen Produktkategorien, der Ausbau von Dienstleistungen und die Expansion in Schwellenländer gesehen. Als größte Stärke gilt nach wie vor die Marke selbst, die Innovationskraft und die große Loyalität der Kunden. Als Schwäche werden der hohe Preis sowie die Abhängigkeit vom Umsatz des iPhones genannt (23).

Die SWOT-Analyse ist ein kraftvolles Werkzeug, weil sie sowohl interne als auch externe Faktoren gleichzeitig betrachtet und komplexe Situationen auf vier übersichtliche Quadranten reduziert. Sie sollten diese Methode einsetzen, weil sie eine objektive Standortbestimmung ermöglicht und konkrete Handlungsfelder aufzeigt.

EXPERIMENT 11: SWOT-Analyse

Mein Geschäftsideen-Kompass auf Basis der SWOT-Analyse

Ziel der Übung ist, eine konkrete Geschäftsidee oder auch ein geplantes Projekt systematisch zu bewerten, um eine fundierte Entscheidungsgrundlage für die weitere Vorgehensweise zu treffen.

Schritt 1: Definieren Sie eine konkrete Idee, die Sie bewerten möchten.

Idee: ....

Schritt 2: Erstellen Sie Ihre SWOT-Matrix mit den vier Quadranten

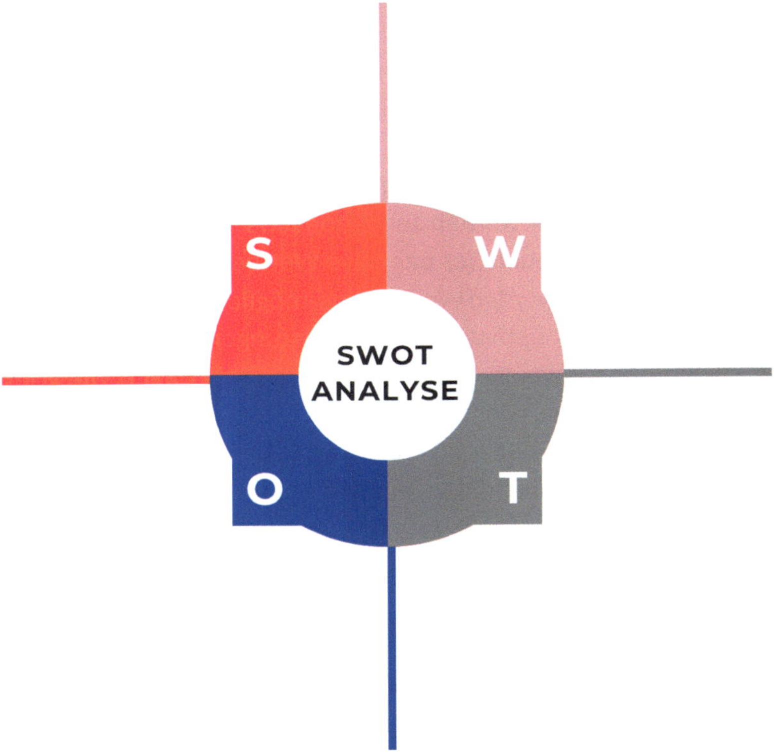

Schritt 3: Sammeln Sie je Quadrant 3 - 5 Argumente / Aspekte
Was können Sie besonders gut? Welche Ressourcen haben Sie?

Stärken: ....

....

Wo haben Sie Defizite? Was fehlt Ihnen noch?

Schwächen: ....

....

Welche Trends begünstigen Sie? Wo entstehen Möglichkeiten?

Chancen: ....

....

Was könnte schiefgehen? Welche Konkurrenz droht?

Risiken: ....

....

Schritt 4: Entwickeln Sie daraus Ihre nächsten Schritte

SO-Strategie: Wie nutzen Sie Ihre Stärken für die Chancen?

....

ST-Strategie: Wie setzen Sie Stärken gegen Bedrohungen ein?

....

WO-Strategie: Wie können Chancen Schwächen kompensieren?

....

WT-Strategie: Wie minimieren Sie Schwächen und Bedrohungen?

....

Schritt 5: Treffen Sie Ihre Entscheidung basierend auf Ihrer Analyse: Verfolgen Sie die Idee weiter und modifizieren Sie diese, wenn es notwendig ist.

Entscheidung 1: ....

Entscheidung 2: ....

Entscheidung 3: ....

Michael Porter's Five Forces

Wenn Sie eine neue Geschäftsidee oder ein Produkt entwickeln, reicht es nicht, nur die internen Stärken zu betrachten. Mindestens genauso wichtig ist die Frage: Wie attraktiv ist der Markt überhaupt? Gibt es viele Wettbewerber? Können neue Anbieter leicht eintreten? Und wie viel Einfluss haben Kunden und Lieferanten?

Die Methode „Porter's Five Forces“ hilft dabei, genau das herauszufinden. Sie analysieren damit nicht nur Ihren direkten Wettbewerb, sondern auch das gesamte Kräftefeld, das auf Ihre Geschäftsidee einwirkt. Das Modell ist besonders nützlich, wenn Sie in einen neuen Markt einsteigen oder Ihre Position in einem bestehenden Markt besser verstehen möchten.

Die fünf Wettbewerbskräfte im Überblick

1) Bedrohung durch neue Anbieter: Wie einfach ist es für neue Unternehmen, in Ihren Markt einzutreten? Je niedriger die Barriere für den Markteintritt ist, desto höher ist der Wettbewerbsdruck.

2) Verhandlungsmacht der Lieferanten: Haben Ihre Lieferanten viel Macht, Preise und Bedingungen zu diktieren? Wenige Anbieter und hohe Abhängigkeit erhöhen deren Einfluss.

3) Verhandlungsmacht der Kunden: Können Ihre Kunden leicht Preise drücken oder zur Konkurrenz wechseln? Gut informierte oder sehr große Kunden üben hier oft großen Druck aus.

4) Bedrohung durch Ersatzprodukte: Gibt es Alternativen zu Ihrem Angebot, die dasselbe Problem lösen und das möglicherweise günstiger und/oder einfacher?

5) Rivalität unter bestehenden Wettbewerbern: Wie stark ist der direkte Konkurrenzkampf im Markt? Viele Anbieter mit ähnlichen Produkten sorgen für Preis- und Innovationsdruck.

Am Beispiel von SAP, einem Anbieter von Unternehmenssoftware, soll der Five-Forces-Ansatz verdeutlicht werden. Herausgegriffen wird die Bedrohung durch neue Anbieter, die durch die technische Komplexität und der starken Markenreputation von SAP als gering bewertet werden. Die Verhandlungsmacht der Kunden wird hingegen kritischer betrachtet, da gerade bei Großkunden mit einem hohen Lizenzvolumen oft Preisnachlässe gefordert werden. Sie bleiben jedoch langfristig an das Unternehmen gebunden, da der Integrationsaufwand sehr hoch ist. Geringe Bedrohung sieht man durch Ersatzprodukte aufgrund der hohen Spezialisierung (24).

Der besondere Wert dieser Methode liegt in ihrer strukturierten und ganzheitlichen Betrachtung der Wettbewerbsdynamik. Sie erhalten damit ein klares, umfassendes Bild aller Kräfte, die Ihre Profitabilität und Positionierung im Markt beeinflussen. Zwei zentrale Vorteile sprechen daher für ihren Einsatz:

Erstens ersetzt die Analyse subjektive Annahmen durch fundierte Marktdaten und ermöglicht so strategische Entscheidungen mit Weitblick. Zweitens identifiziert sie Risiken frühzeitig und offenbart ungenutzte Chancen, um Ihre Marktposition gezielt auszubauen (25).

“Erfolgreiche Unternehmen stellen nicht nur großartige Produkte her. Sie verstehen ihr Wettbewerbsumfeld und spielen das Spiel besser als andere.”

Impact – Effort Matrix

Nach dem Sammeln und Strukturieren Ihrer Ideen stellt sich nun die entscheidende Frage: Womit beginnen? Nicht jede Idee ist gleich sinnvoll oder umsetzbar. Manche bringen viel Wirkung, sind jedoch sehr aufwändig. Andere wären schnell machbar, stiften in Relation dazu hingegen wenig Nutzen. Hier hilft die Impact-Effort-Matrix, auch bekannt als Aufwand-Nutzen-Matrix.

Diese Methode unterstützt Sie dabei, Ihre Ideen pragmatisch zu bewerten und Prioritäten zu setzen. Besonders dann, wenn Sie viele Optionen auf dem Tisch haben und eine erste Auswahl treffen möchten, schafft diese einfache Matrix sofort Klarheit. Sie ist gerade in technisch geprägten Unternehmen sehr beliebt, weil sie effektiv, logisch und visuell nachvollziehbar ist.

Die vier Felder der Impact-Effort-Matrix

Quick Wins: Große Wirkung bei geringem Aufwand. Diese Ideen sollten Sie bevorzugt umsetzen, sie bringen schnelle Erfolge mit geringem Risiko und sind auch als „low hanging fruits“ bekannt.

Major Projects: Große Wirkung bei hohem Aufwand. Diese Ideen haben großes Potenzial, erfordern jedoch sorgfältige Planung, ein umfassendes Budget und entsprechende Ressourcen.

Fill-Ins: Geringe Wirkung bei geringem Aufwand. Diese Ideen können Sie “nebenbei” realisieren, sofern noch Kapazität vorhanden ist.

Time Wasters: Geringe Wirkung bei hohem Aufwand. Diese Ideen sind kritisch und zu hinterfragen. Sie kosten viel, bringen jedoch wenig.

Mithilfe der Impact-Effort Matrix bringen Sie Struktur in die Entscheidungsfindung, sodass Sie realistische Einschätzungen treffen können. Anhand der vier Kategorien lässt sich rasch erkennen, worauf man sich im nächsten Schritt konzentrieren sollte.

Achten Sie bei der Durchführung den Aufwand nicht zu unterschätzen, was in der Praxis oft passiert, und überlegen Sie sich, wie Sie darauf reagieren, wenn im Team kein Konsens erzielt wird, denn das verzögert bzw. verhindert die Umsetzung (26).

Die größte Stärke der Impact-Effort Matrix liegt in ihrer Objektivität und Einfachheit. Sie verwandelt komplexe Entscheidungen in klare, visuelle Darstellungen. Erstens hilft sie dabei, Ressourcen optimal zu verteilen und Quick Wins zu identifizieren, die schnelle Erfolge bringen. Zweitens schützt sie vor der Verschwendung von Zeit und Budget für Projekte mit geringem Nutzen, indem sie "Thankless Tasks" aufdeckt und zur Diskussion stellt.

Fazit: Ideen genau und nachvollziehbar BEWERTEN
Von der Idee zur klaren Entscheidung

Mit bewährten Analyse-Methoden wie der SWOT-Analyse, der Porter-Five-Forces und der Impact-Effort-Matrix bewerten Sie Ihre Geschäftsideen strukturiert und fundiert. Diese Werkzeuge helfen Ihnen dabei, Chancen und Risiken frühzeitig zu erkennen, klare Prioritäten zu setzen und das Fundament für nachhaltigen Unternehmenserfolg zu legen.

IN A NUTSHELL: Wie identifiziert man die besten IDEEN? Ideen generieren, strukturieren und bewerten

- **Herausforderungen sind die besten Ideengeber**: Wer echte Probleme erkennt, muss sich keine genialen Ideen ausdenken. Aufmerksamkeit und Neugier sind vollkommen ausreichend, um Nutzen zu stiften.
- **Gute Geschäftsideen verbinden Trends mit Talent**: Wenn innovative Technik auf gesellschaftliche Entwicklungen trifft, entsteht Zukunft.
- **Ordnung bringt Richtung**: Erst durch klare Strukturen werden aus spontanen Einfällen konkrete Geschäftsansätze. So entstehen aus vagen Gedanken umsetzbare Strategien.
- **Nicht jede Idee verdient Ihre Zeit**: Bewerten Sie Ihre Ideen systematisch, zum Beispiel mit der SWOT-Analyse oder der Impact-Effort-Matrix, bevor Sie Ressourcen investieren.
- **Klarheit vor Kreativität:** Nur wer Markt und eigene Stärken versteht, trifft die richtigen Entscheidungen für den nächsten Schritt.

Kapitel 3: Weshalb braucht es ein GESCHÄFTSMODELL?

Der Motor Ihrer Umsetzung

Nachdem wir uns im vorhergehenden Abschnitt mit dem Generieren, Strukturieren und Bewerten von Ideen beschäftigt haben, steht nun der nächste entscheidende Schritt an: Die Umsetzung Ihrer Idee. Gute Ideen allein reichen nicht aus, sie müssen in ein tragfähiges Konzept überführt werden, das ihre Realisierung möglich macht. Genau hier beginnt der professionelle Teil: Die Idee muss in ein durchdachtes System überführt werden, das beschreibt, wie sie in der Praxis funktionieren soll, Mehrwert schafft und wirtschaftlich tragfähig werden kann.

Dafür braucht es Klarheit, Struktur und eine systematische Herangehensweise. Ein Geschäftsmodell bietet diesen Rahmen. Es dient als Bauplan dafür, wie aus einer Idee ein funktionierendes Unternehmen entsteht – wer was für wen mit welchem Nutzen tut und wie dabei Geld verdient wird.

Ein professionelles Geschäftsmodell schafft Orientierung, macht strategische Entscheidungen nachvollziehbar und hilft dabei, potenzielle Schwachstellen frühzeitig zu erkennen. Im Folgenden schauen wir uns an, was ein Geschäftsmodell ist und warum es die Basis für jede erfolgreiche Unternehmensentwicklung bildet.

WAS ist ein Geschäftsmodell?

Das Geschäftsmodell bildet das strategische Herzstück jeder unternehmerischen Tätigkeit. Es beschreibt nicht nur, wie ein Unternehmen grundsätzlich funktioniert, sondern definiert den systematischen Rahmen, durch den aus einer Idee ein dauerhaft wertschaffendes und wirtschaftlich tragfähiges System entsteht.

Um die Bedeutung eines Geschäftsmodells vollständig zu verstehen, lohnt zunächst die Betrachtung dessen, was ein Unternehmen in seinem Kern ausmacht. Unabhängig von Größe oder Branche ist jedes Unternehmen im Wesentlichen die organisierte Wiederholung bestimmter Prozesse, die darauf ausgerichtet sind, Wert zu generieren, Bedürfnisse zu befriedigen und konkrete Probleme zu lösen. Entscheidend für den Erfolg ist dabei, dass dieser geschaffene Wert von anderen als nützlich empfunden und entsprechend honoriert wird. Andernfalls bleibt das Vorhaben bestenfalls ein kostspieliges Hobby, schlimmstenfalls ein kontinuierliches Verlustgeschäft.

Ein erfolgreiches Unternehmen zeichnet sich dadurch aus, dass es ein relevantes Problem identifiziert, eine passende Lösung entwickelt, alle erforderlichen Ressourcen und Prozesse effizient organisiert und diese in einer marktfähigen Struktur zusammenführt. Genau diese Struktur manifestiert sich im Geschäftsmodell. Es beschreibt die internen Abläufe zur Erstellung des Wertangebotes, definiert die benötigten Ressourcen, Fähigkeiten und Partnerschaften, legt die Umsatzgenerierung fest und zeigt auf, wie alle Aktivitäten miteinander verknüpft werden müssen.

Im Gegensatz zum klassischen Businessplan ist das Geschäftsmodell weniger formal strukturiert, dafür strategisch ausgerichtet und dynamisch anpassbar. Es macht komplexe Abhängigkeiten transparent, verdeutlicht Ursache-Wirkungs-Zusammenhänge und fungiert als praktisches Steuerungsinstrument im unternehmerischen Alltag. Das Geschäftsmodell beantwortet die zentrale Frage: Wie gelingt es uns, mit unserem Angebot echten Mehrwert zu schaffen und gleichzeitig wirtschaftlich erfolgreich zu sein?

Betrachten wir zur Veranschaulichung ein Unternehmen, das ein smartes Bewässerungssystem für Privatgärten entwickelt. Die technische Innovation ist zweifellos beeindruckend. Sensible Sensoren, automatisierte Steuerung und intelligente Algorithmen bilden das Herzstück der Lösung. Doch erst durch ein durchdachtes Geschäftsmodell entsteht daraus ein funktionierendes Unternehmen. Die Entscheidung, das System als Mietmodell anzubieten, macht es für Hobbygärtner finanziell zugänglich. Die intuitive App-Steuerung spricht technikaffine Kunden an, während der Direktvertrieb eine persönliche Beratung ermöglicht. Serviceverträge schaffen schließlich kontinuierliche Einnahmen und stärken die Kundenbindung. Dieses Beispiel verdeutlicht eine zentrale Erkenntnis: Die technische Brillanz einer Idee ist nur der Ausgangspunkt – entscheidend ist, wie sie strategisch am Markt positioniert und betrieben wird.

Ein Geschäftsmodell ist daher kein starres Konstrukt, sondern ein lebendiges System, das kontinuierlich überprüft, weiterentwickelt und an Marktveränderungen angepasst werden muss. Die Bedeutung dieser dynamischen Anpassungsfähigkeit und die Konsequenzen einer Vernachlässigung werden in den folgenden Praxisbeispielen anschaulich demonstriert.

Viele Gründer beginnen ihre unternehmerische Reise mit einer Idee, sei es ein innovatives Produkt, eine bahnbrechende Technologie oder eine neuartige Dienstleistung. Diese ersten Gedankenblitze sind zweifellos wertvoll und bilden das Fundament für alles Weitere. Doch eine Idee allein, so brillant sie auch sein mag, ist nur ein gut gemeinter Anfang, wie wir bereits aus dem vorangegangenen Kapitel erfahren haben. Ohne ein funktionierendes Geschäftsmodell bleibt sie eine Vision ohne Substanz.

Steve Blank (12), einer der einflussreichsten Köpfe im Startup-Ökosystem, bringt diese Realität auf den Punkt: „Startups scheitern nicht an der Technik, sondern daran, dass niemand das Produkt will." Diese Erkenntnis unterstreicht eine fundamentale Wahrheit des Unternehmertums. Die technische Umsetzung einer Idee ist nur die halbe Miete, entscheidend ist, ob sich daraus echter Kundennutzen generieren lässt. Ein durchdachtes Geschäftsmodell fungiert als Brücke zwischen der ursprünglichen Idee und einem nachhaltigen, profitablen Unternehmen. Es transformiert technische Möglichkeiten in greifbaren Mehrwert für den Kunden und schafft die Grundlage für langfristigen wirtschaftlichen Erfolg.

Die 5-W-Fragen zum Thema Geschäftsmodell

WARUM brauchen Sie ein Geschäftsmodell?
Warum ist ein Geschäftsmodell unverzichtbar? Die Antwort liegt in der Komplexität moderner Unternehmensführung. Ein Geschäftsmodell ermöglicht es Unternehmern, den Überblick über alle geschäftlichen Aktivitäten zu behalten und sicherzustellen, dass sämtliche unternehmerischen Tätigkeiten koordiniert und aufeinander abgestimmt ablaufen. Nur so lassen sich blinde Flecken vermeiden und die eigene Handlungsfähigkeit erhalten. Darüber hinaus dient das Geschäftsmodell als zentrales Instrument zur aktiven Steuerung eines Unternehmens. Es hilft dabei, Entscheidungen fundiert zu treffen und Veränderungen am Markt vorausschauend zu begegnen. Prof. Gary Hamel von der London Business School (27) bringt die strategische Bedeutung auf den Punkt (28).

“In the future, competition takes place not between products or companies, but between business models.“

Prof. Gary Hamel (28)

Diese Aussage unterstreicht, dass Wettbewerbsvorteile zunehmend durch innovative Geschäftsmodelle geschaffen werden, nicht nur durch bessere Produkte.

WIE erstellen Sie ein Geschäftsmodell?

Für die praktische Umsetzung hat sich besonders der international bewährte Ansatz des Business Model Canvas von Alexander Osterwalder etabliert (29). Dieses Modell unterteilt das Geschäftsmodell in neun logisch miteinander verbundene Bausteine, die sämtliche wesentlichen Geschäftsbereiche abdecken. Ergänzend bieten sich Methoden wie die Empathie Map aus dem Design Thinking (30) oder die Geschäftsmodell-Innovation nach dem BMI Lab (31) an, die helfen, Kundenbedürfnisse so klar wie möglich zu verstehen und neue, differenzierende Modelle zu entwickeln. Entscheidend dabei ist die Erkenntnis, dass das Geschäftsmodell kein einmaliges Dokument darstellt, sondern ein dynamisches Arbeitsinstrument, das regelmäßig überprüft und angepasst werden sollte.

WANN ist der richtige Zeitpunkt für die Erstellung?

Die Frage nach dem richtigen Zeitpunkt für die Erstellung eines Geschäftsmodells lässt sich eindeutig beantworten: Es gibt keinen perfekten Zeitpunkt, nur ein "zu spät". Idealerweise sollte das Geschäftsmodell vor der Gründung entwickelt werden, doch auch danach ist es essenziell, das Modell regelmäßig zu überprüfen und anzupassen, um auf Marktveränderungen oder neue Kundenerwartungen reagieren zu können. Viele Unternehmen scheitern, weil sie zu lange an alten Modellen festhalten, wie etwa Blackberry, das zentrale Trends wie mobile Apps oder Touchscreens unterschätzte. Das Geschäftsmodell sollte daher als laufender Prozess verstanden werden, bei dem die Geschäftsleitung regelmäßig neue Potenziale und Chancen screent und die strategische Basis des Unternehmens reflektiert und weiterentwickelt.

WO kann es zu Problemen kommen, wenn kein valides Geschäftsmodell vorhanden ist?

Die Konsequenzen eines nicht tragfähigen Geschäftsmodells zeigen sich oft in sinkender Nachfrage und Umsatzrückgängen. Dies weist darauf hin, dass das Wertangebot nicht mehr den Bedarf des Marktes trifft. Typische Ursachen sind veraltete Strukturen, hohe Fixkosten durch Ineffizienzen, fehlende Kundenorientierung und unzureichende Innovationskraft. Unternehmen ohne klar definiertes Geschäftsmodell verlieren an Orientierung, Handlungsfähigkeit und letztlich auch an Wettbewerbsfähigkeit. Daher ist es essenziell, das Geschäftsmodell regelmäßig zu validieren, um flexible, anpassungsfähige Strukturen zu etablieren.

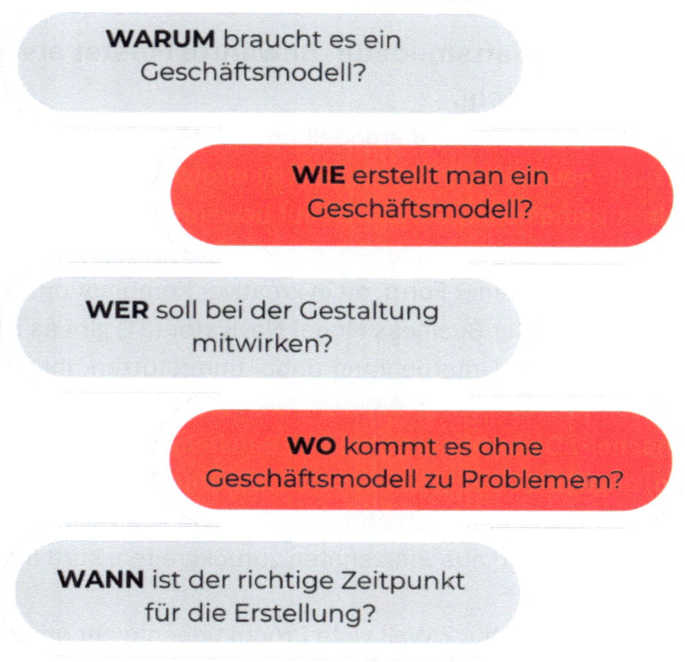

Abbildung 5: Die 5-W-Fragen zum Thema Geschäftsmodell

WER soll bei der Erstellung mitwirken?
Die Verantwortung für die Geschäftsmodellentwicklung liegt primär bei der Geschäftsleitung, doch sollten alle Schlüsselpersonen eingebunden werden, die den Markt und die Kunden gut kennen, technische und produktspezifische Kompetenzen einbringen oder strategische Perspektiven mitbringen. Für den Entwicklungsprozess ist es hilfreich, ein interdisziplinäres Team zusammenzustellen, etwa aus Vertrieb, Technik, Marketing und Produktentwicklung. Unterschiedliche Blickwinkel fördern innovative und praxisnahe Modelle. Besonders wichtig ist es dabei, Hypothesen zu testen (19): Nur so kann festgestellt werden, ob es für das Wertangebot tatsächlich einen Bedarf im Markt gibt oder ob es bloß auf internen Annahmen basiert.

Innovative Geschäftsmodelle: Bewährte Muster als Schlüssel zum Erfolg.

Wenn Sie ein neues Geschäftsmodell entwickeln, müssen Sie dabei das Rad nicht neu erfinden. Denn weltweit erfolgreiche Unternehmen haben eines gemeinsam: Sie setzen auf bewährte Geschäftsmodellmuster, die sich in vielen Branchen und Märkten erfolgreich durchgesetzt haben, teils in reiner Form, oft in kreativer Kombination.

Laut dem St. Galler Business Model Navigator (31) gibt es über 55 erprobte Muster, die Unternehmen dabei unterstützen, ihr Angebot systematisch zu gestalten, zu differenzieren und wirtschaftlich tragfähig zu machen. Diese Muster sind wie Bausteine, sie können übernommen, angepasst und weiterentwickelt werden. Gerade für Gründer sowie technikaffine Unternehmer ist dies ein riesiger Vorteil: Man kann auf Praxiswissen aus Jahrzehnten zurückgreifen, statt im Blindflug zu starten.

Warum ist das so wichtig? Weil viele Produktideen nicht am Produkt selbst scheitern, sondern am fehlenden Geschäftsmodell. Und weil sich Märkte ständig verändern, braucht es Modelle, die robust und gleichzeitig anpassungsfähig sind.

Um eine Vorstellung davon zu bekommen, was hinter diesen Begriffen steckt, möchte ich Ihnen zwei Geschäftsmodellmuster anhand weltweit bekannter Unternehmen vorstellen: Self-Service und Lock-In. Beide Muster sind besonders spannend, weil sie systematisch Effizienz schaffen und Kunden langfristig binden. Zwei Zutaten, die jedes tragfähige Geschäftsmodell braucht.

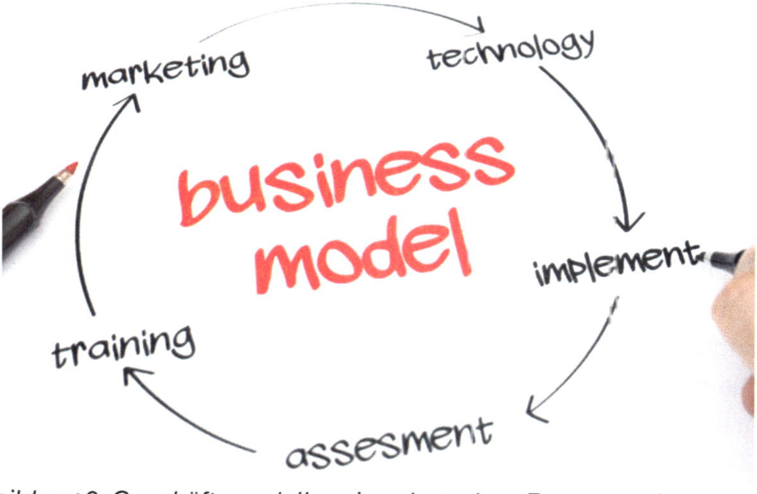

Abbildung 6: Geschäftsmodelle zeigen komplexe Zusammenhänge

Geschäftsmodell Self-Service am Beispiel von IKEA

Das Self-Service-Modell setzt auf den „arbeitenden Kunden“. Hier übernimmt der Kunde selbst einen Teil der Wertschöpfung, typischerweise Arbeitsschritte, die sonst das Unternehmen durchführen müsste. IKEA hat dieses Modell zur Perfektion gebracht:

Kunden holen die Möbel selbst aus dem Lager, transportieren sie nach Hause und bauen sie eigenständig zusammen.

Was auf den ersten Blick nach Mehrarbeit aussieht, entpuppt sich als cleveres System:

- IKEA spart Personal- und Logistikkosten, kann
- Produkte günstiger anbieten, und
- erhöht die Effizienz in der Wertschöpfungskette.

Gleichzeitig wird der Kunde Teil des Prozesses, das oft eine stärkere Identifikation mit dem Produkt schafft, ganz nach dem Motto: „Ich habe es selbst aufgebaut!". Self-Service bedeutet also nicht nur Einsparung, sondern auch ein anderes, bewusst gestaltetes Kauferlebnis.

Geschäftsmodell Lock-In am Beispiel von LEGO

Das Lock-In-Modell zielt darauf ab, Kunden langfristig an das eigene System zu binden. Dies geschieht durch hohe Wechselkosten, sei es technisch, vertraglich oder emotional. LEGO nutzt diese Strategie auf beeindruckende Weise:

Die bunten Bausteine folgen einem patentierten Design und sind nicht mit denen anderer Hersteller kombinierbar. Wer einmal mit LEGO begonnen hat, bleibt im LEGO-Ökosystem, weil Erweiterungen und Zubehörteile nur intern funktionieren.

Durch unterschiedliche Themenwelten (z. B. LEGO City, Technik oder Friends) werden verschiedene Zielgruppen angesprochen, vom Kind bis zum Workshop-Teilnehmer in der Erwachsenenbildung mit der Produktschiene: LEGO® Serious Play®.

Das Ergebnis: Kunden investieren über Jahre hinweg in die LEGO-Welt, mit hoher Markenbindung und immer neuen Kaufanreizen. LEGO beweist, wie wirkungsvoll ein Lock-In sein kann, ohne Kunden zu vergraulen, im Gegenteil: Viele fühlen sich durch die Exklusivität sogar besonders verbunden. Und genau das macht dieses Modell so mächtig.

EXPERIMENT 12: Der 60 Sekunden Pitch

Pitchen Sie Ihr Geschäftsmodell in 60 Sekunden

Ziel der Übung: Gewinnen Sie Klarheit über Ihr Geschäftsmodell und lernen Sie, es verständlich zu kommunizieren.

Stellen Sie sich vor, Sie steigen in einen Aufzug und treffen dort zufällig einen potenziellen Kunden oder einen Investor. Sie haben genau eine Minute Zeit, um Ihr Geschäftsmodell so zu erklären, dass Ihr Gegenüber sofort versteht, worum es geht und warum es interessant für ihn ist.

Ihre Aufgabe: Formulieren Sie eine prägnante Antwort zu den unten angeführten Fragen. Denken Sie daran: Komplizierte Fachbegriffe und lange Erklärungen haben in einem Aufzug keinen Platz, nur das Wesentliche zählt.

Zusatzfrage: Wer kann Sie bei der Ausarbeitung Ihres Geschäftsmodells unterstützen? Ein Sparringpartner kann sehr hilfreich sein. Suchen Sie gezielt Unterstützung innerhalb oder auch außerhalb Ihrer Organisation, um frischen Input zu erhalten und andere Perspektiven kennen zu lernen.

1) Was ist mein Produkt/Dienstleistung? ....

   ....

2) Für welche Zielgruppe ist es gedacht? ....

   ....

3) Welches Problem wird gelöst? ....

   ....

4) Wie verdiene ich Geld? ....

....

5) Sparringpartner: ....

....

EXPERIMENT 13: Geschäftsmodell evaluieren

Evaluieren Sie Ihr aktuelles Geschäftsmodell

Wenn Sie bereits Unternehmer sind, ist dieses Experiment möglicherweise relevanter als der 60-Sekunden-Pitch. Hier geht es darum, Ihr aktuelles Geschäftsmodell mit einigem Abstand kritisch zu betrachten, um gezielt auf Lücken aufmerksam zu werden oder potenzielle Schwachstellen zu identifizieren sowie zukünftig relevante Innovationspotenziale zu entdecken. Versuchen Sie dabei die untenstehenden Fragen so gut wie möglich zu beantworten.

1) **Für WEN sind wir heute tatsächlich relevant?** Welche konkreten Kundengruppen bedienen wir aktuell? Welche davon sind kaufkräftig und loyal?

....

....

....

2) **Welches konkrete PROBLEM lösen wir und wie klar ist das für unsere Kunden?** Ist unser Nutzenversprechen aus Sicht der Kunden sofort erkennbar? Oder reden wir eher über technische Merkmale?

....

....

3) **Was würde passieren, wenn morgen ein neuer Anbieter mit einem einfacheren, günstigeren oder digitalem Modell startet?** Würden unsere Kunden bleiben oder sofort wechseln? Was wäre unser Vorteil?

....

....

4) **Welches Geschäftsmodell-Muster** können wir gezielt testen, um unser Angebot robuster und attraktiver zu gestalten? Welche Muster können wir sinnvoll integrieren?

....

....

Fazit: WAS ist ein Geschäftsmodell?
Das Geschäftsmodell als Erfolgsfaktor

Ein Geschäftsmodell transformiert brillante Ideen in wirtschaftlich tragfähige Unternehmen und entscheidet über Erfolg oder Scheitern am Markt. Es ist kein statisches Dokument, sondern ein dynamisches Arbeitsinstrument, das kontinuierlich angepasst werden muss. Der Wettbewerb der Zukunft findet nicht zwischen Produkten statt, sondern zwischen Geschäftsmodellen.

AUFBAU eines Geschäftsmodells

Ein Geschäftsmodell ist kein dickes Strategiepapier, wie im vorangegangenen Kapitel bereits erklärt wurde, sondern ein lebendiger Bauplan für Ihr Unternehmen. Und wie jeder gute Plan braucht er Struktur, die einfach genug ist, um sie zu verstehen, und gleichzeitig klar genug, um fundierte Entscheidungen zu treffen.

Genau dafür wurde das Business Model Canvas von Alexander Osterwalder (29) entwickelt. Es ist eine visuelle Vorlage, welche die neun wichtigsten Bausteine Ihres Geschäftsmodells auf einem einzigen Blatt zusammenfasst. Ideal für Gründer, Tüftler, kreative Köpfe und Technikprofis, die ins Tun kommen wollen.

Stellen Sie sich das Canvas wie einen Baukasten vor: Neun Felder, die alle miteinander verbunden sind, wie Zahnräder in einem Getriebe. Wenn Sie jedes dieser Zahnräder bewusst gestalten, entsteht ein stimmiges Gesamtbild. Im Folgenden werden die neun Felder erläutert, sodass sie eine Vorstellung bekommen, welche Inhalte die jeweiligen Felder beschreiben.

Die neun Bausteine der Business Model Canvas

1. Kundensegmente (Customer Segments)

Wer sind Ihre wichtigsten Kunden? Denken Sie hier an konkrete Personengruppen oder Unternehmen, für die Ihr Produkt oder Ihre Dienstleistung einen echten Mehrwert bietet. Definieren Sie klar, für wen Sie das alles tun, je präziser, desto besser.

2. Wertangebote (Value Proposition)

Welchen Nutzen stiften Sie? Was macht Ihr Angebot einzigartig, nützlich und begehrenswert? Dieses Feld beschreibt, warum Ihre Kunden bei Ihnen kaufen sollen, statt bei der Konkurrenz.

3. Kanäle (Channels)
Wie erreichen Sie Ihre Kunden? In diesem Feld geht es um die unterschiedlichen Wege, über die Sie Ihr Produkt oder Ihre Dienstleistung kommunizieren, verkaufen und liefern wie beispielsweise online, persönlich, über Partner oder Plattformen.

4. Kundenbeziehungen (Customer Relationship)
Wie pflegen Sie den Kontakt zu Ihren Kunden? Von persönlicher Beratung bis hin zu automatisiertem Support. Überlegen Sie sich, welche Art von Beziehung Ihre Zielgruppe erwartet und wie Sie diese effizient gestalten können.

5. Einnahmequellen (Revenue Streams)
Wofür genau zahlen Ihre Kunden und vor allem wie zahlen sie? Hier definieren Sie, wie Sie Geld verdienen: Einmalverkauf, Abo-Modell, Lizenzgebühren, Freemium? Es geht um Preise, Zahlungsbereitschaft und den für Ihr Unternehmen passenden Erlösmechanismus.

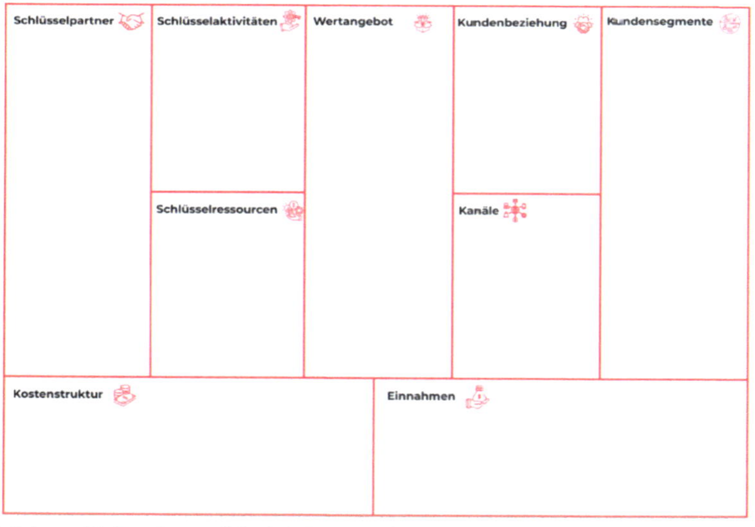

Abbildung 7: Business Model Canvas in Anlehnung an A. Osterwalder

6. Schlüssel-Ressourcen (Key Resources)

Welche Ressourcen brauchen Sie, um Ihr Geschäftsmodell umzusetzen? Das können Maschinen, Software, Know-how, Netzwerke oder auch Rechte an Technologien sein. Überlegen Sie, was unbedingt vorhanden sein muss, damit Ihr Geschäftsmodell funktioniert.

7. Schlüssel-Aktivitäten (Key Activities)

Was müssen Sie unbedingt tun, damit Ihr Modell läuft? Produktion, Entwicklung, Vertrieb, Wartung etc. Je nach Geschäftsmodell sehen diese Kernaktivitäten unterschiedlich aus. Konzentrieren Sie sich dabei auf das Wesentliche.

8. Schlüssel-Partnerschaften (Key Partnerships)

Wer unterstützt Sie, damit das Rad sich dreht? Kein Unternehmen arbeitet allein. Identifizieren Sie Partner, Zulieferer oder strategische Allianzen, die Sie für den Betrieb Ihres Geschäftsmodells brauchen oder durch die Sie effizienter werden.

9. Kostenstruktur (Cost Structure)

Welche Kosten fallen an und wofür? Hier erfassen Sie, welche Ausgaben für Ihre Ressourcen, Aktivitäten und Partner nötig sind. So behalten Sie Ihre Fixkosten, variable Kosten und potenzielle Hebel für eine zukünftige Skalierung im Blick.

EXPERIMENT 14: Geschäftsmodell-Entwurf

Ihr erster Geschäftsmodell-Entwurf

Nehmen Sie sich ca. 30 Minuten Zeit und befüllen Sie das Business Model Canvas. Starten Sie und bringen Sie Ihre Geschäftsidee strukturiert zu Papier. Es geht darum, einen Überblick zu bekommen und die Gedanken stichwortartig zusammenzutragen. Post-it statt Roman.

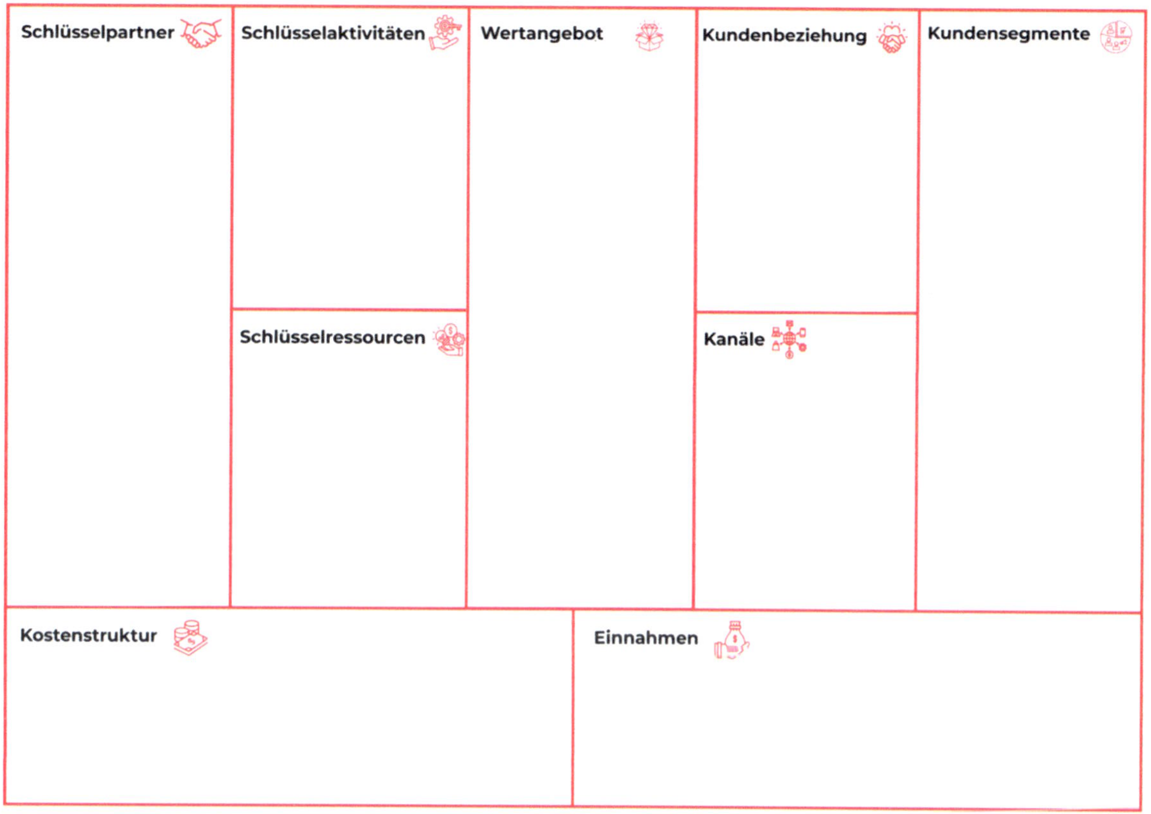

Ihre Business Model Canvas zum selber ausfüllen

Fragen, die Sie sich dabei stellen können:

- Welche Kunden würden jetzt schon kaufen?
- Welches Problem lösen Sie konkret?
- Womit könnten Sie schnell Geld verdienen?

Fazit: Der AUFBAU eines Geschäftsmodells 9 Bausteine zum Erfolg

Das Business Model Canvas bietet eine strukturierte und visuelle Methode, um die neun wichtigsten Bausteine eines Geschäftsmodells auf einem Blatt zusammenzufassen. Es hilft Ihnen, ein klares und stimmiges Gesamtbild Ihres Geschäftsmodells zu erstellen, indem es die wichtigsten Aspekte wie Kundensegmente, Wertangebote, Kanäle und Kostenstruktur systematisch abbildet.

Ein gutes Geschäftsmodell ist nicht perfekt, jedoch praxistauglich, lernfähig und klar im Nutzen.

FEHLER bei der Geschäftsmodell-Gestaltung

Ein solides Geschäftsmodell ist das Fundament jedes erfolgreichen Unternehmens – doch aufgepasst, denn auf dem Weg dorthin lauern zahlreiche Stolperfallen. Selbst erfahrene Unternehmer und etablierte Konzerne fallen immer wieder in dieselben Denkfallen und machen kostspielige Fehler, die vermeidbar gewesen wären. Die Geschichten von Kodak und Nokia zeigen eindrucksvoll, wie schnell sich Marktführer zu Lehrbeispielen für verpasste Chancen entwickeln können. In diesem Kapitel werden fünf der häufigsten Fehler bei der Geschäftsmodell-Gestaltung beleuchtet und Ihnen praxiserprobte Strategien an die Hand gegeben, um diese zu vermeiden. Denn aus den Fehlern anderer zu lernen ist deutlich effizienter, als sie selbst zu machen.

Fehler und wie man es nicht machen soll

Die Erstellung eines Business Model Canvas ist ein entscheidender Schritt auf dem Weg zu einem erfolgreichen Unternehmen. Es bietet eine klare Struktur, um Ihre Geschäftsidee zu visualisieren und zu analysieren. Doch auch bei diesem hilfreichen Werkzeug gibt es häufige Fehler, die es zu vermeiden gilt. Lassen Sie uns daher gemeinsam sicherstellen, dass Ihr Geschäftsmodell von Beginn an auf einem soliden Fundament steht.

Fehler 1: Unklare oder zu breite Kundensegmente

Einer der häufigsten Fehler bei der Erstellung eines Geschäftsmodells ist die Definition unklarer oder zu breiter Kundensegmente. Viele Gründer und auch Unternehmen möchten gerne „für alle" da sein und verlieren dadurch ihre Zielgruppe aus den Augen. Ein klar definiertes Kundensegment ist allerdings entscheidend, um Ihre Ressourcen gezielt einzusetzen.

Mein Tipp: Denken Sie in konkreten Personengruppen, Use Cases und Branchen. Es ist besser, mit einer klaren und spezifischen Zielgruppe zu starten, als in der Masse unterzugehen. Eine präzise Definition Ihrer Kundensegmente ermöglicht es Ihnen, maßgeschneiderte Lösungen anzubieten und Ihre Kunden besser zu verstehen. Fangen Sie daher in einer für Sie geeigneten Nische an.

Fehler 2: Kein echtes Nutzenversprechen (Value Proposition)
Ein weiterer häufiger Fehler ist das Versäumnis, ein klares Nutzenversprechen zu formulieren. Statt eines klaren Nutzens werden oft technische Funktionen oder Produktfeatures in den Vordergrund gestellt. Ein starkes Nutzenversprechen ist jedoch entscheidend, um Ihre Kunden zu überzeugen und sich von der Konkurrenz abzuheben.

Mein Tipp: Formulieren Sie, welches Problem Sie lösen oder welchen „Job-to-be-done“ Sie für Ihre Kunden erledigen und nicht, was das Produkt kann. Ein klares Nutzenversprechen sollte den konkreten Vorteil für den Kunden hervorheben und erklären, warum Ihre Lösung für ihn die beste Wahl ist.

Fehler 3: Geschäftsmodell wird mit dem Produkt verwechselt
Ein häufiger Irrtum ist die Verwechslung des Geschäftsmodells mit dem Produkt. Aussagen wie „Unser Geschäftsmodell ist eine App“ sind kein Geschäftsmodell. Ein Geschäftsmodell beschreibt, wie Sie Wert schaffen, liefern und monetarisieren.

Mein Tipp: Die App ist ein Kanal oder eine Lösung. Ihr Geschäftsmodell sollte jedoch umfassender sein und beschreiben, wie Sie Ihre Kunden erreichen, welche Werte Sie bieten und wie Sie Einnahmen generieren.

Fehler 4: Kostenstruktur wird unterschätzt oder pauschalisiert
Die Kostenstruktur wird oft unterschätzt oder pauschalisiert. Typische Aussagen wie „Serverkosten" und „Marketingausgaben" ohne Priorisierung oder realistische Zahlen sind unzureichend. Eine detaillierte und realistische Kostenstruktur ist entscheidend, um die finanzielle Gesundheit Ihres Unternehmens zu gewährleisten.

Mein Tipp: Listen Sie Ihre Fixkosten, variablen Kosten und Wachstumsinvestitionen auf. Denken Sie an eine schlanke und realistische Kostenstruktur. Eine klare Übersicht über Ihre Kosten hilft Ihnen, Ihre finanziellen Ressourcen besser zu planen.

Fehler Nr. 5: Alles wird gleichzeitig gemacht, ohne Fokus
Ein weiterer häufiger Fehler ist der Versuch, alles gleichzeitig perfekt machen zu wollen, was oft zu Stillstand führt. Ein iterativer Ansatz ist entscheidend, um Ihr Geschäftsmodell schrittweise zu verbessern und anzupassen.

Mein Tipp: Arbeiten Sie schrittweise: Starten Sie mit der Kundenseite und bauen Sie rundherum auf. Konzentrieren Sie sich auf die wichtigsten Aspekte und entwickeln Sie diese weiter, bevor Sie sich neuen Herausforderungen zuwenden. Ein schrittweiser Ansatz ermöglicht es Ihnen, flexibel zu bleiben und sich auf das Wesentliche zu konzentrieren.

Durch die Vermeidung dieser häufigen Fehler können Sie ein robustes und erfolgreiches Geschäftsmodell erstellen, das Ihr Unternehmen auf den Weg zum Erfolg führt.

Lernen Sie aus den beiden nachfolgend angeführten, weltweit agierenden Unternehmen, die es verabsäumt haben, ihr Geschäftsmodell weiterzuentwickeln und an die sich verändernden Gegebenheiten am Markt anzupassen.

Abbildung 8: Die 5 häufigsten Fehler bei der Geschäftsmodell-Gestaltung

Kodak – Opfer der digitalen Fotografie

Kodak, gegründet von George Eastman, war einst ein Pionier in der Fotografie-Branche. Das Unternehmen revolutionierte die Fotografie mit der Einführung der ersten kommerziellen Rollfilmkamera im Jahr 1888. Mit dem Slogan „You press the button, we do the rest" machten sie die Fotografie für jedermann zugänglich und einfach. Kodak dominierte den Markt für analoge Fotografie über ein Jahrhundert lang (32).

Ironischerweise hat Kodak selbst die Digitalkamera erfunden. Im Jahr 1975 entwickelte der Kodak-Ingenieur Steve Sasson die erste Digitalkamera. Dieses Gerät war groß und schwer, konnte jedoch Schwarz-Weiß-Bilder auf eine Kassette aufzeichnen. Diese Erfindung markierte den Beginn einer neuen Ära in der Fotografie, doch Kodak erkannte das Potenzial dieser Technologie nicht vollständig.

Das Unternehmen fürchtete, dass die digitale Fotografie ihr bestehendes Geschäftsmodell, das auf dem Verkauf von analogen Filmen und Fotopapier basierte, kannibalisieren würde. Statt den Wandel mitzugestalten, entschied sich Kodak, die digitale Technologie zu ignorieren und weiter auf analoge Produkte zu setzen. Diese Entscheidung sollte sich als fatal erweisen (33).

Der Markt für Fotografie durchlief einen tiefgreifenden Wandel von analog zu digital. Mit dem Aufkommen von Smartphones und sozialen Medien wurde die digitale Fotografie immer beliebter. Kodak verpasste es, sich rechtzeitig an diesen Trend anzupassen, und verlor dadurch entscheidende Marktanteile an Konkurrenten wie Nikon und Canon, welche die digitale Technologie von Anfang an annahmen.

Die Weigerung, sich an den digitalen Wandel anzupassen, führte schließlich zum Niedergang von Kodak. Im Jahr 2012 meldete das Unternehmen Insolvenz an. Obwohl Kodak seitdem versucht hat, sich neu zu erfinden und sich auf kommerziellen Druck und fortschrittliche Materialien zu konzentrieren, ist es heute nur noch ein Schatten seiner früheren Größe. Die Geschichte von Kodak soll als anschauliches Lehrbeispiel dafür dienen, wie wichtig es ist, sich an technologische Veränderungen anzupassen und Innovationen zuzulassen.

Nokia: Vom Handy-Marktführer zum Lehrbeispiel

Nokia war einst der unangefochtene Marktführer in der Mobiltelefonbranche. Das Unternehmen dominierte den Markt mit robusten und zuverlässigen Handys, die weltweit beliebt waren. In den späten

1990er und frühen 2000er Jahren war Nokia ein Synonym für Mobiltelefone und hatte einen erheblichen Marktanteil. Die Handys von Nokia waren bekannt für ihre Langlebigkeit und Benutzerfreundlichkeit, was dem Unternehmen eine treue Kundenbasis sicherte.

Trotz seiner führenden Position auf dem Markt für Mobiltelefone unterschätzte Nokia die Bedeutung von Software und Benutzererfahrung. Während Konkurrenten wie Apple mit dem iPhone und Google mit dem Android-Betriebssystem auf App-basierte Ökosysteme setzten, hielt Nokia an seinem eigenen Betriebssystem Symbian fest. Dieses System war zwar stabil, konnte jedoch nicht mit der Flexibilität und den Möglichkeiten der neuen Betriebssysteme mithalten. Nokia erkannte nicht, dass sich der Markt von einfachen Mobiltelefonen zu intelligenten Ökosystemen entwickelte, die weit mehr als nur Telefonieren ermöglichten.

Der Markt für Mobiltelefone durchlief einen tiefgreifenden Wandel. Smartphones wurden zu multifunktionalen Geräten, die nicht nur zum Telefonieren, sondern auch zum Surfen im Internet, zum Spielen und zur Nutzung einer Vielzahl von Anwendungen dienten. Nokia verpasste es, diesen Trend rechtzeitig zu erkennen und zu nutzen. Stattdessen konzentrierte sich das Unternehmen weiterhin auf die Hardware und vernachlässigte die Entwicklung einer modernen und anpassungsfähigen Software-Plattform.

Die mangelnde Anpassung an die neuen Markttrends führte zu einem rapiden Verlust von Marktanteilen für Nokia. Das Unternehmen konnte nicht mit den Innovationen von Apple und Google mithalten und verlor seine führende Position. Im Jahr 2014 verkaufte Nokia schließlich seine Mobilfunksparte an Microsoft, ein Deal, der sich auch für Microsoft als nicht erfolgreich herausstellte. Heute konzentriert sich Nokia auf Netzwerktechnologien und hat sich aus dem Geschäft mit Mobiltelefonen weitgehend zurückgezogen (34).

Auch die Geschichte von Nokia dient als eindrucksvolles Lehrbeispiel dafür, wie wichtig es ist, Markttrends frühzeitig zu erkennen und sich an technologische Veränderungen anzupassen.

EXPERIMENT 15: Fehler-Forecast

Fehler-Forecast: Der Blick in die Zukunft

Das Ziel bei diesem Experiment ist es, vorausschauend zu denken und mögliche Stolpersteine früh zu erkennen, sodass man sich gegebenenfalls darauf vorbereiten kann. Nehmen Sie Ihr aktuelles beziehungsweise vorläufiges Geschäftsmodell zur Hand und stellen Sie sich pro Feld die Frage: „Was könnte hier schiefgehen und warum?“

Dadurch adressieren Sie ein potenzielles Risiko pro Feld und können sich im nächsten Schritt überlegen, mit welchen einfachen Maßnahmen Sie dem Risiko vorbeugen können.

Risiko: **Zielkunden**: ....

Maßnahme: ....

Risiko: **Wertangebot**: ....

Maßnahme: ....

Risiko: **Kanäle**: ....

Maßnahme: ....

Risiko: **Kundenbeziehungen**: ....

Maßnahme: ....

Risiko **Einnahmequellen**: ....

Maßnahme: ....

Risiko **Kostenstruktur**: ....

Maßnahme: ....

Risiko **Schlüssel-Aktivitäten**: ....

Maßnahme: ....

Risiko **Schlüssel-Ressourcen**: ....

Maßnahme: ....

Risiko **Schlüssel-Partner**: ....

Maßnahme: ....

Fazit: Der AUFBAU eines Geschäftsmodells
Aus Fehlern lernen

Ein robustes Geschäftsmodell zu erstellen, erfordert klare Kundensegmente, ein überzeugendes Nutzenversprechen und eine realistische Kostenstruktur. Die Beispiele von Kodak und Nokia zeigen, wie wichtig es ist, sich an technologische Veränderungen anzupassen und Innovationen zuzulassen, um langfristig erfolgreich zu bleiben.

Als Bonus können Sie sich gerne die kostenlose Checkliste: Fehler in der Geschäftsmodellentwicklung vermeiden, auf meiner Homepage unter www.yoursuccess.at/bonusmaterial herunterladen.

IN A NUTSHELL: Weshalb braucht es ein GESCHÄFTSMODELL?

Die Essenz erfolgreicher Geschäftsmodellentwicklung

- Ein Geschäftsmodell ist das strategische Herzstück jedes Unternehmens. Nur wer klar definiert, wie er Wert schafft, liefert und monetarisiert, kann wirtschaftlich erfolgreich sein.
- Ideen sind wertvoll, doch erst ein funktionierendes Geschäftsmodell bringt sie auf den Markt. Ohne strukturierte Umsetzung bleibt jede Idee nur ein Luftschloss.
- Das Business Model Canvas ist ein wirksames Werkzeug, um ein Geschäftsmodell verständlich, ganzheitlich und flexibel zu entwickeln. Es visualisiert alle relevanten Bausteine und ermöglicht kontinuierliche Anpassung.
- Bewährte Geschäftsmodellmuster zeigen, wie strategische Entscheidungen langfristigen Erfolg sichern können. Wer bestehende Muster versteht, kann schneller innovieren und gezielter kombinieren.
- Ein gutes Geschäftsmodell lebt, es muss regelmäßig hinterfragt, getestet und weiterentwickelt werden. Unternehmen wie Kodak oder Nokia zeigen eindrücklich, was passiert, wenn man Marktveränderungen ignoriert.

ZIELKUNDEN

DIE KLUGE KUNDENAUSWAHL

Kapitel 4

Der **IDEALKUNDE** entscheidet über Ihren Erfolg

Kapitel 5

HERAUSFORDERUNGEN und **CHANCEN** der Kunden

Kapitel 6

Unterschiedliche **TOUCH POINTS** zu den Kunden?

Kapitel 4: Der IDEALKUNDE entscheidet über Ihren Erfolg

Stellen Sie sich vor, Sie betreten einen überfüllten Raum und rufen: „Hallo alle zusammen!" Einige drehen sich flüchtig um, die meisten ignorieren Sie komplett. Nun stellen Sie sich vor, Sie gehen gezielt zu einer bestimmten Person: „Frau Müller, ich habe die Lösung für Ihr Problem mit der zeitraubenden Buchhaltung." Welche Reaktion erwarten Sie jetzt?

Genau hier liegt der fundamentale Unterschied zwischen der Gießkanne und dem Präzisionsinstrument. Während viele Unternehmer ihre Energie verpuffen lassen, indem sie versuchen, jeden anzusprechen, wissen erfolgreiche Geschäftsleute haargenau, für wen sie arbeiten. Nicht für „alle", sondern für eine klar definierte Gruppe von Menschen, deren Probleme, Wünsche und nächtliche Sorgen sie bis ins kleinste Detail verstehen.

Diese Präzision ist kein Luxus, sondern überlebensnotwendig. In einer Welt, in der täglich Tausende von Botschaften um unsere Aufmerksamkeit konkurrieren, durchdringen nur die Nachrichten unser Bewusstsein, die sich direkt an uns richten. In diesem Kapitel durchlaufen Sie eine systematische Transformation von vagen Vermutungen und Bauchgefühl hin zu kristallklaren, datenbasierten Erkenntnissen über Ihre Zielkunden. Sie entdecken bewährte Methoden, um tief in die Gedankenwelt Ihrer Zielgruppe einzutauchen. Praxisnahe Fallstudien zeigen Ihnen, wie eine klare Zielgruppendefinition solide Unternehmen entstehen ließ.

Den Idealkunden IDENTIFIZIEREN

Den Idealkunden zu identifizieren bedeutet, dass Sie genau jene Menschen finden, die nicht nur Ihre technische Lösung benötigen, sondern bei der ersten Anwendung denken: „Genau darauf habe ich gewartet!“ und auch bereit sind, dafür zu bezahlen. Der Schlüssel dazu liegt nicht im Zufall, sondern in einem klaren, bewussten Blick auf Ihre Zielgruppe. Wer seine Wunschkunden kennt, spricht ihre Sprache, trifft ihre Bedürfnisse und schafft Angebote, die genau ins Schwarze treffen. Die erfolgreichsten Unternehmer sind nicht diejenigen mit den besten Ideen, sondern diejenigen, die ihre Kunden am besten verstehen. Dieses Kapitel gibt Ihnen die Werkzeuge, um Ihre Zielgruppe systematisch zu identifizieren, zu verstehen und zu begeistern. Denn wenn Sie wissen, wem Sie helfen, wird jede Entscheidung einfacher, gezielter und wirkungsvoller. Jetzt ist der Moment, den Fokus zu schärfen und den Grundstein für echten Markterfolg zu legen.

So finden Sie Ihre Zielgruppe

Als technikaffiner Unternehmer kennen Sie das Problem: Sie haben eine geniale Lösung entwickelt, doch stehen Sie jetzt vor der Herausforderung, wie Sie jene Menschen finden, die genau darauf gewartet haben. Die gute Nachricht ist, dass es bewährte Methoden gibt, um Ihre Wunschkunden systematisch zu identifizieren und zu erreichen.

Sich intensiv mit den Zielkunden auseinanderzusetzen, sie zu definieren und zu verstehen, ist ein zentrales Fundament jeder erfolgreichen Geschäftsmodell-Entwicklung. Denn was nützt die beste technische Lösung, wenn sie an den Bedürfnissen Ihrer Zielgruppe vorbeigeht?

Sie sollen anhand der in diesem Kapitel vermittelten Inhalte Ihre Lieblingskunden finden, verstehen und in echte Fans verwandeln können. Dazu gibt es wie gewohnt Theorie, Praxisbeispiele und kleine

Umsetzungsübungen, die sich leicht in Ihren Alltag integrieren lassen. Aus den unzähligen Kundengesprächen, die ich bereits führen durfte, zeigte sich immer wieder, dass viele Kunden vor einem Paradox standen: Sie entwickeln brillante Lösungen, die funktionierten, doch der Markt reagiert nicht so darauf, wie Sie es erwartet haben. Das Problem liegt selten in der Qualität Ihrer technischen Umsetzung, sondern in einem fundamentalen Denkfehler, den fast alle Entwickler und Tüftler machen. Sie denken von der Lösung zum Problem, statt vom Problem zur Lösung.

Diese umgekehrte Herangehensweise ist verständlich, wenn Sie tagelang an einer mechanischen Herausforderung getüftelt haben. Da ist es nur natürlich, dass Sie sich in die Technik verlieben. Sie sehen die Möglichkeiten, die Genialität der Umsetzung und das Potenzial Ihrer Erfindung. Gerade hier liegt jedoch der Knackpunkt: Ihre Kunden verlieben sich nicht in Ihre Technik, sie verlieben sich in die Ergebnisse, die Ihre Technik für Sie erzielt.

Der Markt ist brutal ehrlich. Er interessiert sich nicht dafür, wie viele Stunden Sie in die Entwicklung investiert haben oder wie innovativ Ihre Lösung technisch ist. Er fragt nur: "Löst das mein Problem besser, schneller oder günstiger als das, was ich bisher verwende?" Diese Frage können nur Ihre potenziellen Kunden beantworten.

Viele technische und auch handwerklich brillante Unternehmer machen den Fehler, zu glauben, dass eine gute Idee automatisch ihren Markt findet. Das ist leider ein Mythos, der schon unzählige Innovationen in die Schublade verbannt hat. Eine Idee ist nur so gut wie ihre Umsetzung im Markt und die beginnt mit dem tiefen Verständnis für die Menschen, die Ihr Produkt verwenden sollen.

Ash Ali und Hasan Kubba erläutern dieses Thema in ihrem Buch „The Unfair Advantage“ aus dem auch das folgende Zitat stammt (35).

> “Most startups fail, not because they can’t build a product. But because they can’t get traction.”
>
> Ash Ali & Hasan Kubba (35)

Die drei relevantesten Erkenntnisse zur Identifikation Ihrer „Idealen Zielkunden“ sind:

- **Nicht jeder ist Ihr Kunde und das ist gut so.** Dieses Bewusstsein ist befreiend, weil es Ihnen erlaubt, Ihre begrenzte Zeit und Energie auf jene Menschen zu konzentrieren, die wirklich von Ihrem Angebot profitieren. Ein Schweizer Taschenmesser versucht für jeden nützlich zu sein und ist letztendlich für niemanden das beste Werkzeug.
- **Wenn Sie alle ansprechen wollen, sprechen Sie in Wirklichkeit niemandem an.** Seth Godins (36) Weisheit trifft den Kern des Problems: Massenkommunikation führt zu Massenignoranz. Wenn Ihre Botschaft an "alle Unternehmen" oder "jeden, der Effizienz schätzt" gerichtet ist, wird sie in der Informationsflut untergehen. Spezifität schafft Relevanz!
- **Es braucht Klarheit, für wen Sie Ihr Angebot entwickeln und warum genau diese Menschen davon profitieren.** Diese Klarheit ist nicht nur für Ihr Marketing wichtig, sondern beeinflusst jede Produktentscheidung. Wenn Sie wissen, dass Ihre Zielkunden morgens um 6 Uhr in der Werkstatt stehen und keine Zeit für komplizierte Setup-Prozesse haben, entwickeln Sie automatisch anders, als wenn Sie für IT-Spezialisten entwickeln, die gerne an Systemen herumtüfteln.

Der Unterschied zwischen erfolgreichen und gescheiterten technischen Innovationen liegt selten in der Qualität der Technik, sondern in der Klarheit über den Kundennutzen. Wenn Sie diese Perspektive verinnerlichen, verwandeln Sie sich vom Erfinder zum Problemlöser und genau das macht den Unterschied zwischen einer interessanten Idee und einem erfolgreichen Unternehmen.

EXPERIMENT 16: Wem helfen Sie?

Identifizieren Sie Ihren „Idealkunden“

Schreiben Sie in einem Satz auf, wem Ihr Produkt, Ihre Dienstleistung und Ihr Serviceangebot konkret helfen. Kein Fachjargon, einfach, klar und sofort für jedermann verständlich.

Ich helfe : ....

....

Das Kundenprofil: Ihr Kompass zum „Idealkunden“

Jetzt geht es ans Eingemachte. Sie werden in diesem Abschnitt lernen, wie Sie ein konkretes Bild Ihres Idealkunden entwickeln. Es sind jene Kunden, für die sich Ihre Lösung perfekt eignet und die auch bereit sind, dafür zu bezahlen.

Stellen Sie sich vor, Sie könnten Ihren Traumkunden designen. Jemand, der nicht nur Ihr Produkt braucht, sondern es auch zu schätzen weiß. Er versteht, warum Sie bestimmte Entscheidungen getroffen haben, und bereit ist, den Wert zu bezahlen, den Sie schaffen. Dieser Mensch existiert bereits, Sie müssen ihn nur finden. Bevor Sie jedoch starten können, müssen Sie genau wissen, wonach Sie suchen. Das ist vergleichbar mit der Detektivarbeit.

Das ideale Kundenprofil ist weit mehr als eine oberflächliche Beschreibung. Es ist ein tiefgreifendes Verständnis für die Person, die Ihr Angebot nicht nur kauft, sondern liebt. Diese Klarheit verändert vieles: Ihre Produktentwicklung wird fokussierter, Ihr Marketing treffsicherer und Ihre Verkaufsgespräche effizienter. Plötzlich sprechen Sie nicht mehr zu einer anonymen Masse, sondern zu einem Menschen, den Sie verstehen.

Der Schlüssel liegt darin, über die üblichen demografischen Daten hinauszugehen. Natürlich ist es wichtig zu wissen, ob Ihr Kunde 25 oder 55 Jahre alt ist, doch viel entscheidender ist zu verstehen, was ihn antreibt, was ihn frustriert und wie er Entscheidungen trifft. Ein 30-jähriger Startup-Gründer und ein 30-jähriger Beamter mögen demografisch identisch sein, ihre Bedürfnisse, Prioritäten und Kaufverhalten könnten jedoch nicht unterschiedlicher sein.

Die wahre Magie passiert, wenn Sie beginnen, in den Schuhen Ihres Idealkunden zu gehen. Sie verstehen seinen Tagesablauf, seine Herausforderungen und seine Träume. Sie wissen, welche Websites er besucht, welche Podcasts er hört und worüber er sich mit Kollegen unterhält. Diese Intimität mit Ihrem Kunden ermöglicht es Ihnen, Lösungen zu entwickeln, die so passgenau sind, als hätten Sie diese maßgeschneidert.

Um für die praktische Umsetzung konkreter zu werden, wie ein Kundenprofil ausgearbeitet wird, sind in weiterer Folge die vier klassischen Bausteine eines Idealen Kundenprofils angeführt und kurz erläutert:

- **Demografisch: Alter, Beruf, Ausbildung, Branche**. Die äußeren Rahmenparameter, die Ihnen helfen, Ihren Kunden zu lokalisieren und zu erreichen. Diese Daten sind wichtig für die praktische Umsetzung Ihrer Marketingstrategie und bilden den Start bei der Ausarbeitung eines Kundenprofils.

- **Psychografisch: Werte, Einstellungen, Überzeugungen.** Das Herzstück Ihres Kundenprofils. Was ist Ihrem Kunden wichtig? Woran glaubt er? Diese inneren Antreiber bestimmen, wie er Kaufentscheidungen trifft und welche Botschaften bei ihm ankommen.

- **Verhalten: Informationsquellen, Kaufverhalten, Nutzungsmuster.** Wie bewegt sich Ihr Kunde durch die Welt? Wo holt er sich Informationen? Wie trifft er Entscheidungen? Diese Verhaltensmuster zeigen Ihnen, wo und wie Sie ihn erreichen können.

- **Probleme & Wünsche: Was hält diese Person nachts wach?** Die emotionale Dimension Ihres Kundenprofils. Verstehen Sie die Frustrationen, Ängste und Sehnsüchte Ihres Kunden, haben Sie den Schlüssel zu seinem Herzen und zu seinem Geldbeutel.

Ein Beispiel aus der Praxis zeigt, wie ein Gründer ein smartes Bewässerungssystem entwickelt und vorab die für ihn idealen Zielkunden evaluiert hat. Als Ergebnis wurden berufstätige Gartenbesitzerinnen, die technikaffin, umweltbewusst, zwischen 30 und 60 Jahren, mit wenig Zeit und dem Wunsch, ihren Garten effizient zu pflegen, identifiziert. Diese Präzision ermöglicht es ihm, jede Produktfunktion, jede Marketingbotschaft und jeden Verkaufsprozess auf diese spezifische Person auszurichten.

Wenn Sie das Profil Ihres Wunschkunden erstellt haben, werden Sie feststellen, dass viele Ihrer geschäftlichen Entscheidungen plötzlich klarer werden. Die Frage "Was würde mein Idealkunde davon halten?" wird zu Ihrem internen Kompass, der Sie durch die komplexen Entscheidungen der Produktentwicklung und Marktbearbeitung führt.

EXPERIMENT 17: Der Idealkunde

Das Profil Ihres Wunschkunden ausarbeiten

Erstellen Sie das Profil Ihres Wunschkunden mit Namen, Alter, Beruf, Tagesablauf, Frustrationen und Wünschen. Arbeiten Sie mit einer fiktiven Persona. Geben Sie dieser Person ein Gesicht, eine Geschichte und echte Herausforderungen. Je lebendiger Ihr Profil wird, desto wertvoller wird es für alle Ihre unternehmerischen Entscheidungen.

Name, Alter & Beruf des Idealen Kunden:

....

....

Tagesablauf, Informationsquellen, Meinungsbildung:

....

....

Wünsche & Frustrationen:

....

....

Tägliche Herausforderungen:

....

....

Fazit: Den Idealen Kunden identifizieren
Zielsicher zum Idealen Kunden

Das Identifizieren Ihrer Zielgruppe ist kein einmaliger Schritt, sondern ein strategischer Prozess, der den Grundstein für Ihren Markterfolg legt. Je klarer Sie wissen, wer Ihre Wunschkunden sind, desto gezielter können Sie Lösungen entwickeln, die begeistern und sich verkaufen. Wenn Sie diesen Fokus halten, verwandeln Sie Ihre Ideen in Angebote, die ins Schwarze treffen und aus Käufern begeisterte Fans machen.

Die EMPATHY MAP

Im vorherigen Kapitel haben Sie ein erstes Kundenprofil erstellt, die Persona Ihres ersten Zielkunden. Das war ein bedeutender Meilenstein auf Ihrem Weg, und ich gratuliere Ihnen herzlich dazu! Wer den Menschen hinter seinem Geschäft versteht, legt das Fundament für ein erfolgreiches Unternehmen. Doch hier hören wir nicht auf. So aufschlussreich eine Persona auch ist, sie zeigt nur die Oberfläche. Das wahre Potenzial liegt wie so oft auch bei anderen Themen, tiefer verborgen.

Daher beginnt jetzt der entscheidende Teil Ihrer Reise: Sie werden tief in die Gedanken- und Gefühlswelt Ihrer künftigen Kunden eintauchen. Dafür nutzen Sie eines der mächtigsten Instrumente aus dem Design Thinking – die Empathy Map. Diese Methode führt Sie direkt ins Herz dessen, was Ihre Kunden wirklich bewegt.

Kundenbedürfnisse noch besser erkennen

Die Empathy Map (deutsch: Empathiekarte) stammt aus der Werkzeugkiste des Design Thinking. Entwickelt an der Stanford University (37) und hilft dabei, Kunden nicht nur besser zu beschreiben, sondern wirklich zu verstehen: Emotional, kognitiv und sozial. Sie stellt somit eine signifikante Erweiterung des Konzeptes der Persona dar.

Die relevanten Vorteile gegenüber der klassischen Persona:

- Die Empathy Map geht weit über oberflächliche Demografien hinaus. Sie zeigt nicht nur, „wer" Ihr Kunde ist, sondern **„was ihn wirklich bewegt"**.
- Während Personas häufig auf Annahmen basieren, fordert die Empathy Map echte **Perspektivenübernahme**: Was denkt, fühlt und sagt die Person/Zielgruppe tatsächlich?

- Der Unterschied zwischen „sie ist 35 und technikaffin" und „sie fürchtet, bei der Digitalisierung den Anschluss zu verlieren" ist gewaltig. Die Map **fokussiert** sich klar **auf echte Bedürfnisse und Probleme**.
- Als praktisches Werkzeug für die Produktentwicklung **zeigt** sie **präzise** auf, welche Features oder Lösungen aus **Kundensicht** wirklich **relevant sind** und welche vernachlässigbar.
- Schließlich **schafft** sie ein **gemeinsames Verständnis in** interdisziplinären **Teams**, von der Entwicklung bis zum Marketing entwickeln alle die gleiche Kundensicht.

Die sechs Dimensionen der Empathy Map

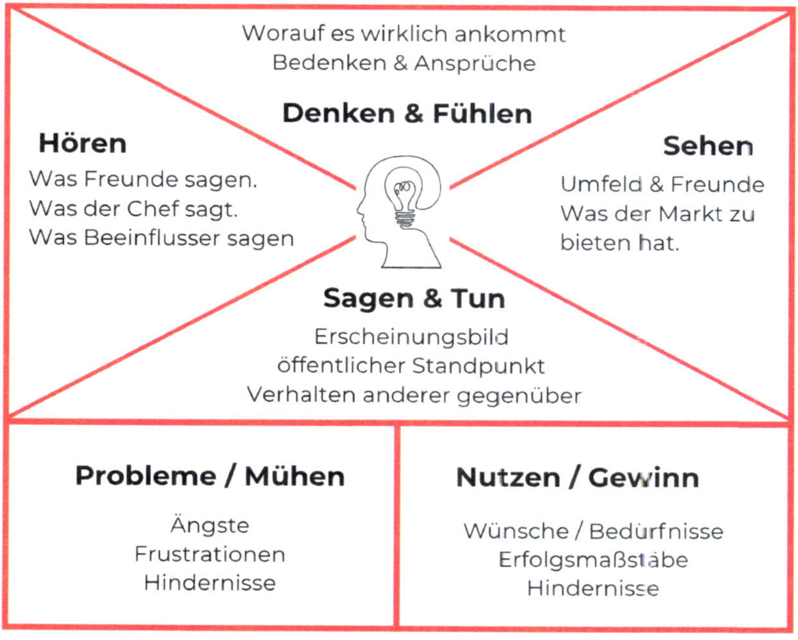

Abbildung 9: Empathy Map aus dem Design Thinking (37)

SEHEN: Was nimmt Ihr Kunde visuell wahr?
Hier geht es um die sichtbare Welt Ihres Kunden: Welche Websites besucht er täglich? Welche Werbung begegnet ihm? Wie sieht sein Arbeitsplatz aus? Welchen Freundes- und Bekanntenkreis hat er. Welche sozialen Medien nutzt er, und was sieht er dort? Auch das physische Umfeld spielt eine Rolle. Lebt er in der Stadt oder auf dem Land, in einer modernen oder traditionellen Umgebung?

Diese visuellen Eindrücke formen unbewusst die Erwartungen und Präferenzen. Wenn Sie verstehen, was er täglich sieht, und wie sein Umfeld gestaltet ist, verstehen Sie auch, womit Sie konkurrieren und woran er Qualität und Wert misst.

HÖREN: Welche Stimmen erreichen ihn?
Menschen sind soziale Wesen, und Entscheidungen entstehen selten im luftleeren Raum. Wessen Meinung ist Ihrem Kunden wichtig? Vielleicht der Ehepartner, der bei größeren Anschaffungen mitentscheidet? Oder die Arbeitskollegin, die schon Erfahrung mit ähnlichen Produkten hat? Wie sehr beeinflussen ihn Freunde und Bekannte in der Entscheidungsfindung?

Auch indirekte Einflüsse zählen: Welche Podcasts hört er? Welchen Influencern folgt er? Welche Branchenmagazine liest er? Diese Stimmen prägen seine Meinungsbildung oft stärker als jede Werbebotschaft. Kennen Sie diese Einflussquellen, können Sie gezielt dort präsent sein, wo wichtige Gespräche über Ihr Thema stattfinden.

DENKEN&FÜHLEN: Was bewegt ihn innerlich?
Das ist der intimste und zugleich wertvollste Bereich der Empathy Map. Hier geht es um die Gedanken und Gefühle, die Ihr Kunde niemals in einem Interview preisgeben würde. Welche Sorgen treiben ihn nachts um? Worauf ist er insgeheim stolz? Was macht ihm Angst in Bezug auf Ihr Themenfeld?

Vielleicht fürchtet sich eine Unternehmerin davor, eine falsche Entscheidung zu treffen und dadurch Geld zu verlieren. Ein anderer Unternehmer sorgt sich beispielsweise, dass er bei der Digitalisierung den Anschluss verliert. Diese inneren Beweggründe sind die wahren Kaufmotive, nicht die rationalen Argumente, die später zur Rechtfertigung dienen.

SAGEN&TUN: Wie zeigt er sich nach außen hin?
Menschen verhalten sich oft anders, als sie denken oder fühlen. Diese Dimension betrachtet die sichtbaren Handlungen und Aussagen Ihres Kunden. Was sagt er in Meetings? Wie präsentiert er sich auf LinkedIn? Welche Fragen stellt er in Fachforen? Oder: Welche Produkte kauft er tatsächlich, und wie nutzt er sie? Oft entdeckt man hier interessante Widersprüche. Jemand, der Nachhaltigkeit predigt, doch trotzdem den billigsten Anbieter wählt. Oder eine Person, die sich als Technik-Experte darstellt, jedoch bei komplexeren Problemen Hilfe braucht. Solche Erkenntnisse helfen Ihnen, Ihre Kommunikation authentisch und glaubwürdig zu gestalten.

MÜHEN&PROBLEME: Wo liegen seine Hindernisse?
Jeder Kunde hat Probleme, die ihn daran hindern, seine Ziele zu erreichen. Hier sammeln Sie alles, was ihm Kopfzerbrechen bereitet: Ist es Zeitmangel? Fehlendes Budget? Mangelnde Fachkenntnisse? Vielleicht auch emotionale Barrieren wie die Angst vor Veränderung oder die Sorge, eine falsche Entscheidung zu treffen? Oft sind es auch externe Faktoren. Der Chef, der keine neuen Ausgaben genehmigt, oder gesetzliche Vorschriften, die bestimmte Lösungen verhindern. Diese "Schmerzpunkte" sind goldwert für Ihre Produktentwicklung, denn hier liegt der Hebel für echten Kundennutzen.

NUTZEN & GEWINN: Was wäre sein idealer Gewinn?
Die Kehrseite der Hindernisse: Was würde Ihren Kunden wirklich weiterbringen? Dabei geht es nicht nur um das offensichtliche Endergebnis, sondern auch um die Nebenwirkungen, die ihm das Leben erleichtern würden. Ein Zeitgewinn von nur 30 Minuten täglich kann für eine vielbeschäftigte Führungskraft unbezahlbar sein. Oder die Gewissheit, eine zukunftssichere Entscheidung getroffen zu haben, ist vielleicht wichtiger als eine kurzfristige Kostenersparnis. Denken Sie auch an emotionale Gewinne: Anerkennung vom Chef, Stolz auf eine gelungene Lösung oder einfach das gute Gefühl, endlich ein lästiges Problem vom Tisch zu haben.

Wie setzen international erfolgreiche Unternehmen die Empathy Map zielführend und gewinnbringend ein und überlassen hinsichtlich der Kenntnis über die Wünsche und Bedürfnisse ihrer Zielgruppe nichts dem Zufall. Drei Beispiele aus der Praxis sollen Ihnen dazu tiefere Einblicke in die gelebte Praxis geben.

Airbnb
Das Unternehmen setzt Empathy Maps systematisch in der Produktentwicklung ein, um die emotionalen Bedürfnisse sowohl von Gastgebern als auch von Gästen zu verstehen (38). Die Gründer von Airbnb erkannten beispielsweise, dass die langsame Aufnahmerate der Plattform auf das "Stranger Danger Phänomen“ zurückzuführen war, und entwickelten daraufhin Vertrauensmerkmale wie Bewertungssysteme und Profilfotos. Das Ergebnis ist eine Plattform, die erfolgreich Vertrauen, Sicherheit und zwischenmenschliche Verbindungen vermittelt.

LEGO
LEGO nutzt empathiebasierte Forschungsmethoden, um sowohl Kinder als auch Eltern als Zielgruppen zu verstehen. Das

Unternehmen positioniert seine Produkte als Werkzeuge für kreative Entwicklung und Familieninteraktion und spricht damit gezielt Eltern an, die Wert auf spielerisches Lernen legen (39). Diese doppelte Zielgruppenansprache führte zu erfolgreichen Produktreihen, die beide Generationen begeistern.

EXPERIMENT 18: Kundeninterview

Starten Sie mit dem ersten Schritt Ihrer Empathy Map

Definieren Sie Ihren wichtigsten Zielkunden und führen Sie ein erstes Interview durch. Überlegen Sie sich vorab einige Fragen, die gezielt auf den Alltag, Frustrationsmomente und Wünsche abzielen. Werfen Sie dazu vorab einen Blick auf die Empathy Map, um zu jedem Feld die passenden Fragen auszuarbeiten. Fahren Sie mit weiteren Interviews Ihren wichtigsten Kunden fort, um ein vollständiges Bild zu erhalten.

Frage zu SEHEN (Umfeld & Freunde): ....

....

....

Frage zu HÖREN (Beeinflusser & Medien): ....

....

....

Frage zu DENKEN & FÜHLEN (Was bewegt ihn): ....

....

....

Frage zu SAGEN & TUN (Wie agiert er nach Außen): ....

....

....

Frage zu PROBLEMEN (größte Hindernisse): ....

....

....

Frage zu NUTZEN (größter Gewinn): ....

....

Die drei häufigsten Fehler und wie Sie diese vermeiden

Abbildung 10: Drei häufige Fehler bei der Erstellung der Empathy-Map

1. Wunschdenken statt echter Empathie

Viele Teams projizieren unbewusst ihre eigenen Perspektiven, Werte und Bedürfnisse auf ihre Kunden. Sie füllen die Empathy Map mit dem, was sie selbst denken oder fühlen würden, anstatt wirklich zuzuhören, was der Kunde tatsächlich erlebt.

Um ein solches Verhalten zu vermeiden, stellen Sie sich bewusst folgende Frage bei jeder Aussage in Ihrer Empathy Map: "Woher weiß ich das?". Achten Sie auf Formulierungen wie "würde wahrscheinlich..." oder "sollte eigentlich ...". Das sind Warnsignale für Projektionen. Arbeiten Sie stattdessen mit direkten Kundenzitaten und beobachtbaren Verhaltensweisen.

2. Spekulation statt echter Kundendaten

Empathy Maps werden oft im stillen Kämmerlein erstellt, basierend auf Vermutungen und internen Diskussionen. Ohne echte Kundenstimmen wird die Map zur Fantasie-Übung.

Sie können dies vermeiden, indem Sie mindestens 5-8 qualitative Interviews pro Zielgruppe durchführen. Sammeln Sie O-Töne, dokumentieren Sie Beobachtungen aus dem Kundenservice oder analysieren Sie Social-Media-Kommentare. Jede Aussage in Ihrer Map sollte durch echte Kundendaten belegbar sein.

3. Post-it-Sammlung ohne strategische Nutzung

Die Empathy Map wird erstellt, an die Wand gehängt und dann vergessen. Ohne konkrete Ableitungen für Produktentscheidungen, Marketing oder Kundenservice bleibt sie reine Dekoration.

Definieren Sie vor der Erstellung der Empathy Map, wofür Sie die erhobenen Daten nutzen wollen. Leiten Sie danach konkrete Maßnahmen ab: Welche Features sollten entwickelt werden? Wie muss die Kommunikation angepasst werden? Welche Touchpoints sind kritisch? Planen Sie regelmäßige Reviews ein, um die Map aktuell zu halten und neue Erkenntnisse einzuarbeiten.

EXPERIMENT 19: Empathy Map

Empathy Map ausarbeiten

Nachdem Sie sich im vorangegangenen Experiment bereits mit einigen Kunden-Interviews ein Stimmungsbild Ihrer Zielgruppen verschafft haben, geht es im nächsten Schritt darum, die Empathy Map vollständig auszuarbeiten, sodass Sie einen Gesamteindruck bekommen und sich einen Überblick verschaffen, um daraus entsprechende Handlungen ableiten zu können.

Schritt 1: Orden Sie die Aussagen Ihrer Zielkunden aus dem vorangegangenen Experiment den sechs Felder der Empathy Map zu. Markieren Sie Zitate, Aussagen, Beobachtungen und verwenden Sie unterschiedliche Farben, um die jeweilige Zielgruppe leichter zu erkennen.

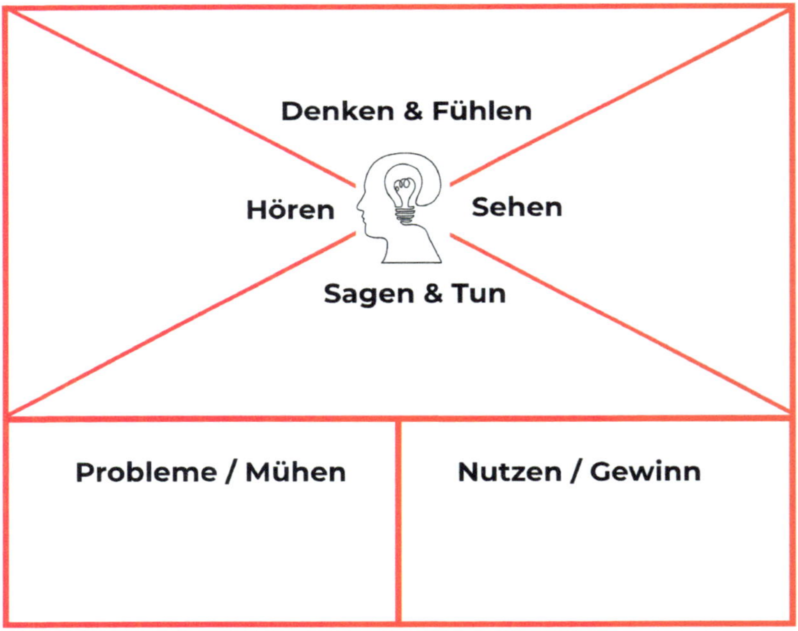

Schritt 2: Suchen Sie einerseits nach gemeinsamen Mustern und nach Unterschieden sowie starken Abweichungen, die sich eindeutig herausarbeiten lassen. Aus individuellen Aussagen entsteht ein aussagekräftiges Gesamtbild.

Gemeinsame Muster: ....

Mögliche Spezialfälle: ....

Kernaussage: ....

Schritt 3: Erstellen Sie eine Empathy Map pro Zielkundensegment. Tragen Sie dazu pro Feld die verdichteten Aussagen ein, notieren Sie klare Stichpunkte und ergänzen Sie mit echten Zitaten und emotionalen Bildern, Symbolen und Farben.

Kernaussagen: ....

Zitate: ....

Bilder/Symbole: ....

Schritt 4: Hypothesen und Erfahrungswerte ableiten: Gewinnen Sie erste Erkenntnisse, die als Basis für Angebote, Kommunikation und Innovation dienen. Beantworten Sie dabei die folgenden Fragen:

Was überrascht mich an dieser Map?

....

Welche Bedürfnisse treten klar hervor?

....

Welche Herausforderungen kann ich gezielt lösen?

....

Welche Ängste soll ich berücksichtigen?

....

Schritt 5: Erste Ideen für ein Produkt oder eine Dienstleistung ableiten: Dadurch kommen Sie vom Evaluieren zum Verstehen und dann mit Plan und Struktur ins TUN. Überlegen Sie sich mindestens 5 Ideen, wie Sie Ihre Lösung beziehungsweise Ihr Angebot besser auf die Zielgruppe abstimmen können. Priorisieren Sie die besten ein bis zwei Ideen für einen Schnelltest oder Prototypen. Nutzen Sie dabei auch das nächste Gespräch mit Ihrem Kunden, um die Idee zu validieren.

Idee 1: ....

Idee 2: ....

Idee 3: ....

Idee 4: ....

Idee 5: ....

Fazit: Die Empathy Map

Empathy Map: direkter Zugang zu Ihren Kunden

Die Empathy Map ist mehr als ein weiteres Tool, sie ist Ihr direkter Zugang zur Gedanken- und Gefühlswelt Ihrer Kunden und damit der Schlüssel, um echte Relevanz statt nur Produkte zu schaffen. Hören Sie Ihren Kunden mit echter Neugier zu, verstehen Sie ihre Beweggründe und setzen Sie Ihre Erkenntnisse sofort in konkrete Maßnahmen um.

VALIDIERUNG Ihrer Zielkunden

Wer seine Zielgruppe versteht, kann gezielter kommunizieren, bessere Produkte entwickeln und erfolgreicher verkaufen. Doch zwischen einer vielversprechenden Idee und einem tragfähigen Geschäftsmodell liegt ein entscheidender Schritt: die Validierung.

In diesem Kapitel lernen Sie, wie Sie mit einfachen Methoden herausfinden, ob Ihre Idee wirklich den Nerv Ihrer Zielgruppe trifft. Sie erfahren, wie Sie mit minimalem Aufwand maximale Klarheit über Ihre Kunden, deren Bedürfnisse und die tatsächliche Nachfrage nach Ihrer Lösung gewinnen.

Je präziser Sie Ihre Zielgruppe definieren und je besser Ihre Lösung zu deren Problemen und Herausforderungen passt, desto effizienter können Sie Ihre Ressourcen einsetzen und desto größer wird Ihre Wirkung am Markt.

So schärfen Sie Ihre Zielgruppe

Die ideale Zielgruppe für das eigene Unternehmen zu definieren, so wie Sie es zu Beginn dieses Kapitels erarbeitet haben, ist nicht nur ein wichtiger Schritt am Start Ihres Unternehmertums. Ganz im Gegenteil, es ist vielmehr ein fortlaufender Prozess, der mit jedem Kundenkontakt, jedem Feedback und jedem Markttest weiterverfolgt, verfeinert und nötigenfalls adaptiert wird.

Hören Sie bewusst hin, denn Märkte verändern sich. Bedürfnisse entwickeln sich weiter. Lebensumstände, Technologien und Trends beeinflussen, was Menschen brauchen, wünschen oder meiden. Und genau deshalb ist es so entscheidend, regelmäßig innezuhalten und zu fragen: "Sprechen wir noch mit den Richtigen?"

Verpassen Sie nicht am Markt für Ihre Zielkunden präsent zu bleiben. Es lohnt sich in diesem Zusammenhang, eigene Indikatoren zu definieren, die anzeigen, wenn sich das Verhalten, die Gewohnheiten und die Herausforderungen Ihrer Zielgruppe verändern. Beispiele für diese Frühindikatoren sind:

- Kunden-Anfragen betreffen zunehmend neue Funktionen
- Sinkende Rücklaufquoten
- Zunehmende Konkurrenz
- Technologische oder gesellschaftliche Trends
- Neue Begriffe in Bewertungen und Kommentaren

Die Schärfung der Zielgruppe ist kein Nice-to-have, sondern wird mehr und mehr zur Überlebensstrategie in den sich immer rascher wandelnden Märkten. Wenn Sie Ihre Zielgruppe kennen, können Sie gezielt daran arbeiten, Ihr Produkt und Ihr Angebot daran anzupassen. Sie können klare Entscheidungen treffen und weiterwachsen, da sie im Markt relevant bleiben. Das größte Risiko für Ihr Unternehmen liegt nicht in einem unausgereiften Produkt, sondern darin, dass es niemanden wirklich erreicht und dass es am Ende schlicht überflüssig wird. Stellen Sie sich daher immer wieder die Grundsatzfrage:

„Für wen schaffe ich diesen Nutzen und warum ausgerechnet für diese Menschen?“ Denn nur wer klare Antworten darauf hat, entwickelt Lösungen, die wirklich gebraucht werden.

Praxisbeispiel: Wenn die falsche Zielgruppe den Erfolg verhindert

Ein junges Technologie-Startup hatte eine innovative Lösung für die Hausautomatisierung entwickelt. Die Gründer waren überzeugt: Ihr Produkt würde den Markt revolutionieren. Smart, effizient und voller technischer Raffinessen, genau das, was moderne Haushalte brauchen. Doch der Weg zum Erfolg sollte sich als komplizierter erweisen als gedacht.

Das Team definierte seine Zielgruppe zunächst als „technikaffine Haushalte". Diese Eingrenzung erschien logisch: Wer sollte sich mehr für innovative Hausautomatisierung interessieren als Menschen, die sich für Technologie begeistern können? Die ersten Monate schienen diese Annahme zu bestätigen.

Die erste Ernüchterung: Interesse ohne Kaufkraft

In den ersten Vertriebsgesprächen stieß das Startup tatsächlich auf großes Interesse. Vor allem Männer zwischen 30 und 50 Jahren zeigten sich fasziniert von den technischen Details und innovativen Features. Sie stellten detaillierte Fragen zur Funktionsweise, diskutierten begeistert über die Kompatibilität mit anderen Systemen und Erweiterungsmöglichkeiten.

Doch trotz der enthusiastischen Reaktionen blieben die Verkaufsabschlüsse aus. Die technikbegeisterten Interessenten hörten aufmerksam zu, nickten zustimmend, kauften jedoch nicht. Das Team stand vor einem Rätsel: Warum führte echtes Interesse nicht zu Kaufentscheidungen?

Der Wendepunkt: Die wahren Entscheider entdecken

Die Antwort kam durch Zufall. In einem Beratungsgespräch war erstmals auch die Ehefrau eines interessierten Kunden anwesend. Während ihr Mann sich wieder für die technischen Spezifikationen begeisterte, stellte sie ganz andere Fragen: „Ist das System wirklich sicher für unsere Kinder?" „Macht es unser Leben einfacher oder komplizierter?" „Was passiert, wenn etwas nicht funktioniert?"

Plötzlich wurde klar: Die Männer waren zwar begeisterte Zuhörer, doch nicht die eigentlichen Entscheider. In vielen Haushalten treffen die Frauen die wichtigen Investitionsentscheidungen, besonders wenn es um Sicherheit und Familienkomfort geht.

Die strategische Wende: Von Technik zu Emotion

Diese Erkenntnis veränderte alles. Das Startup überarbeitete seine gesamte Kommunikationsstrategie von Grund auf. Statt technischer Datenblätter entwickelten sie emotionale Geschichten: Wie das System dabei hilft, die Kinder sicher zu wissen, während man noch im Büro ist. Wie es den Alltag entspannter macht, weil man nie wieder vergisst, das Licht auszuschalten oder die Heizung zu regulieren.

Die neuen Marketingmaterialien zeigten keine Schaltpläne mehr, sondern Familien in ihrem Alltag. Die Verkaufsgespräche konzentrierten sich nicht mehr auf Megahertz und Protokolle, sondern auf Seelenruhe und Lebensqualität.

Der Durchbruch: Verdopplung der Verkaufszahlen

Die Wirkung war dramatisch. Innerhalb weniger Monate verdoppelten sich die Verkaufszahlen. Die gleichen Familien, die zuvor zögerlich waren, entschieden sich nun für das System. Der Unterschied: Endlich sprach das Startup die Sprache der wirklichen Entscheider.

Die Lehre: Zielgruppenanalyse geht tiefer als reines Interesse

Dieses Beispiel zeigt eindrucksvoll, warum oberflächliche Zielgruppendefinitionen gefährlich sind. Interesse allein führt nicht zum Kauf. Entscheidend ist, wer tatsächlich die Kaufentscheidung trifft und welche Motive diese Person antreiben. Eine erfolgreiche Zielgruppenanalyse muss drei zentrale Fragen beantworten:

- Wer zeigt Interesse an meinem Produkt?
- Wer trifft die Kaufentscheidung?
- Was motiviert den Entscheider wirklich?

Erst wenn Sie alle drei Aspekte verstehen, können Sie eine Kommunikationsstrategie entwickeln, die nicht nur Aufmerksamkeit erzeugt, sondern auch zu Verkaufsabschlüssen führt.

Drei Methoden zur Validierung Ihrer Geschäftsidee

Die ersten Kundeninterviews aus der Empathy Map haben Ihnen bereits wertvolle Einblicke in die Bedürfnisse Ihrer Zielgruppe verschafft. Sie verstehen nun besser, was potenzielle Kunden bewegt und welche Probleme sie beschäftigen.

Die zentrale Frage lautet jedoch: Sind Menschen bereit, für ihre Lösung Zeit, Geld oder Aufmerksamkeit zu investieren? Diese Frage trennt vielversprechende Ideen von tragfähigen Geschäftsmodellen.

Um dies zu ermitteln, möchte ich Ihnen drei bewährte Validierungsmethoden vorstellen: Landing Pages, Umfragen und Prototypen. Jede dieser Methoden liefert direktes Marktfeedback und hilft dabei, Ihre Zielgruppe präziser zu definieren. Sie lernen, wie Sie mit geringem Aufwand aussagekräftige Daten sammeln und fundierte Entscheidungen für die Weiterentwicklung Ihrer Idee treffen.

Landing Pages: Ihre Idee im digitalen Scheinwerferlicht

Eine Landing Page ist eine einfache Webseite, die Ihre Idee erklärt und eine klare Handlungsaufforderung enthält (z. B. „Jetzt anmelden", „Mehr erfahren", „Vorbestellen"). Sie eignet sich perfekt, um herauszufinden, ob Ihre Botschaft ankommt und ob es Interesse an Ihrem Angebot gibt, bevor Sie Zeit und Geld in die Umsetzung investieren. Die Vorteile dabei sind:

- Mithilfe von KI-Tools können Sie innerhalb weniger Stunden online gehen und das ganz ohne Programmierkenntnisse.
- Sie erhalten messbares Feedback: Klicks, Anmeldungen und Absprungraten zeigen, ob Ihre Idee Resonanz erzeugt.
- Sie können verschiedene Zielgruppen oder Botschaften direkt gegeneinander testen (A/B-Tests).

Ein möglicher Nachteil kann Ihnen dabei entstehen, wenn beispielsweise zu wenig Traffic (Nutzer) auf der Seite ist oder Ihre Zielgruppe schwer erreichbar ist. Hier kann es sein, dass Sie zu wenig Daten erhalten, um eine belastbare Aussage zu erhalten.

Umfragen: Schnell, direkt und vielseitig einsetzbar
Umfragen sind eine unkomplizierte Methode, um Meinungen, Präferenzen und Einschätzungen Ihrer Zielgruppe zu sammeln. Sie können sowohl quantitative Fragen (Skalen, Auswahlmöglichkeiten) als auch qualitative Antworten (offene Felder) enthalten. Die Vorteile dabei sind:

- Sie können mit geringem Aufwand eine große Anzahl an Personen befragen, beispielsweise in Social-Media-Gruppen.
- Sie erhalten vergleichbare Daten, die Ihnen helfen, Muster zu erkennen.
- Sie können gezielt einzelne Aspekte Ihrer Idee abfragen, wie Preisbereitschaft, Funktionswünsche, Nutzungshäufigkeit und vieles mehr.

Seien Sie jedoch wachsam, denn Menschen antworten oft höflich oder theoretisch. Das tatsächliche Verhalten kann davon abweichen. Eine hohe Zustimmung in der Umfrage bedeutet also noch nicht automatisch einen Kauf. Sie können daher auch ganz gezielt danach fragen: „Würden Sie das Produkt um x € kaufen?“, um eine klare Antwort zu erhalten.
Das folgende Zitat von Steve Blank, dem Autor von „The Start-up Owners Manual“, hat es sehr treffend formuliert: „Get out of the building“ (40). Nur so erhalten Sie belastbare Aussagen zu Ihrer Geschäftsidee. Gehen Sie hinaus, befragen Sie die Menschen aus Ihrer Zielgruppe und erhalten Sie dadurch Feedback zu Ihrer Idee.

"Get out of the building."

Steve Blank (40)

Prototypen: Anfassen, Ausprobieren, Verstehen

Ein Prototyp ist eine vereinfachte Version Ihres Produkts oder Angebots. Das kann ein klickbarer Entwurf, ein Mock-up, ein Testpaket oder eine Demo-Version sein. Ziel ist es, dass potenzielle Kunden Ihre Idee nicht nur verstehen, sondern erleben können. Die Vorteile dabei sind:

- Sie erhalten ehrliches Feedback, weil Kunden eine echte Erfahrung machen und nicht nur über eine Idee nachdenken.
- Sie erkennen Schwächen und Verbesserungspotenzial frühzeitig.
- Kunden fühlen sich ernst genommen und einbezogen, was Ihre Beziehung zur Zielgruppe stärkt.

Da das Thema Prototyping zentral für die nächste Phase Ihrer Geschäftsmodellentwicklung ist, widmen wir diesem einen eigenen Abschnitt in Kapitel 7 in diesem Buch. Dort erfahren Sie, wie Sie diese Methode mit einfachen Mitteln umsetzen und das ganz ohne technische Vorkenntnisse.

EXPERIMENT 20: A/B Test

A/B-Test und Split Test

Erstellen Sie in 5 Schritten Ihren ersten A/B-Test und finden Sie eine valide Antwort auf Ihre brennendste Frage.

1) Testziel festlegen: Was möchten Sie herausfinden?

   Ziel: ....

2) EINE Variable auswählen: Testen Sie immer nur eine Sache.

   Test-Variable: ....

3) Zwei unterschiedliche Varianten erstellen (A&B): Beide sind bis auf die zu testende Variable identisch.

Variante A: ....

Variante B: ....

4) Befragungsanzahl gleichmäßig auf beide Varianten aufteilen.

Anzahl der Befragungen je Variante: ....

5) Ergebnisse messen und auswerten: Welche Variante hat besser funktioniert? Behalten Sie die Stärkere und testen Sie bei Bedarf weiter.

Erkenntnisse: ....

Nächste Schritte: ....

Kunden-Problem-Fit statt Produkt-Markt-Fit

Warum ist echte Relevanz wichtiger als früher Marktdruck? Viele Gründer denken beim Thema Markteintritt sofort an den sogenannten Produkt-Markt-Fit. Also: „Ich brauche das perfekte Produkt für den richtigen Markt." Doch diese Denkweise ist oft zu kurz gegriffen und führt heutzutage in den seltensten Fällen zum Erfolg.

Meistens ist das Produkt zwar technisch perfekt, das eigentliche Kundenproblem wird dabei jedoch nicht getroffen. Deshalb geht die moderne Innovationslehre einen entscheidenden Schritt zurück: Bevor Sie auf den Markt gehen, müssen Sie verstehen, ob Sie überhaupt ein echtes Problem lösen. Und genau darum geht es beim Kunden-Problem-Fit (12).

Kunden-Problem-Fit bezeichnet den Nachweis, dass ein echtes, relevantes Problem bei einer klar definierten Zielgruppe existiert und dass Ihre Lösungsidee tatsächlich als hilfreich wahrgenommen wird.

Produkt-Market-Fit meint dagegen den Punkt, an dem Ihr Produkt im Markt so gut ankommt, dass es sich wie von selbst verkauft. Beide Konzepte sind wichtig, der Kunden-Problem-Fit ist jedoch die Voraussetzung für alles Weitere (41).

Tabelle 1: Gegenüberstellung der beiden Ansätze Kunden-Problem-Fit und Produkt-Markt-Fit

	Kunden-Problem-Fit	**Produkt-Markt-Fit**
Fokus	relevantes Problem & Zielkunde	marktfähiges Produkt
Zeitpunkt	Frühphase der Idee	nach der Prototypenphase / erste Markteinführung
Ziel	Problem verstehen & mit eigenem Angebot lösen	Nachfrage skalieren
Erfolgszeichen	Kunden fühlen sich verstanden	Produkt verkauft sich gut und konstant
Risiko	gering – ausreichend Feedback, wenig Investitionen	höher – Kosten und Aufwand durch Produktentwicklung

Die wichtigsten Vorteile des Kunden-Problem-Fit:
Minimierung Ihres unternehmerischen Risikos: Anstatt monatelang Zeit und Kapital in ein Produkt zu investieren, das niemand braucht, validieren Sie Ihre Idee bereits in der Konzeptphase. Diese

Vorgehensweise schützt vor kostspieligen Fehlentscheidungen und ermöglicht gezielten Budgeteinsatz für vielversprechende Ideen.

Tiefes Zielgruppenverständnis: Durch Validierung verstehen Sie die tatsächlichen Motivationen, Ängste und Wünsche Ihrer Kunden. Dieses Verständnis fließt direkt in Ihre Marketingstrategie ein. Sie kommunizieren in der Sprache Ihrer Zielgruppe und erhöhen dadurch Ihre Kaufrate erheblich.

Schnellere Lernzyklen: Validierung bedeutet schnelles Feedback und rasche Anpassung Ihrer Idee. Probleme und potenzielle Hürden werden sichtbar, wenn Korrekturen noch einfach und kostengünstig möglich sind. Sie ersparen sich dadurch kostspielige Umwege am fertigen Produkt.

Effiziente Ressourcennutzung: Jeder Euro und jede Arbeitsstunde wird dort investiert, wo nachgewiesener Bedarf besteht. Sie verschwenden keine Ressourcen für Features, die niemand braucht. Gerade für Startups ist diese Vorgehensweise besonders wichtig.

Echter Kundennutzen: Das wertvollste Ergebnis ist ein Produkt, das ein drängendes Problem löst. Solche Lösungen müssen nicht verkauft werden, sie werden nachgefragt. Kunden werden zu Botschaftern und der Vertrieb zum natürlichen Prozess.

Fazit: Validierung Ihrer Zielgruppe
Erst das Problem verstehen, dann die Produktentwicklung

Der Kunden-Problem-Fit verhindert, dass Sie perfekte Lösungen für nicht existierende Probleme entwickeln. Erst wenn Sie echte Bedürfnisse validiert haben, lohnt sich die Investition in die Produktentwicklung.

IN A NUTSHELL: Der Idealkunde
Vom Problem zum Profit mit Ihren Traumkunden

- **Zielkundenorientierung entscheidet über Ihren Erfolg:** Denken Sie vom Problem zur Lösung, nicht umgekehrt. Kunden verlieben sich in Ergebnisse, nicht in Ihre Technik.

- **Präzise Zielgruppendefinition:** Nicht jeder ist Ihr Kunde. Konzentrieren Sie sich auf Menschen, die wirklich von Ihrem Angebot profitieren. Spezifität schafft Relevanz.

- **Empathy Map als Schlüsselwerkzeug:** Verstehen Sie, was Ihre Kunden sehen, hören, denken, fühlen und welche Probleme sie haben. Echte Kundennähe entsteht nur durch Dialog.

- **Kunden-Problem-Fit vor Produkt-Markt-Fit:** Validieren Sie erst das Problem, bevor Sie das Produkt entwickeln. Das minimiert das Risiko und verschwendet keine Ressourcen.

- **Kontinuierliche Validierung:** Nutzen Sie Landing Pages, Umfragen und Prototypen, um Ihre Ideen zu testen und die Zielgruppe zu schärfen, bevor Sie größere Investitionen tätigen.

Möchten Sie noch tiefer in das Thema Zielkunden eintauchen, dann sichern Sie sich die kostenlose Zielkunden-Checkliste“ mit 9 typischen Fragen rund um Ihre Zielgruppe auf www.yoursuccess.at/bonusmaterial.

BONUS für KI-Unterstützung:

PROMPT zur Unterstützung bei der Zielgruppenverfeinerung

Sie haben in Experiment 18 bereits Ihre ersten potenziellen Kunden interviewed und in Experiment 19 eine Empathy Map erstellt. Nun geht es darum, nochmals eine Schleife zu ziehen, ob man auch tatsächlich die richtige Zielgruppe identifiziert hat. Dazu nutzen wir ergänzend zu den bisherigen Überlegungen die KI, um weiteren Input zu erhalten. Gleichzeitig lassen wir uns erste Vorschläge unterbreiten, mit welchem Kommunikationsansatz wir die Zielgruppe gezielt ansprechen können.

Hilf mir, die [*Zielgruppe*] systematisch zu verfeinern. Stelle mir dazu nacheinander Fragen und gehe dabei Schritt für Schritt vor.

#1: Alltag & Lebensumstände (Tagesablauf, Herausforderungen, Informationsquellen)

#2: Bedürfnisse, Wünsche & Frustrationen sowie Ängste, Hindernisse & Barrieren

#3: Entscheidungsprozesse (wer entscheidet, wer beeinflusst?).

#4: Motivation & Werte (was treibt sie wirklich an?)

#5: Erwarteter Nutzen (praktisch, emotional, sozial).

Fasse meine Antworten zu einem klaren Zielgruppenprofil zusammen und formuliere die Kernprobleme und den Hauptnutzen. Schlage anschließend 2–3 Kommunikationsansätze vor, wie ich diese Zielgruppe gezielt ansprechen kann.

Optional können Sie sich auch noch einen E-Mail-Vorschlag generieren lassen. Der Prompt dazu lautet: Verfasse als Kommunikationsansatz einen E-Mailvorschlag. Danke.

Kapitel 5: HERAUSFORDERUNGEN und CHANCEN der Kunden

Welche Kundenprobleme löst mein Angebot und welche Möglichkeiten bietet mein Angebot?

Stellen Sie sich vor, Sie könnten die wahren Sorgen, Wünsche und Träume Ihrer Kunden wie unter einem Scheinwerfer sichtbar machen. Diese Klarheit verwandelt Ihr Angebot von „ganz nett" zu „unverzichtbar".

Viele Unternehmer scheitern, weil sie das eigentliche Kundenproblem nie durchdrungen haben, sondern immer nur an der Oberfläche gekratzt haben. Das Ergebnis daraus lässt sich kurz zusammenfassen: zähe Überzeugungsarbeit und frustrierende Preisdiskussionen.

In diesem Kapitel lernen Sie, die größten Herausforderungen Ihrer Kunden, die Customer Pains, systematisch in profitable Chancen zu verwandeln. Gleichzeitig entdecken Sie die Customer Gains, jene Wow-Momente, die Ihr Angebot möglich machen, an die ihre Kunden noch nicht einmal im Entferntesten daran gedacht haben.

Sie ermitteln, welche Probleme Sie mit Ihrem Angebot tatsächlich lösen und wie Sie diese so formulieren, dass sich Kunden verstanden fühlen. Außerdem lernen Sie, welche neuen Möglichkeiten Sie Ihren Kunden eröffnen und wie Sie vom Verkäufer zum strategischen Partner werden.

Dieses Kapitel markiert den entscheidenden Schritt hin zu Angeboten, die nicht nur gekauft, sondern geliebt und weiterempfohlen werden.

Customer PAINS

Die Empathy Map aus dem vorigen Kapitel hat Ihnen gezeigt, was Ihre Kunden denken, fühlen und erleben. Jetzt gehen wir einen entscheidenden Schritt weiter: Wir machen die größten Schmerzpunkte sichtbar, die Ihrem Geschäftserfolg den Weg ebnen.

Die Customer Pains oder der wahre Grund, warum Kunden tatsächlich kaufen. Das sind jene konkreten Probleme, Frustrationen oder Hindernisse, die Ihre Kunden in ihrem Alltag oder bei der Nutzung bestehender Lösungen erleben. Das kann etwas Offensichtliches sein wie ein Gerät, das zu langsam arbeitet, oder etwas viel Tieferliegendes wie das Gefühl, unsicher zu sein, ob man die richtige Kaufentscheidung getroffen hat.

Der Schlüssel liegt darin, zu erkennen, dass Kunden keine Produkte kaufen, sondern sie kaufen die Lösung für ihr Problem. Ein Akku-Schrauber wird nicht gekauft, weil er 1.200 Umdrehungen pro Minute schafft, sondern weil er dem Kunden hilft, das Regal in zehn Minuten aufzubauen statt in einer Stunde.

Je besser Sie die Pains Ihrer Zielgruppe verstehen, desto gezielter können Sie Produkte entwickeln, die als echte Erleichterung wahrgenommen werden. Sie sprechen dann nicht über technische Details, sondern über greifbare Verbesserungen im Leben Ihrer Kunden. Das ist der Unterschied zwischen einem „interessanten Produkt“ und einer Lösung, die begeistert, gekauft und weiterempfohlen wird.

Im nächsten Schritt werden wir gemeinsam herausfinden, wie Sie diese Pain Points entdecken, klar formulieren und so priorisieren, dass daraus echte Chancen für Ihr Geschäft entstehen. Denn je größer der Schmerz, desto größer ist Ihre Chance.

"Je größer der Schmerz, desto größer die Chance."

Die drei unterschiedlichen PAIN-TYPEN

Nicht alle Kundenprobleme sind gleich und nicht jeder Schmerz fühlt sich für Ihre Zielgruppe auf dieselbe Weise an. Manche Hindernisse sind praktischer Natur, andere treffen die Emotionen, wieder andere treffen ins soziale Ansehen. Genau deshalb lohnt es sich, Customer Pains in drei Kategorien zu unterteilen: funktional, emotional und sozial. Diese Unterscheidung hilft Ihnen, Probleme klar zu benennen und gezielt Lösungen zu entwickeln, die auf mehreren Ebenen wirken.

Funktionale Pains: Wenn etwas nicht funktioniert, wie es soll

Funktionale Pains sind die greifbaren, praktischen Probleme Ihrer Kunden (42). Das können Mängel, Hindernisse oder Ineffizienzen in bestehenden Lösungen sein wie beispielsweise:

- Ein Software-Tool, das zu langsam lädt.
- Ein Gerät, das zu kompliziert einzurichten ist.
- Eine Maschine, die oft ausfällt und Produktionsstopps auslöst.

Warum ist das wichtig?
Wenn funktionale Pains nicht gelöst werden, bleiben Kunden frustriert und wechseln zur Konkurrenz, sobald diese eine einfachere, schnellere oder zuverlässigere Lösung anbietet.

Emotionale Pains: Wenn Gefühle im Weg stehen

Emotionale Pains sind die negativen Gefühle, die Kunden empfinden, entweder bei der Nutzung eines Produkts oder schon vorher, wenn sie über eine Entscheidung nachdenken. Beispiele dafür sind:

- Unsicherheit vor einer teuren Kaufentscheidung.
- Stress, weil eine Lösung kompliziert oder unübersichtlich ist.
- Frustration, weil Support oder Service unfreundlich oder unzugänglich ist.

Warum ist das wichtig?
Kaufentscheidungen werden stark emotional beeinflusst. Auch im B2B-Bereich gilt: Wer sich bei einer Lösung unwohl fühlt, wird sie nicht langfristig nutzen. Emotionale Sicherheit ist oft ein größerer Kaufanreiz als reine Funktionalität (43).

Soziale Pains: Wenn das Image leidet
Soziale Pains betreffen die Außenwirkung eines Kunden. Wie er von Kollegen, Freunden, Partnern oder der Öffentlichkeit wahrgenommen wird wie beispielsweise:

- Ein veraltetes System, das im Unternehmen und auch gesellschaftlich als „altmodisch" gilt.
- Ein ineffizienter Prozess, der den Eindruck mangelnder Kompetenz erweckt.
- Fehlende Features, die Wettbewerber bereits vorweisen können.

Warum ist das wichtig?
Menschen und Unternehmen handeln nicht nur aus rationalen Gründen, sondern auch aus dem Wunsch nach Anerkennung, Prestige oder Zugehörigkeit. Eine Lösung, die soziale Pains adressiert, kann einen starken Wettbewerbsvorteil schaffen. Unterschätzen Sie daher auf keinen Fall, dass das Image und das Prestige, das jemand zu verlieren hat, enorme Entscheidungstreiber (44) sind.

Möchten Sie noch tiefer in das Thema Pain Points eintauchen und lernen, wie Sie diese gezielt identifizieren? Dann sichern Sie sich jetzt kostenlos meine Bonus-Checkliste „Pain-Point-Finder" auf meiner Homepage unter www.yoursuccess.at/bonusmaterial und entdecken Sie die größten Pains in Ihrem Markt.

PAINS im beruflichen Alltag erkennen und priorisieren

Wenn Sie sich intensiv mit Ihrer Zielgruppe beschäftigen, werden Sie schnell feststellen: Es gibt viele Probleme, Ärgernisse und Frustrationen, die Kunden im Alltag erleben. Doch nicht jedes Problem ist ein echter Pain Point, also einer, für dessen Lösung Kunden bereit sind, Zeit, Energie oder Geld zu investieren. Die Kunst besteht darin, aus der Vielzahl möglicher Themen diejenigen herauszufiltern, die wirklich relevant sind.

Wie Sie relevante Pains erkennen:

Der erste Schritt ist, sich bewusst zu machen, dass nicht alle Probleme gleich gewichtet werden. Manche sind lästig, jedoch nicht dringend. Andere sind so gravierend, dass Kunden aktiv nach Lösungen suchen und sogar einen Aufpreis in Kauf nehmen, um sie zu beseitigen. Eine einfache Frage die hier für Klarheit sorgt:

> *Würde mein Kunde für die Lösung dieses Problems tatsächlich Geld ausgeben, und wenn ja, wie viel?*

Faktoren, welche die Relevanz eines Pains erhöhen sind:

- **Häufigkeit:** Tritt das Problem regelmäßig auf oder nur gelegentlich?
- **Auswirkung:** Verursacht das Problem hohe Kosten, Zeitverlust oder Risiken?
- **Emotionale Belastung:** Führt das Problem zu Frust, Unsicherheit oder Imageverlust?

Ein Beispiel aus der Praxis soll Ihnen diesen Zugang verdeutlichen. Dyson hat den Staubsauger-Markt revolutioniert, indem das Unternehmen nicht nur einen „besseren Staubsauger“ gebaut hat, sondern gleich mehrere relevante Pains adressiert hat, wie auch schon in Kapitel 2 angesprochen. Der Verlust an Saugkraft bei herkömmlichen

Geräten, die unhandliche Bedienung und das lästige Wechseln von Staubbeuteln, alles Themen, die sie proaktiv für ihre Kunden und eine bessere Handhabung des Gerätes gelöst haben. Die Kunden waren bereit, deutlich mehr zu bezahlen, weil diese Punkte regelmäßig und spürbar störten (45).

So priorisieren Sie die wichtigsten Pains

Nutzen Sie ein einfaches Raster, um die gesammelten Probleme Ihrer Zielgruppe zu bewerten:

- **Häufigkeit**: Wie oft tritt das Problem auf?
- **Dringlichkeit**: Wie schnell muss es gelöst werden?
- **Zahlungsbereitschaft**: Ist der Kunde bereit, in eine Lösung zu investieren?

Bewerten Sie jeden Schmerz und jede Herausforderung Ihrer Kunden in diesen Kategorien auf einer Skala von 1 – 10, wobei 10 den höchsten Schmerz widerspiegelt, und konzentrieren Sie sich auf die Top-3.

Nun sind Sie am Zug: Nehmen Sie sich einen Moment Zeit, um die größten Herausforderungen Ihrer Zielgruppe zu identifizieren. Sprechen Sie mit Kunden, beobachten Sie ihren Alltag und fragen Sie gezielt nach den Situationen, die sie am meisten frustrieren.

EXPERIMENT 21: Schmerzliste der Zielkunden

Führen Sie eine Schmerzliste Ihrer Zielkunden

Beginnen Sie damit, fünf konkrete und signifikante Probleme Ihrer Zielgruppe aufzuschreiben, die Sie durch Gespräche und Beobachtungen feststellen. Erweitern Sie Ihre Liste fortwährend.

Problem 1: ....

Problem 2: ....

Problem 3: ....

Problem 4: ....

Problem 5: ....

EXPERIMENT 22: Social-Media Problem-Scan

Finden Sie Probleme durch einen Social-Media-Scan

Suchen Sie in bewusst ausgewählten Foren, Facebook-Gruppen oder LinkedIn-Beiträgen Ihrer Zielgruppe nach typischen Klagen oder Problemen, die dort regelmäßig und intensiv diskutiert werden.

Foren der Zielgruppe: ....

Gruppen der Zielgruppe: ....

Relevante **Beiträge** der Zielgruppe: ....

Vom PAIN zur profitablen Lösung

Die meisten Unternehmer hören zu früh auf. Sie entdecken einen Schmerzpunkt ihrer Kunden, jubeln kurz auf und denken bereits an die ersten Verkaufsgespräche. Doch genau hier liegt der Denkfehler: Das bloße Erkennen eines Problems ist nur der erste Schritt auf einem längeren Weg. Die wahre Kunst und gleichzeitig die Quelle nachhaltigen Geschäftserfolgs liegt darin, aus diesen Herausforderungen eine Lösung zu entwickeln, die so wertvoll für den Kunden ist, dass er nicht nur bereitwillig dafür bezahlt, sondern diese Investition als eine der besten seines Lebens betrachtet.

Stellen Sie sich vor, Sie leiden seit Jahren unter wiederkehrenden Rückenschmerzen. Ein Physiotherapeut könnte Ihnen eine schnelle Massage anbieten, die kurzfristig Linderung verschafft. Ein anderer entwickelt jedoch ein ganzheitliches Programm: Er analysiert Ihre Haltung im Büro, erstellt einen individuellen Trainingsplan, zeigt Ihnen ergonomische Tricks für den Alltag und begleitet Sie über Monate bei der nachhaltigen Beseitigung der Ursachen. Für welche Lösung würden Sie mehr bezahlen?

Der entscheidende Unterschied liegt in der Tiefe des Lösungsansatzes. Oberflächliche Lösungen beheben Symptome, wertvolle Lösungen eliminieren Ursachen und schaffen zusätzlichen Nutzen, an den der Kunde vorher gar nicht gedacht hat. Sie verwandeln nicht nur ein Problem in eine Erleichterung, sondern eine Schwäche in eine neue Stärke.

Dieser Transformationsprozess folgt einer bewährten Logik, die sich in vier natürliche Phasen gliedert. Zunächst tauchen Sie tiefer in den Schmerz ein, als Ihr Kunde es selbst je getan hat. Sie verstehen nicht nur das WAS, sondern das WARUM und das WIE. Sie erkennen Zusammenhänge, die dem Betroffenen verborgen bleiben, und entdecken die wahren Hebel der Veränderung.

Abbildung 11: In 4-Schritten zur profitablen Lösung

Im zweiten Schritt entwickeln Sie nicht irgendeine Idee, sondern die richtige Idee. Sie fragen sich: Wie kann ich diesen Schmerz nicht nur lindern, sondern dauerhaft eliminieren? Welche Lösung würde diesem Menschen das Leben so sehr erleichtern, dass er sich fragt, wie er jemals ohne sie leben konnte? Hier entstehen die Innovationen, die Märkte verändern.

Der dritte Schritt ist oft der schwierigste: Sie müssen den Nutzen Ihrer Lösung so klar und überzeugend formulieren, dass Ihr Kunde ihn sofort versteht und sich danach sehnt. Es reicht nicht, zu erklären, was Ihre Lösung tut. Sie müssen zeigen, wie sich das Leben Ihres Kunden konkret, messbar und emotional spürbar verbessert. Sie malen ein Bild der Zukunft, das so attraktiv ist, dass der Weg dorthin zur Selbstverständlichkeit wird.

Der finale Schritt trennt die Profis von den Amateuren: Sie testen Ihre Lösung in der Realität, lange bevor sie perfekt ist. Sie holen sich Feedback, beobachten Reaktionen und passen an, was nicht funktioniert. Denn selbst die brillanteste Lösung ist wertlos, wenn sie am tatsächlichen Problem vorbeigeht oder zu kompliziert in der Anwendung ist.

Dieser Prozess erfordert Geduld, Empathie und den Mut, auch unbequeme Wahrheiten zu hören. Doch die Belohnung ist außergewöhnlich: Kunden, die Ihre Lösung nicht als Kostenfaktor, sondern als unverzichtbare Bereicherung ihres Lebens betrachten. Menschen, die Sie nicht nur weiterempfehlen, sondern für die Sie zum unverzichtbaren Partner auf ihrem Weg zu einem besseren Leben werden.

Die Reise vom erkannten Problem zur wertvollen Lösung ist die Reise vom austauschbaren Anbieter zum unverzichtbaren Problemlöser. Es ist der Unterschied zwischen dem Verkaufen von Produkten und dem Schaffen von Werten.

EXPERIMENT 23: Den Kundennutzen testen

Der Kundennutzen Stresstest

Prüfen Sie, ob Ihre Lösung wirklich wertvoll genug ist. Nehmen Sie dazu Ihre beste Lösungsidee und beschreiben Sie dabei den Nutzen Ihrer Lösung in genau drei Sätzen. Jeder Satz muss dabei einen konkreten, messbaren Vorteil nennen.

Vorteil 1: ....

....

Vorteil 2: ....

....

Vorteil 3: ....

....

Fazit: Customer Pains

Fokussiert: lösen Sie die wahren Probleme zuerst

Wer die größten Herausforderungen und Probleme seiner Zielgruppe kennt, besitzt den Schlüssel zu wirkungsstarken Lösungen und nachhaltigem Markterfolg. Entscheidend ist, nicht jedem Problem hinterherzulaufen, sondern gezielt jene zu adressieren, für die Kunden bereit sind, Zeit, Geld und Aufmerksamkeit zu investieren. Genau hier entstehen Angebote, die nicht nur gekauft, sondern mit Überzeugung weiterempfohlen werden.

Customer GAINS

Von den Problemen und Herausforderungen zu den Chancen und somit zur anderen Seite der Medaille. Stellen Sie sich vor, Sie beobachten zwei Menschen beim Autokauf. Der Erste steht vor seinem rostigen, ständig streikenden Fahrzeug und seufzt: „Ich muss endlich etwas anderes haben, dieses Ding macht mich wahnsinnig." Der Zweite blättert schwärmerisch durch Hochglanzprospekte und träumt: „Mit diesem Auto werde ich mich endlich so fühlen, wie ich es verdiene." Beide werden ein Auto kaufen. Doch was sie antreibt, könnte unterschiedlicher nicht sein.

Im vorherigen Kapitel haben wir uns intensiv mit den Customer Pains beschäftigt, jenen Herausforderungen und Frustrationen, die Ihre Kunden quälen. Sie haben erfahren, wie entscheidend es ist, diese Schmerzpunkte zu identifizieren, denn wer die echten Herausforderungen und die damit verbundenen Schmerzen seiner Kunden nicht versteht, wird immer nur oberflächliche Lösungen anbieten. Diese, nennen wir es Symptombehandlung, wurde ausführlich auf den vorangegangenen Seiten behandelt und ist für eine langfristige Lösung absolut nicht zielführend.

Viele Unternehmer glauben, es reiche, Probleme zu beseitigen. Sie konzentrieren sich darauf, was ihre Kunden loswerden möchten, und übersehen dabei völlig, was diese sich herbeisehnen. Das Vermeiden von Unangenehmen ist nur die eine Hälfte der menschlichen Motivation. Menschen treffen Kaufentscheidungen aus zwei grundlegend verschiedenen Impulsen heraus. Sie wollen weg von dem, was sie belastet, und hin zu dem, was sie begeistert. Während Customer Pains den Fluchtreflex auslösen, aktivieren Customer Gains den Jagdtrieb. Sie verwandeln Kunden von Problemflüchtlingen zu Traumjägern.

Die Dynamik ist faszinierend: Schmerz schafft Dringlichkeit, doch Begeisterung schafft Bindung. Ein Kunde, der nur sein Problem loswerden will, verschwindet, sobald es gelöst ist. Ein Kunde, der seine Träume verwirklicht sieht, wird zum lebenslangen Fan.

Erfolgreiche Unternehmer verstehen beide Seiten dieser psychologischen Gleichung. Sie wissen, dass Customer Pains wie ein Magnet wirken, der Menschen zu ihrer Lösung hinzieht. Customer Gains hingegen funktionieren wie ein Verstärker, der aus einer nüchternen Lösung eine emotionale Erfahrung macht.

Betrachten Sie den Unterschied anhand des folgenden Beispiels: Ein Fitnessstudio, das nur auf Pains fokussiert ist, wirbt mit „Endlich wieder in die alten Jeans passen" oder „Rückenschmerzen loswerden". Ein Fitnessstudio, das Gains versteht, verspricht: „Spüren Sie die Kraft, die in Ihnen steckt" oder „Werden Sie zur besten Version Ihrer selbst". Der erste Ansatz löst ein Problem. Der Zweite erschafft eine Identität.

Diese Erkenntnis revolutioniert die Art, wie Sie Ihre Lösungen entwickeln und präsentieren. Statt nur zu fragen: Was quält meine Kunden? fragen Sie auch: Wovon träumen sie nachts? Statt nur Hindernisse zu beseitigen, schaffen Sie Möglichkeiten. Statt nur Schmerz zu lindern, erzeugen Sie Freude.

Im nächsten Abschnitt tauchen wir tief in die Welt der Customer Gains ein. Sie werden lernen, die verborgenen Sehnsüchte Ihrer Zielgruppe aufzuspüren und in magnetische Wertversprechen zu verwandeln. Sie entdecken, warum manche Unternehmen ihre Kunden zu Botschaftern machen, während andere nur einmalige Transaktionen erzielen. Denn am Ende ist es ganz einfach: Probleme zu lösen bringt Sie ins Gespräch. Doch Träume zu erfüllen, macht Sie unvergesslich.

Was Kunden wirklich gewinnen wollen

Im Zentrum eines überzeugenden Angebots steht nicht allein die Lösung eines Problems, sondern genauso bedeutend: Das, was Kunden gewinnen wollen. Diese Betrachtung reicht über die bloße Vermeidung von Schmerz hinaus und dreht sich um den echten Mehrwert, den Kunden aus Ihrem Angebot ziehen.

Das Konzept der Customer Gains umfasst genau jene positiven Ergebnisse und Nutzen, die Ihre Zielgruppe erwartet, wünscht oder über die sie sich sogar überraschen lassen möchte. Dabei lassen sich drei zentrale Ebenen unterscheiden:

- **Funktionaler Nutzen**: Klare, messbare und vor allem rasch umsetzbare Vorteile wie beispielsweise Zeit sparen oder höhere Effizienz.
- **Soziale Gewinne**: Anerkennung, Zugehörigkeit oder eine bessere Außendarstellung.
- **Emotionale Gewinne**: Hier geht es um Gefühle wie Freude, Sicherheit, Erleichterung oder Stolz, die Kunden erleben, wenn Ihr Angebot ihre Erwartungen übertrifft.

Diese Dimensionen werden in der betriebswirtschaftlichen Forschung als entscheidend für den Aufbau von Wettbewerbsvorteilen benannt. Insbesondere die Untersuchungen von Rintamäki (46) belegen in ihrem hierarchischen Modell, dass funktionale und wirtschaftliche Werte wichtig sind. Wettbewerbsvorteile entstehen jedoch durch emotionale und symbolische Werte, weil sie Differenzierung schaffen und nachhaltige Bindung fördern.

Warum sind Customer Gains so zentral?

- Sie machen Ihr Angebot nicht nur effizient, sondern auch erlebbar positiv.
- Sie führen dazu, dass Ihre Kunden nicht nur kaufen, sondern begeistert bleiben. Emotional positiv besetzte Angebote schaffen starke Markenbindung und Mundpropaganda.

Ein Beispiel aus der Praxis soll dies anschaulich darstellen. Nespresso hat beispielsweise nicht nur funktionale Vorteile wie etwa schnellen, hochwertigen Kaffeegenuss zu Hause, sondern schafft durch sein Premium-Design, das exklusive Club-Erlebnis und die ästhetisch ansprechende Maschine klare emotionale Gewinne. Das stilvolle Genusserlebnis differenziert die Marke deutlich im Kaffeesegment und trägt maßgeblich zum Markterfolg bei (47).

3 Tools mit denen Sie Customer Gains erkennen können

Customer Gains sind oft wie kleine Schätze, sie liegen im Alltag Ihrer Kunden versteckt und bleiben lange Zeit unentdeckt. Um diese wertvollen Potenziale zu heben, braucht es die richtigen Werkzeuge. Die klassischen Möglichkeiten wie Kundeninterviews, Online-Umfragen, Social-Media-Listening werden dabei nicht thematisiert. Ich möchte Ihnen hier drei äußerst bewährte doch möglicherweise nicht so bekannte Methoden, mit denen Sie in kurzer Zeit umsetzbare Ergebnisse erzielen können, vorstellen:

Customer Journey Mapping

Das Customer Journey Mapping visualisiert den Weg Ihrer Kunden, von der ersten Berührung mit Ihrem Angebot bis hin zur langfristigen Bindung. Dieser Prozess hilft Ihnen, die Erfahrungen Ihrer Kunden umfassend zu verstehen und zu optimieren.

- **Berührungspunkte identifizieren:** Markieren Sie wichtige Interaktionspunkte wie den Besuch Ihrer Website, Beratungsgespräche, den Kaufprozess, die Nutzung Ihrer Produkte oder Dienstleistungen sowie den Kontakt mit dem Kundenservice.

- **Kundenerfahrungen erfassen:** Analysieren Sie in jedem Schritt, wie sich Ihre Kunden fühlen, welche Erwartungen sie haben und wo besonders positive Erlebnisse entstehen. Diese positiven Momente sind genau jene „Gains“ die Sie herausfinden möchten.

- **Ergebnis**: Erstellen Sie ein übersichtliches Diagramm, das aufzeigt, an welchen Stellen Sie bestehende positive Erlebnisse verstärken oder neue schaffen können.

Ein Beispiel aus der Praxis zeigt, wie ein Software-Startup durch das Journey Mapping entdeckte, dass Kunden besonders vom Onboarding-Prozess begeistert sind, den größten Nutzen jedoch erst nach mehreren Wochen wahrnehmen. Um diesen Gewinn zu beschleunigen, entwickelt das Unternehmen einen Schnellstart-Guide, der den Kunden hilft, schneller von den Vorteilen der Software zu profitieren.

Co-Creation Workshops

Co-Creation bedeutet, Ihre Kunden aktiv in den Entwicklungsprozess einzubinden. In moderierten Workshops entstehen gemeinsam Ideen, die den Nutzen Ihrer Produkte oder Dienstleistungen steigern.

An diesen Workshops nehmen bestehende Kunden, potenzielle Zielgruppenmitglieder und Ihr internes Team teil. Techniken wie Brainstorming, Up-Side-down oder Prototyping helfen dabei, Ideen schnell zu konkretisieren und umsetzbar zu machen. Dabei erhalten Sie praxisnahe Vorschläge und stärken gleichzeitig die emotionale Bindung Ihrer Kunden an Ihr Unternehmen.

DHL zeigt, wie Co-Creation auch im Servicebereich effektiv genutzt werden kann. In Innovation Centers, wie etwa in Deutschland und Singapur, veranstaltet das Unternehmen Workshops gemeinsam mit Kunden. Daraus entstanden Ideen wie der „Parcelcopter“, eine Drohne für schwierige Liefersituationen. Seitdem hat DHL über 6.000 solcher Co-Creation-Sessions durchgeführt. Das Ergebnis ist eine gesteigerte Kundenzufriedenheit, höhere Kundenbindung und bessere Logistiklösungen (48).

Die Trendanalyse

Die Trendanalyse untersucht, welche gesellschaftlichen, technologischen oder branchenspezifischen Entwicklungen derzeit Einfluss auf die Bedürfnisse Ihrer Kunden haben und welche zukünftigen Chancen sich daraus ergeben können. Zu den wichtigsten Quellen gehören unter anderem Google Trends, Branchenreports und Beobachtungen in sozialen Medien. Es geht darum, nicht nur aktuelle Chancen zu erkennen, sondern auch zukünftige Potenziale zu identifizieren. Dies gibt Ihnen die Möglichkeit, Innovationen frühzeitig zu positionieren und sich „First Mover"-Vorteile zu sichern.

Abbildung 12: Drei Tools zum Erkennen von Customer Gains

Nun sind Sie wieder an der Reihe. Im nächsten Experiment werden Sie Ihre Top 3 Vorteile identifizieren, die Ihr Produkt oder Ihre Dienstleistung für Ihre Kunden bietet. Wählen Sie dafür eines der vorgestellten Tools und setzen Sie es direkt um.

Das Ziel ist es, in maximal 60 Minuten drei klare Aussagen zu sammeln, die den größten Nutzen für Ihre Zielgruppe beschreiben.

Mein Tipp an dieser Stelle für Sie: Konzentrieren Sie sich dabei nicht auf das, was Sie denken, dass wertvoll sein könnte, sondern auf das, was Ihre Kunden tatsächlich sagen und glauben.

EXPERIMENT 24: Top-3-Vorteile

Die Top-3-Gewinn-Liste ihres Angebots

Listen Sie für dieses Experiment die drei wichtigsten Vorteile, die Ihr Produkt oder Ihre Dienstleistung bieten auf. Gehen Sie dabei sehr konkret auf die erzielbaren Gewinne aus Sicht Ihrer Kunden ein und zeigen Sie Ihren Kunden, wie der Vorteil sichtbar und messbar wird.

Vorteil 1: ....

Vorteil 2: ....

Vorteil 3: ....

Vom Gewinn zur Begeisterung: Wie Sie echte Wow-Momente schaffen

Customer Gains sind die Basis, um Ihren Kunden einen echten Mehrwert zu bieten. Doch der Unterschied zwischen einem „nice-to-have" und einem „Wow – das hätte ich nicht erwartet!" liegt oft in den Details. Kleine, gezielte Mehrwerte können Ihr Angebot nicht nur vom Wettbewerb abheben, sondern auch dafür sorgen, dass Kunden begeistert davon erzählen.

In diesem Zusammenhang ist es wichtig zu wissen, dass Begeisterung entsteht, wenn ein Vorteil unerwartet, relevant und emotional spürbar ist. Das heißt, Sie müssen die Erwartungen Ihrer Kunden kennen und dann gezielt übertreffen. Dazu gibt es drei unterschiedliche Hebel, mit denen Sie ansetzen können.

1. **Überraschungselement einbauen:** Menschen erinnern sich an Abweichungen vom Gewohnten. Ein kleiner, nicht angekündigter Zusatz kann mehr Wirkung entfalten als ein großer, jedoch erwarteter Vorteil.
2. **Emotionen ansprechen:** Funktionale Gewinne sind wichtig, Begeisterung entsteht jedoch, wenn ein Vorteil auch emotional aufgeladen ist. Zum Beispiel ein Fahrradhersteller, der bei der Auslieferung eine handgeschriebene Karte und einen kostenlosen Servicegutschein beilegt.
3. **Nutzen personalisieren:** Ein Vorteil wird besonders wertvoll, wenn er individuell zugeschnitten ist, wie beispielsweise ein Liefertermin, der flexibel an den Arbeitszeiten des Kunden ausgerichtet ist, statt nur Standardfenster anzubieten.

Halten Sie Ihre Wow-Momente einfach und skalierbar. Ein weiterer Tipp von mir: Behalten Sie in Erinnerung, dass Begeisterung nicht teurer ist, sie ist nur durchdachter.

Im nächsten Schritt werden Sie alle Vorteile Ihres Produkts oder Ihrer Dienstleistung auflisten, egal ob groß oder klein. Anschließend filtern Sie jene heraus, die das Potenzial für den größten Wow-Effekt haben. Ich wünsche Ihnen dabei viel Erfolg!

EXPERIMENT 25: Der WOW-Effekt

Gain-Mapping: Die Suche nach dem Wow-Effekt

Bei diesem Experiment geht es darum, den tatsächlichen Gain Ihres Produktes oder Ihrer Dienstleistung für Ihre Kunden herauszuarbeiten. Schreiben Sie dazu für ein konkretes Produkt jeden denkbaren Nutzen (praktisch, emotional, sozial) auf. Wichtig: Pro Zettel darf nur ein Nutzen angeführt sein. Ordnen Sie im zweiten Schritt die gesammelten Nutzenversprechen in die folgenden drei Kategorien: „Must-have“, Nice-to-have“ und „Wow-Effect“. Nur jener Nutzen, der zu einem echten Wow-Effekt führt, sollte weiterverfolgt werden.

Schritt 1:

Praktischer Nutzen: ....

Emotionaler Nutzen: ....

Sozialer Nutzen: ....

Schritt 2:

Must-have: ....

Nice-to-have: ....

Wow-Effekt: ....

Fazit: Customer Gains

Gewinne die begeistern: Vom Vorteil zum Wow-Effekt

Customer Gains sind weit mehr als ein nettes Extra, sie sind der Motor, der aus zufriedenen Käufern treue Fans macht. Wer es schafft, funktionale, soziale und emotionale Vorteile gezielt zu kombinieren, hebt sich nachhaltig vom Wettbewerb ab. Begeisterung entsteht dort, wo Erwartungen nicht nur erfüllt, sondern mit durchdachten Wow-Momenten übertroffen werden.

BONUS für KI-Unterstützung

Customer Gains der Zielgruppe recherchieren

```
Ich möchte die Customer Gains meiner Zielgruppe umfassend analysieren. Zielgruppe: [geben Sie hier Ihre Zielgruppe an].
```
Optional können Sie hier noch mehr Details zur Zielgruppe mitgeben. Je genauer Sie dies beschreiben, desto höherwertiger werden die Antworten der KI.

```
Bitte führe eine strukturierte Analyse durch und beantworte folgende Punkte detailliert:
  #1: Funktionale Gains:
    Welche konkreten Ergebnisse will die Zielgruppe erreichen?
    Welche messbaren Verbesserungen (z. B. Effizienz, Kosten, Zeit, Umsatz) sind für sie am wichtigsten?
  #2: Emotionale Gains:
    Welche positiven Gefühle streben sie an (z. B. Sicherheit, Stolz, Kontrolle, Entlastung)?
    Welche negativen Emotionen wollen sie vermeiden?
  #3: Soziale Gains:
    Wie möchten sie nach außen wahrgenommen werden (z. B. als Innovatoren, Qualitätsführer, attraktive Arbeitgeber)?
    Welche sozialen Ziele beeinflussen ihre Entscheidungen?
  #4: Langfristige Gains:
    Welche Entwicklungen oder Trends könnten zusätzliche Chancen für Wachstum oder Differenzierung bieten?
    Welche neuen Geschäftsmodelle oder Services wären besonders wertstiftend?
```

Möchten Sie noch tiefer in das Thema Gain Creators eintauchen, dann sichern Sie sich kostenlos meine Bonus-Checkliste „Gain-Creators" auf meiner Homepage unter www.yoursuccess.at/bonusmaterial.

JOBS to be done

Nachdem wir uns intensiv mit den Customer Pains und Customer Gains beschäftigt haben, wissen Sie nun, welche Herausforderungen und Probleme, Vorteile, Wünsche und positive Ergebnisse Ihre Kunden anziehen. Doch so wichtig es ist, diese „Herausforderungen und Potenziale“ zu kennen, sind sie nur ein Teil der Geschichte. Dahinter steckt immer ein tieferliegender Grund, ein „Job“, den der Kunde in seinem Alltag erledigen möchte.

Das Konzept „Jobs to be Done“ beschreibt genau diesen Kern: Menschen kaufen kein Produkt um des Produkts willen, sondern um einen bestimmten Fortschritt zu erzielen. Gains sind das sichtbare Resultat, Jobs to be Done sind die eigentliche Aufgabe, für die Ihr Produkt oder Ihre Dienstleistung „angestellt“ wird.

Dazu ein einfaches Beispiel: Niemand kauft einen Bohrer, weil er einen Bohrer besitzen will, sondern weil er ein Loch in der Wand braucht, um ein Regal aufzuhängen und dadurch den Wohnraum schöner und funktionaler zu gestalten. Der Job ist also nicht „Bohrer besitzen“, sondern „Wohnraum verbessern“.

Indem Sie die Pains und die Gains mit den dahinterliegenden Jobs verknüpfen, entwickeln Sie Angebote, die nicht nur kurzfristig begeistern, sondern tief in den Alltag und die Zielerreichung Ihrer Kunden eingebettet sind. Im nächsten Abschnitt steigen wir ein in die Welt der Jobs to be Done und Sie werden sehen, wie dieses Werkzeug Ihre Sicht auf Kundenbedürfnisse noch einmal grundlegend schärft.

Warum Ihr Kunde Sie wirklich engagiert

Stellen Sie sich Ihr Produkt oder Ihre Dienstleistung als einen Bewerber vor und Ihren Kunden als Arbeitgeber. Der Kunde „stellt“ Sie nicht ein, weil er Sie mag oder weil Sie zufällig verfügbar sind, sondern weil Sie eine bestimmte Aufgabe erfüllen sollen. Diese Idee liegt dem Jobs to be Done (JTBD)-Ansatz zugrunde: Kunden „engagieren“ Produkte, um in ihrem Leben Fortschritte zu machen.

Clayton M. Christensen, ein führender Denker dieses Konzepts, formuliert es so: „Kunden kaufen kein Produkt. Sie ‚mieten' es, um einen Job zu erledigen." Der JTBD-Ansatz sieht den Kauf nicht als Selbstzweck, sondern als Mittel zum Erreichen eines Ziels. Entscheidend ist, den wahren „Job" zu identifizieren, der funktional, emotional oder sozial sein kann. Von ihm stammt auch die Aussage: „Innovationen scheitern selten, weil wir die Technologie nicht haben, sondern weil wir nicht verstehen, welchen Fortschritt der Kunde sucht." (49).

Die Ursprünge des JTBD-Frameworks reichen bis in die 1990er Jahre zurück und wurden besonders durch Christensen an der Harvard Business School bekannt. Ein berühmtes Beispiel ist das „Milkshake-Experiment": Ein Fast-Food-Anbieter wollte seine Milchshake-Verkäufe steigern. Statt sich nur auf Geschmack oder Preis zu konzentrieren, fragten die Forscher: Welchen Job erledigt ein Milchshake für den Kunden? Es stellte sich heraus, dass Pendler den Milchshake morgens kauften, um auf dem Weg zur Arbeit satt zu werden und sich die Zeit zu vertreiben. Durch Anpassungen an der Rezeptur und der Verpackung stiegen die Verkäufe (50).

EXPERIMENT 26: Jobs to be Done

Job-Interview: Was wäre, wenn?

Befragen Sie mindestens drei Ihrer Kunden zu folgenden Themen.

1) Was wollten Sie ursprünglich erreichen, als Sie unser Produkt, unsere Dienstleistung genutzt haben?

   ……………………………………………………………………………………

2) Was wäre passiert, wenn Sie es nicht genutzt hätten?

   ……………………………………………………………………………………

“Unternehmen scheitern selten, weil wir die Technologie nicht haben, sondern weil wir nicht verstehen, welche Fortschritte der Kunde sucht.”

Clayton M. Christensen (49)

Dem Job auf der Spur: Die Kunst, versteckte Aufgaben zu entdecken

Die Theorie der "Jobs to be Done" ist nur so wertvoll wie Ihre Fähigkeit, diese Jobs in der Praxis zu identifizieren. Viele Unternehmen scheitern daran, dass sie ihre Kunden fragen, was sie wollen, anstatt zu beobachten, was sie wirklich brauchen. Die folgenden Methoden helfen Ihnen dabei, die verborgenen Jobs Ihrer Kunden systematisch aufzuspüren und daraus konkrete Handlungsempfehlungen für Ihr Unternehmen abzuleiten.

1. Beobachten statt fragen: Schauen Sie Ihren Kunden über die Schulter, wie sie Ihr Produkt nutzen. Oft verrät das Handeln mehr als ihre Beschreibungen und Erklärungen.

Menschen sind nicht immer ehrlich, nicht aus böser Absicht, sondern weil sie ihre eigenen Gewohnheiten oft nicht bewusst wahrnehmen oder sozial erwünschte Antworten geben. Ein Restaurant-Manager könnte in einem Interview behaupten, er nutze Ihr Kassensystem hauptsächlich für die Abrechnung. Bei der Beobachtung stellen Sie jedoch fest, dass er es primär als Kommunikationstool zwischen Küche und Service verwendet.

Versuchen Sie daher zukünftig regelmäßiger, Ihren Kunden zu besuchen, um deren Arbeitsabläufe zu beobachten. Kündigen Sie diese nicht als "Kontrolle", sondern als "Chance zur Optimierung und Verbesserung" an. Bitten Sie darum, einfach nur zuschauen zu dürfen, ohne zu unterbrechen. Notieren Sie sich: Wie oft wird welche Funktion genutzt? Wo entstehen Wartezeiten? Welche Workarounds entwickeln die Nutzer? Das verschafft Ihnen Klarheit.

2. Trigger-Momente analysieren: Fragen Sie Ihren Kunden: „Was hat Sie dazu gebracht, nach einer Lösung zu suchen?" Der Auslöser verrät meist den Kern der Aufgabe, die der Kunde zu erfüllen hat. Jeder Kauf hat einen Auslöser, einen Moment, in dem der Status quo plötzlich nicht mehr ausreicht. Diese Trigger-Momente sind goldwert, weil sie den emotionalen Kern des Jobs freilegen. Oft liegt zwischen dem ersten Trigger und dem tatsächlichen Kauf viel Zeit, in der der Kunde verschiedene Lösungsansätze durchdenkt. Um dies herauszufinden, ist eine sehr effektive Methode, Interviews mit ihren Kunden durchzuführen.

3. Wechselkunden befragen: Wer von einer alten Lösung zu Ihnen gewechselt ist, kann am besten erklären, welcher Job bisher unzufrieden blieb. Wechselkunden sind besonders wertvoll, weil sie zwei Lösungen direkt vergleichen können. Sie haben bereits Erfahrungen mit alternativen Ansätzen gemacht und können präzise artikulieren, wo diese versagt haben. Ihr Wechsel zu Ihnen zeigt, welchen Job Sie besser erfüllen.

Hilfreich ist hier, wenn Sie die Erkenntnisse in einer eigenen Datenbank erfassen. Kategorisieren Sie die Wechselgründe und suchen Sie nach Mustern. Fragen Sie nicht nur nach dem "Warum", sondern auch nach dem "Wie". Wie hat sich ihr Arbeitsalltag verändert?

4. Emotionale Sprache erkennen: Achten Sie auf Formulierungen wie „endlich", „ich fühle mich jetzt ..." oder „das gibt mir Sicherheit". Hier stecken die wahren Jobs. Emotionen sind der Schlüssel zu Jobs. Wenn Kunden sagen: "Endlich kann ich wieder ruhig schlafen", verrät das mehr über ihren wahren Job als jede Funktionsbeschreibung. Diese emotionalen Äußerungen sind oft spontan und ungefiltert und damit besonders wertvoll.

Trainieren Sie aktives Zuhören. Schulen Sie Ihr Vertriebsteam, Ihre Support-Mitarbeiter und sich selbst darin, emotionale Sprache zu erkennen und zu dokumentieren. Sammeln Sie emotionale Begriffe und führen Sie eine Liste mit emotionalen Äußerungen Ihrer Kunden. Kategorisieren Sie diese nach Gefühlen: Sicherheit, Stolz, Erleichterung, Kontrolle, etc. Achten Sie daher zukünftig auf emotionale

Aussagen, wie sie hier angeführt sind. Dadurch werden Sie rascher an den eigentlichen Kern der „Jobs to be done“ gelangen.

- **Erleichterung:** endlich, zum Glück, nicht mehr, weg vom Stress
- **Sicherheit:** beruhigt, sicher fühlen, Kontrolle haben, absichern
- **Stolz:** zeigen können, präsentieren, beeindrucken, professionell wirken
- **Zeitgewinn:** spare mir, schneller, automatisch, ohne Aufwand

Die Kunst liegt darin, diese Methoden systematisch anzuwenden und die gewonnenen Erkenntnisse in konkrete Produktverbesserungen und Marketingbotschaften zu übersetzen. Jeder aufgespürte Job ist eine Chance, Ihre Kunden besser zu verstehen und Ihr Angebot noch passgenauer zu gestalten.

EXPERIMENT 27: 5 x Warum

Warum wirklich? Fragen Sie 5-mal nach dem WARUM

Nehmen Sie einen Kaufgrund Ihrer Kunden und fragen Sie fünfmal: Warum? So kommen Sie vom oberflächlichen Vorteil zum Kernjob, denn meistens beginnt bereits ab dem 2. Warum die Fassade zu bröckeln und der wahre Grund kommt immer deutlicher zum Vorschein.

WARUM 1: ....

WARUM 2: ....

WARUM 3: ....

WARUM 4: ....

WARUM 5: ....

Fazit: Jobs to be Done
Fortschritt statt Features

„Jobs to be Done“ macht sichtbar, warum Kunden Ihre Produkte wirklich „anstellen“: nicht wegen Features, sondern um Fortschritt in ihrem Leben zu erzielen. Wer diese Jobs konsequent erkennt, schafft Angebote, die tiefer greifen, länger wirken und Kundenbindung auf einer ganz neuen Ebene erzeugen.

IN A NUTSHELL: Herausforderungen & Chancen
Die 5 Schlüssel zum Kundenerfolg

- Kunden kaufen keine Produkte, sondern Lösungen für ihre Probleme.
- Je größer der Schmerz (Pain), desto größer die Geschäftschance.
- Customer Gains (Chancen) schaffen Begeisterung und binden Kunden langfristig.
- „Jobs to be Done“ zeigen den wahren Fortschritt, den Kunden suchen.
- Erfolg entsteht, wenn Sie Pains lindern, Gains verstärken und Jobs präzise erfüllen.

Kapitel 6: Unterschiedliche TOUCH POINTS zu den Kunden

Wo und wie spricht man die jeweilige Zielgruppe an und wie werden Beziehungen zu Kunden aufrechterhalten?
Stellen Sie sich vor, Sie müssten nicht länger im Ungewissen agieren, sondern wüssten genau, wo sich Ihre Idealkunden aufhalten. Kein blindes Streuen von Marketingbudgets mehr, keine ungewissen Hoffnungen auf zufällige Kontakte. Stattdessen könnten Sie präzise dort präsent sein, wo Ihre Zielgruppe ohnehin aktiv ist, sei es auf einer Fachmesse, in einem branchenrelevanten Online-Forum, auf LinkedIn oder bei exklusiven Netzwerkveranstaltungen.

Doch das ist nur der erste Schritt. Denn gefunden zu werden, ist eine Sache, wahrgenommen und ernst genommen zu werden, eine andere. Hier kommt es darauf an, die richtigen Kommunikationskanäle zu wählen, um ins Gespräch zu kommen, Vertrauen aufzubauen und Ihre Lösung so zu präsentieren, dass Ihr Gegenüber sofort denkt: Das ist genau das, was ich gesucht habe!

Dabei geht es nicht nur um eine überzeugende Argumentation, sondern darum, echte Bedürfnisse zu treffen. Nur so entsteht aus einer ersten Begegnung ein wertvoller und vor allem nachhaltiger Geschäftskontakt. Erfolgreiche Unternehmen wissen: Beziehungen entstehen nicht von allein, sie erfordern Strukturen, Routinen und echte Wertschätzung.

WO ist die Zielgruppe anzutreffen?

Viele Gründer und auch Unternehmer stellen sich immer öfter die Frage: Wo sind eigentlich meine Kunden anzutreffen? Sie wissen, dass ihr Produkt oder ihre Dienstleistung einen echten Mehrwert stiftet, doch ohne die richtigen Kunden bleibt die beste Innovation eine Idee im stillen Kämmerlein. Die Antwort liegt in einem einfachen, jedoch oft übersehenen Prinzip: Ihre Zielgruppe ist nicht irgendwo verstreut, sondern sie sammelt sich an bestimmten Aggregationspunkten, digitalen wie physischen Orten, an denen sie regelmäßig anzutreffen ist.

Wo Sie Ihre Zielgruppe antreffen: online wie offline

Denken Sie an Ingenieure, die sich in LinkedIn-Gruppen zu Automatisierungslösungen austauschen. Oder an Bastler, die in Maker-Spaces neue Werkzeuge testen. Oder an Studierende, die sich in Fachforen oder auf YouTube nach Tutorials und Best Practices umsehen. Diese Orte sind Gold wert, weil Sie dort nicht einzelne Kunden mühsam suchen müssen, sondern gleich ganze Gruppen erreichen können. Ein pragmatischer Ansatz solche Gruppen gezielt ausfindig zu machen ist es, in drei bewährten Schritten vorzugehen:

1. **Beobachten**: Schauen Sie, wo Ihre Zielgruppe heute bereits aktiv ist. Folgen Sie Diskussionsforen, LinkedIn-Hashtags, Fachzeitschriften oder Branchenevents.

2. **Fragen**: Führen Sie kurze Interviews. Ein einfacher Satz wie: Wo informieren Sie sich über neue Lösungen? liefert oft erstaunlich klare Antworten.

3. **Testen**: Probieren Sie aus, an welchem Ort oder in welchem Kanal erste Resonanz entsteht. Manchmal reicht ein einziger Kommentar in einem Forum oder ein kurzer Vortrag auf einer Fachveranstaltung, um den Stein ins Rollen zu bringen.

Ein eindrucksvolles Beispiel für die erfolgreiche Identifikation der richtigen Kanäle liefert IKEA. Das Unternehmen wusste, dass ihre Kunden nicht nur Möbel kaufen, sondern vor allem nach Ideen für ein schönes, funktionales Zuhause suchen. Statt in teure, breit gestreute Werbung zu investieren, begann IKEA früh, dort präsent zu sein, wo Menschen ihre Wohn- und Einrichtungsideen austauschen.

IKEA stellte fest, dass ihre Zielgruppen, insbesondere junge Erwachsene und Familien, sich stark von visuellen Impulsen inspirieren lassen. Plattformen wie Pinterest und Instagram wurden zu zentralen Treffpunkten, an denen Millionen Menschen Einrichtungsideen suchten und teilten. Über regelmäßige Kundenbefragungen und der Auswertung von Online-Kommentaren lernte IKEA, dass viele Kunden nicht einfach Produkte suchten, sondern „Raumlösungen", also Inspiration, wie man kleine Wohnungen effizient und schön einrichtet.

IKEA setzte gezielt Content in diesen Kanälen ab, kurze Videos, inspirierende Bilderstrecken und ergänzend dazu den berühmten IKEA-Katalog in digitaler, interaktiver Form. Der Erfolg gab ihnen Recht: Das Unternehmen wurde zu einer der am stärksten geteilten Marken auf Pinterest und Instagram. IKEA erreicht seine Zielgruppe dort, wo sie ohnehin nach Ideen sucht. Anstatt Kunden mühsam ins Möbelhaus zu locken, nutzt das Unternehmen Kanäle, die direkt in den Alltag der Menschen integriert sind. Damit haben sie es geschafft, nicht nur Möbel zu verkaufen, sondern zu einem Lifestyle-Begleiter für Millionen Haushalte zu werden (51).

EXPERIMENT 28: Kunden-Aggregationspunkte

5 Aggregationspunkte ihrer zukünftigen Kunden identifizieren

Überlegen Sie, an welchen Orten oder auch Plattformen Ihre Zielgruppe regelmäßig anzutreffen sein könnte. Gibt es spezifische Foren, Veranstaltungen, Fachgruppen etc.? Machen Sie im nächsten Schritt eine Ansprechperson ausfindig (Host, Admin, Kontakt). Im dritten und letzten Schritt überlegen Sie sich einen konkreten Anlassfall, mit dem Sie diese Person gezielt ansprechen, um sich vorzustellen und auf Ihr Leistungsangebot aufmerksam zu machen.

Treffpunkt 1: ....

Treffpunkt 2: ....

Treffpunkt 3: ....

Treffpunkt 4: ....

Treffpunkt 5: ....

Fazit: Wo ist die konkrete Zielgruppe anzutreffen?
Aggregationspunkte: Die Abkürzung zu Ihrer Zielgruppe

Die richtigen Kunden zu finden bedeutet, die Orte zu identifizieren, an denen sie sich bereits austauschen und Inspiration suchen. Genau dort liegt der Hebel für effiziente Marktbearbeitung. Wer wie IKEA seine Zielgruppe gezielt an den passenden Aggregationspunkten anspricht, verwandelt mühsame Kundensuche in nachhaltige Kundenbeziehungen und wird Teil ihres Alltags.

WIE mit der Zielgruppe in Kontakt treten?

Die unterschiedlichen Möglichkeiten, wie man mit der Zielgruppe in Kontakt tritt, nennt man Kanäle. Diese sind weit mehr als reine Verkaufswege, sie sind die Verbindung zwischen Ihrem Unternehmen und Ihren Kunden über die gesamte Reise hinweg. Von der ersten Aufmerksamkeit darüber, dass es Sie und Ihr Unternehmen gibt, über die Bewertung und den Kauf bis hin zur Lieferung und der langfristigen Betreuung prägen Kanäle, wie Ihre Zielgruppe Sie erlebt.

Erfolgreiche Unternehmen verstehen Kanäle als strategisches System, das fünf zentrale Funktionen erfüllt: Aufmerksamkeit schaffen, Bewertung ermöglichen, Kauf erleichtern, Lieferung sicherstellen und After-Sales gewährleisten. Wer diese Funktionen bewusst gestaltet und aufeinander abstimmt, schafft Vertrauen, Konsistenz und Wettbewerbsvorteile.

Die Kunst liegt darin, diese Elemente sinnvoll zu kombinieren und dort präsent zu sein, wo Ihre Kunden tatsächlich unterwegs sind. Zur weiteren Einordnung hinsichtlich der Steuerbarkeit der Kanäle unterscheidet man noch zwischen: Owned Channels, Paid Channels und Earned Channels. Die Unterschiede und was es dabei zu beachten gilt, erfahren Sie am Ende dieses Kapitels.

Um sich die Rolle der unterschiedlichen Kanäle besser vorstellen zu können, wird das Beispiel von Red Bull angeführt. Es soll Ihnen veranschaulichen, wie Kanäle als Erlebniswelt wirken können: Durch eigene Events, Medien und spektakuläre Aktionen schuf das Unternehmen eine Markenwelt, die weit über das Produkt hinausreicht, und genau darin liegt der Schlüssel zu nachhaltigem Erfolg.

Die 5-Funktionen von Kanälen

Viele Unternehmer denken bei Vertriebskanälen oft nur an den Moment des Verkaufs, doch das greift meist viel zu kurz. Ein Kanal ist mehr als nur ein Verkaufsweg, wie bereits eingangs erwähnt. Er ist Ihr Bindeglied zum Kunden. Erfolgreiche Unternehmen verstehen ihre

Kanäle als strategisches System, das die bereits genannten Funktionen erfüllen muss. Jede dieser Funktionen erfordert unterschiedliche Fähigkeiten, Ressourcen und oft auch verschiedene Partner. Wer diese Funktionen klar definiert und gezielt orchestriert, schafft nicht nur bessere Kundenerlebnisse, sondern auch nachhaltige Wettbewerbsvorteile.

Sie lernen hier die fünf Kernfunktionen kennen, die jeder erfolgreiche Kanal erfüllen muss. Sie erfahren, wie Sie diese Funktionen systematisch planen, umsetzen und optimieren, und Sie lernen, wie Sie Ihre Kunden begeistern und Ihr Unternehmen dadurch vom Wettbewerb abheben wird (29).

Abbildung 13: Die 5 Kernfunktionen von Kanälen

1. Aufmerksamkeit schaffen: Wie erfahren Kunden, dass es Ihr Produkt oder Ihre Dienstleistung überhaupt gibt? In einer Welt voller Angebote ist Sichtbarkeit der erste entscheidende Schritt. Ihre potenziellen Kunden müssen zunächst einmal wissen, dass es Sie gibt. Doch Aufmerksamkeit allein reicht nicht. Sie muss zur richtigen Zeit, am richtigen Ort und für die richtige Zielgruppe geschaffen werden. Dazu finden Sie untenstehend eine kurze Auswahl an unterschiedlichen Möglichkeiten, um Aufmerksamkeit zu erregen.

- **Push-Aufmerksamkeit**: Sie gehen aktiv auf Kunden zu, beispielsweise durch Werbung, Kaltakquise oder Messen.
- **Pull-Aufmerksamkeit**: Kunden finden Sie, wenn sie aktiv nach Lösungen suchen (SEO, Content Marketing).
- **Empfehlungs-Aufmerksamkeit**: Zufriedene Kunden oder Partner machen gezielt auf Sie aufmerksam.
- **Zufalls-Aufmerksamkeit**: Unerwartete Berührungspunkte wie beispielsweise Sponsoring oder Vergleichbares.

2. Bewertung ermöglichen: Wie helfen Sie Kunden, Ihr Angebot zu verstehen und einzuordnen? Nachdem Kunden auf Sie aufmerksam geworden sind, beginnt die kritische Phase der Bewertung. Hier entscheiden Sie, ob Ihr Angebot für sie relevant ist und ob Sie vertrauenswürdig erscheinen. Ihre Aufgabe ist es, alle nötigen Informationen bereitzustellen und Vertrauen aufzubauen. Die Bewertungsphasen der Kunden sind dabei:

- **Relevanz-Check**: Löst das mein Problem?
- **Vergleichsphase**: Ist das besser als die Alternativen?
- **Vertrauens-Aufbau**: Kann ich diesem Anbieter vertrauen?
- **Machbarkeit**: Passt das ins Budget und zu den Prozessen?

In der Bewertungsphase entscheidet sich, ob ein potenzieller Kunde Ihr Angebot wirklich in Betracht zieht. Hier gilt es, Vertrauen aufzubauen, Klarheit zu schaffen und mögliche Zweifel aus dem Weg zu räumen. Dafür stehen Ihnen verschiedene Kanäle und Instrumente zur Verfügung.

Ihre Website oder eine gezielte Landing Page sollte alle wesentlichen Informationen übersichtlich darstellen. Angefangen bei Produktdetails über Preise bis hin zu aussagekräftigen Referenzen. Ergänzend dazu sind Probeversionen und Demos ein starkes Werkzeug: Sie ermöglichen es dem Kunden, Ihr Produkt risikofrei zu testen und selbst zu erleben, welchen Nutzen es bringt. Besonders wirksam sind auch Case Studies und Testimonials, die konkrete Erfolgsgeschichten anderer Kunden erzählen und so das Vertrauen in Ihre Lösung erhöhen.

Gerade bei komplexeren Angeboten kommt darüber hinaus die persönliche Beratung ins Spiel. Hier haben Interessenten die Möglichkeit, individuelle Fragen zu klären und passgenaue Informationen zu erhalten. Schließlich können Vergleichstools hilfreich sein, um Ihr Produkt transparent den Angeboten von Wettbewerbern gegenüberzustellen. Das schafft Orientierung und signalisiert, dass Sie nichts zu verbergen haben.

So schaffen Sie die Grundlage dafür, dass Kunden Ihr Angebot nicht nur wahrnehmen, sondern es auch als überzeugende Lösung für ihre Bedürfnisse bewerten.

3. Kauf ermöglichen: Über welchen Weg kaufen Kunden Ihr Produkt oder Ihre Dienstleistung tatsächlich? Der Kaufprozess muss so reibungslos wie möglich ablaufen. Jede Hürde, jede Komplikation kann dazu führen, dass Kunden abspringen. Gleichzeitig müssen Sie sicherstellen, dass der Kauf für beide Seiten rechtlich sauber und wirtschaftlich sinnvoll abgewickelt wird. Für ein besseres Verständnis, sind hier die häufigsten Kaufmodelle aufgelistet:

- **Direktkauf**: Online-Shop, Vor-Ort-Verkauf, Telefon-Bestellung
- **Indirekter Verkauf**: Über Händler, Distributoren oder Franchise-Partner
- **Abonnement-Modelle**: Wiederkehrende Zahlungen für kontinuierliche Leistung
- **Projektbasierter Verkauf**: Individuelle Angebote und Vertragsverhandlungen

4. Lieferung sicherstellen: Wie wird das Produkt oder die Dienstleistung geliefert oder bereitgestellt? Nach dem Kauf folgt der "Moment der Wahrheit": Die versprochene Leistung muss beim Kunden ankommen. Hier entscheidet sich, ob aus einem Käufer ein zufriedener Kunde wird. Die Lieferung prägt maßgeblich das Kundenerlebnis und die Weiterempfehlungsbereitschaft. Dabei gilt es die verschiedenen Qualitätskriterien für die Lieferung zu beachten:

- **Geschwindigkeit**: Wie schnell erreicht die Leistung den Kunden?
- **Zuverlässigkeit**: Wird geliefert, was versprochen wurde?
- **Qualität**: Entspricht die Leistung den Erwartungen?
- **Kommunikation**: Ist der Kunde über den Lieferstatus informiert?

5. After-Sales Betreuung: Wie unterstützen Sie Kunden nach dem Kauf, um Zufriedenheit und Loyalität sicherzustellen? Der Verkauf ist nicht das Ende, sondern der Beginn der Kundenbeziehung. Hier entscheidet sich, ob Kunden zu Fans werden, die Sie weiterempfehlen und selbst wieder kaufen. After-Sales ist oft der unterschätzte Hebel für nachhaltigen Geschäftserfolg. Sie finden hier eine kleine Auswahl an unterschiedlichen After-Sales-Möglichkeiten:

- **Support**: Hilfe bei Problemen und Fragen.
- **Success Management**: Sicherstellung, dass Kunden erfolgreich sind.
- **Community Building**: Vernetzung der Kunden untereinander.
- **Upselling/Cross-Selling**: Zusätzliche passende Angebote.
- **Feedback-Management**: Verbesserung basierend auf Kundenerfahrungen.

Diese fünf Funktionen isoliert zu betrachten, wäre ein Fehler. Erfolgreiche Unternehmen orchestrieren sie als zusammenhängendes System. Ein Kanal kann mehrere Funktionen erfüllen, und eine Funktion kann über mehrere Kanäle abgewickelt werden. Welche Faktoren machen nun eine Orchestrierung so erfolgreich:

- **Konsistenz**: Einheitliche Botschaft & Qualität über alle Kanäle
- **Nahtlose Übergänge**: Keine Brüche zwischen den Phasen
- **Datenintegration**: Kundeninformationen sind überall verfügbar
- **Flexibilität**: Kunden können zwischen Kanälen wechseln

Wenn Sie Ihre Kanäle als strategisches System verstehen und alle fünf Funktionen systematisch planen, schaffen Sie nicht nur bessere Kundenerlebnisse, sondern Sie bauen auch ein robustes Geschäftsmodell auf, das nachhaltigen Erfolg ermöglicht. Sinngemäß könnte man dies wie folgt zusammenfassen. „Ein Unternehmen ist nur so stark wie seine Fähigkeit, die Kunden dort abzuholen, wo sie wirklich stehen."

EXPERIMENT 29: Kanäle evaluieren

Die eigenen Kanäle beurteilen

Jetzt ist es an der Zeit, Ihre eigenen Kanäle zu beurteilen und sich einen aktuellen Überblick zu verschaffen, um welche Kanäle es sich dabei handelt, und um zu sehen, wie stark man die Steuerung selbst in der Hand hat oder wie sehr man von anderen abhängig ist. Ordnen Sie dazu Ihre aktuellen Kanäle ein.

Owned: ....

Paid: ....

Earned: ....

“Ein Unternehmen ist nur so stark wie seine Fähigkeit, die Kunden dort abzuholen, wo sie wirklich stehen.”

Owned, Paid und Earned Channels

Um die Vielzahl möglicher Kanäle besser zu verstehen, lohnt es sich, sie nach ihrem Ursprung und ihrer Steuerbarkeit einzuordnen. In der Praxis unterscheidet man drei Kategorien: Owned Channels, Paid Channels und Earned Channels (42).

Owned Channels sind die Kanäle, die Ihnen selbst gehören und die Sie direkt kontrollieren können. Dazu zählen Ihre Website, Ihr Blog, Ihr Newsletter, eine eigene App oder auch Veranstaltungen, die Sie organisieren. Der große Vorteil: Sie sind unabhängig von Algorithmen und externen Plattformen, Sie bestimmen die Inhalte und die Frequenz. Owned Channels sind langfristig betrachtet oft die stabilste und kosteneffizienteste Form der Kundenansprache. Sie erfordern allerdings kontinuierliche Pflege und den Aufbau einer eigenen Reichweite.

Paid Channels hingegen sind alle Kanäle, für die Sie bezahlen, um Sichtbarkeit zu erhalten. Typische Beispiele sind Anzeigen in Suchmaschinen (Google Ads), Social Media Ads, Bannerwerbung oder Sponsoring-Aktivitäten. Der Vorteil liegt in der schnellen Reichweite und gezielten Steuerbarkeit. Sie können sehr genau festlegen, welche Zielgruppe Ihre Botschaft sehen soll. Der Nachteil: Sobald Sie aufhören zu zahlen, versiegt auch die Sichtbarkeit. Paid Channels eignen sich daher vor allem, um kurzfristig Aufmerksamkeit zu erzeugen oder neue Märkte zu testen.

Earned Channels sind jene Reichweiten, die Sie sich durch die Qualität Ihres Angebots oder durch geschickte Kommunikation „verdienen". Das können Presseberichte, Erwähnungen in Blogs, positive Rezensionen, Mundpropaganda oder Beiträge von Kunden in sozialen Medien sein (52). Earned Channels sind besonders wertvoll, weil sie auf Vertrauen und Glaubwürdigkeit beruhen: Wenn andere positiv über Sie sprechen, wirkt das weit überzeugender als jede selbst geschaltete Werbung. Allerdings sind Earned Channels schwer steuerbar, man kann sie nicht direkt „kaufen“, sondern nur durch kontinuierliche Qualität, gute Beziehungen und kluge PR-Arbeit fördern.

Ein erfolgreiches Unternehmen nutzt in der Regel eine Kombination dieser drei Kanäle. Owned Channels bilden die stabile Basis, Paid Channels sorgen für gezielte Verstärkung und Earned Channels verleihen dem Ganzen Glaubwürdigkeit und Reichweite. Entscheidend ist, dass diese Kanäle aufeinander abgestimmt sind und die Zielgruppe dort abholt, wo sie ohnehin unterwegs ist.

Abbildung 14: Owed, Paid und Earned Channels

Kanäle als Erlebniswelt

Kaum ein europäisches Unternehmen hat so eindrucksvoll gezeigt, wie mächtig die Wahl der richtigen Kanäle sein kann, wie Red Bull. Das Produkt selbst, ein Energy-Drink, ist vergleichsweise leicht kopierbar. Der Erfolg liegt deshalb weniger in der Rezeptur, sondern vor allem in der einzigartigen Nutzung und Inszenierung von Kanälen.

1. Aufmerksamkeit: Red Bull hat früh verstanden, dass klassische Werbung in einem überfüllten Markt wenig Wirkung zeigt. Stattdessen schuf das Unternehmen eigene Content- und Eventkanäle: Extremsport-Events, spektakuläre Stunts wie beispielsweise der Stratosphärensprung von Felix Baumgartner und Medienformate wie das Red Bull Media House. Damit wurde Red Bull selbst zum Medienproduzenten und generierte organische Aufmerksamkeit weltweit.

2. Bewertung: Statt das Produkt über klassische Argumente (mehr Energie, bessere Leistung) zu erklären, verband Red Bull es mit Emotionen: Mut, Abenteuer, Grenzen überschreiten. Wer die Marke wahrnimmt, versteht sofort die „Positionierung". Das Getränk steht für Power und Performance.

3. Kauf: Der Kauf erfolgt über klassische Handelskanäle, doch durch die starken Markenerlebnisse im Vorfeld ist die Kaufentscheidung längst emotional getroffen. Im Regal „gewinnt" Red Bull, weil der Kunde die Marke bereits im Kopf verankert hat.

4. Lieferung: Besonders stark nutzt Red Bull seine Events selbst als Lieferkanal. Dort, wo Energie gefragt ist, ist das Getränk präsent. Der Kanal „Event" wird also gleichzeitig zum Distributions- und Erlebnisort.

5. After-Sales: Die Community wird durch fortlaufenden Content, Social Media, Behind-the-Scenes-Videos und neue spektakuläre Formate gebunden. So bleibt die Marke dauerhaft präsent und relevant (53).

Das Besondere: Red Bull hat sich nicht einfach in bestehende Kanäle eingekauft, sondern eigene Kanäle geschaffen, eine Strategie ganz im Sinne der Blue Ocean Strategy (54). Statt im Wettbewerb um Werbeplätze zu stehen, schuf das Unternehmen eine eigene Medienlandschaft, die gleichzeitig Produktkommunikation, Community-Building und Markenstärkung ist.

Was Sie daraus für Ihr Unternehmen ableiten können.
Klein anfangen: Sie müssen kein Medienimperium aufbauen. Beginnen Sie mit einem wiederkehrenden Format, etwa einem monatlichen Webinar oder einem Mini-Videoformat.
Einheitlich denken: Alle Kanäle sollten eine stimmige Botschaft transportieren. Red Bull steht für Energie und Abenteuer. Was ist Ihr Kernversprechen?
Testen und Lernen: Starten Sie Kanäle als Hypothesen. Wenn etwas nicht funktioniert, verwerfen Sie es schnell und probieren Sie Neues.
Kanäle als Kundenerlebnis: Sehen Sie Kanäle nicht nur als Werbung, sondern als Teil Ihres Angebots.

Fazit: Wie tritt man mit der Zielgruppe in Kontakt? Kanäle als strategische Erfolgstreiber
Die Wahl der richtigen Kanäle ist weit mehr als eine Marketingfrage, sie ist eine strategische Entscheidung im Geschäftsmodell. Wer die Kunden nicht nur erreicht, sondern ihnen über die passenden Kanäle ein konsistentes Erlebnis bietet, gewinnt langfristig Vertrauen, Marktanteile und Markenstärke.

Von der Transaktion zur Beziehung

Nachdem Sie wissen, wo Sie Ihre Zielgruppe finden und über welche Kanäle der erste Kontakt entsteht, kommt der entscheidende nächste Schritt: Wie verwandeln Sie losen Austausch in tragfähige Beziehungen?

Ein einmaliger Verkauf ist wertvoll, doch nachhaltiger Geschäftserfolg entsteht erst, wenn aus Käufern loyale Partner, Fans oder sogar Botschafter werden. Wer es schafft, Kunden dauerhaft zu begeistern, legt den Grundstein für organisches Wachstum durch Weiterempfehlungen.

In diesem Abschnitt erfahren Sie, welche Formen von Kundenbeziehungen existieren und wie Sie diese gezielt gestalten. Das Ziel ist klar: kurzfristige Transaktionen in langfristige Partnerschaften zu verwandeln. Eine Strategie, die nicht nur stabilere Umsätze generiert, sondern auch neue Wachstumspotenziale durch zufriedene Bestandskunden eröffnet.

Beginnen wir mit den fünf verschiedenen Arten, wie Sie eine Beziehung zu Ihren Kunden aufbauen können.

1. Persönliche Beziehungen: Hier stehen direkte Gespräche, regelmäßige Treffen oder feste Ansprechpartner im Vordergrund. Gerade bei komplexen oder hochpreisigen Produkten ist der persönliche Kontakt ein entscheidender Vertrauensfaktor. Ein Anruf, eine persönliche Nachricht oder ein Vor-Ort-Besuch zeigen: Sie sind uns wichtig.

2. Automatisierte Beziehungen: Digitale Technologien ermöglichen es, Kundenbeziehungen effizient zu pflegen. E-Mail-Automatisierungen, Chatbots oder Reminder-Systeme helfen, mit Kunden in Kontakt zu bleiben, ohne jedes Detail manuell abwickeln zu müssen. Wichtig ist dabei, die Balance zu halten: Automatisierung darf unterstützen, sollte jedoch nie kalt oder unpersönlich wirken.

3. Self-Service: Gerade technikaffine Zielgruppen schätzen es, wenn sie sich selbst helfen können. FAQs, Video-Tutorials oder Online-Handbücher sind einfache Möglichkeiten, um Kunden zu entlasten und gleichzeitig die Servicequalität zu steigern. Ein gut gemachter Self-Service-Bereich signalisiert Kompetenz und spart beiden Seiten Zeit.

4. Communities: Menschen vertrauen anderen Menschen. Deshalb ist eine Community oft stärker als jede Werbebotschaft. Ob in Foren, Social-Media-Gruppen oder exklusiven Kundenclubs, wenn Kunden Erfahrungen austauschen und voneinander lernen können, stärkt das nicht nur die Bindung, sondern auch Ihre Position als Anbieter.

5. Co-Creation: Die höchste Form der Kundenbeziehung ist die aktive Einbindung in die Entwicklung neuer Produkte oder Dienstleistungen. Kunden werden Mitgestalter, sei es durch Beta-Tests, Feedback-Runden oder Innovationsworkshops. Dadurch fühlen sie sich nicht nur ernst genommen, sondern entwickeln eine starke emotionale Bindung zu Ihrem Unternehmen.

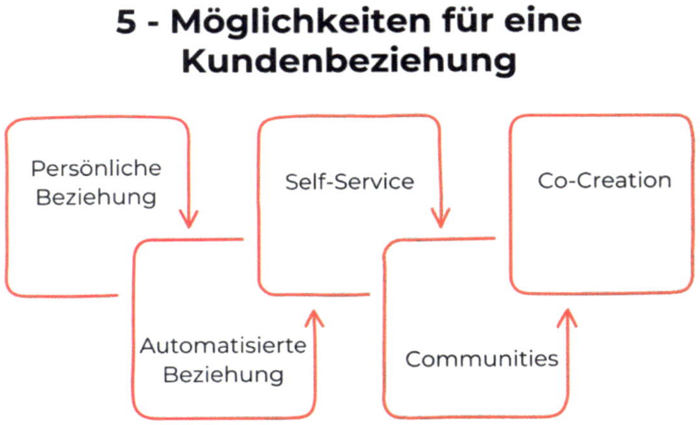

Abbildung 15: Kundenbeziehungen

Kundenbindung als Wachstumsstrategie

Die meisten Unternehmen investieren viel Energie in die Neukundengewinnung, oft mehr, als sie es sich leisten können. Dabei zeigt die Erfahrung: Bestehende Kunden sind äußerst wertvoll. Sie sind leichter anzusprechen, kaufen häufiger, sind weniger preissensibel und empfehlen weiter. Kundenbindung ist deshalb keine „nette Zugabe“, sondern eine der wirksamsten Wachstumsstrategien überhaupt.

Die Praxis beweist: Unternehmen, die langfristige Beziehungen pflegen, bauen sich ein stabiles Fundament. Sie reduzieren Abhängigkeiten von einzelnen Projekten oder kurzfristigen Markttrends und schaffen ein Netzwerk von Partnern, das mit ihnen wächst.

EXPERIMENT 30: Kommunikationsplan

Ihr individueller Kommunikationsplan zu den Kunden

Viele Kundenbeziehungen scheitern nicht an schlechter Leistung, sondern daran, dass der Kontakt nach dem Kauf abbricht. Mit einem einfachen Kommunikationsplan stellen Sie sicher, dass Ihre Kunden regelmäßig von Ihnen hören, ohne dass es aufdringlich wirkt. So gehen Sie dabei vor.

Legen Sie fest, wie oft und in welcher Form Sie mit Ihren Kunden Kontakt aufnehmen möchten.

Kundenliste für die Kontaktaufnahme erstellen: ....

Häufigkeit der Kontaktaufnahme: ....

Form der Kontaktaufnahme: ....

Vergessen Sie nicht, diese Termine fix in Ihren Kalender oder CRM-System einzutragen. Halten Sie dabei den Plan so einfach wie möglich. Lieber regelmäßige kurze Kontakte als aufwändige Aktionen, die dann nie stattfinden.

EXPERIMENT 31: Dankeschön

Entwickeln Sie Ihr persönliches Kunden-Dankeschön

Ein „Danke“ hat enorme Wirkung, wenn es unerwartet und authentisch kommt. Mit einem kleinen Extra zeigen Sie, dass Ihnen die Beziehung mehr bedeutet als nur der Vertrag.

Überlegen Sie, was für Ihre Kunden nützlich oder angenehm wäre, wie beispielsweise kurze Praxistipps, How-to-Videos, exklusives Mini-Webinar, etc.

Dankeschön-Idee 1: ....

Dankeschön-Idee 2: ....

Definieren Sie für den Start 3-5 Kunden, die Sie mit diesem Dankeschön überraschen möchten. Senden Sie dieses persönlich. Beobachten Sie die Reaktion: Erhalten Sie Feedback? Wird es genutzt? Entsteht ein Gespräch?

Feedback: ....

Reaktion: ....

Fazit: Von der Transaktion zur Beziehung

Kundenbeziehung statt einmaliger Verkauf

Kundenbeziehungen sind das Fundament jedes erfolgreichen Geschäftsmodells. Sie sind die Brücke vom einmaligen Kauf zur langfristigen Partnerschaft. Der Verkauf ist daher nicht das Ende, sondern der Beginn der Kundenbeziehung!

IN A NUTSHELL: Herausforderungen & Chancen der Kunden

Kunden finden, binden und begeistern:

- Kunden finden heißt, Aggregationspunkte kennen: Ihre Zielgruppe ist nicht verstreut, sondern sammelt sich an bestimmten Orten.
- Kanäle strategisch orchestrieren: Kanäle sind nicht nur Verkaufswege, sondern begleiten die gesamte Kundenreise, von Aufmerksamkeit über Bewertung und Kauf bis hin zu Lieferung und After-Sales.
- Die richtige Mischung macht den Unterschied: Owned, Paid und Earned Channels ergänzen einander. Gemeinsam sorgen sie für Reichweite, Glaubwürdigkeit und Kontrolle.
- Beziehungen sind das Fundament für Wachstum: Aus einer Transaktion wird erst dann nachhaltiger Erfolg, wenn Kunden zu Partnern, Fans oder Botschaftern werden.

WERTANGEBOT

WAS WIRD GEBOTEN?

Kapitel 7: Ein WERTANGEBOT das Nutzen stiftet

WAS wird Ihren Kunden geboten?

Sie haben in Teil 1 – STARTEN Ihre Richtung geschärft, Ziele formuliert, Ihre Vision geklärt und Ihr persönliches „Warum" auf den Punkt gebracht. Aus Ideen wurden erste Hypothesen für ein tragfähiges Geschäftsmodell.

In Teil 2 – ZIELKUNDEN sind Sie dorthin gegangen, wo Wert entsteht, nämlich zu Ihren Nutzern. Sie haben Ihre Zielgruppen präzisiert, mit Jobs-to-be-Done gearbeitet, Pains & Gains erhoben, erste Kanäle erkundet und verstanden, wie Beziehungen wachsen. Kurz gesagt: Sie wissen jetzt, wer Ihre Kunden sind und wo deren echte Probleme und Herausforderungen und auch ihre Chancen und Möglichkeiten liegen.

Jetzt kommt der finale und alles entscheidende Schritt: Was genau bieten Sie ihren Kunden an und warum sollte man gerade von Ihnen kaufen?

In diesem dritten und letzten Teil verwandeln wir technische Lösungen in marktfähige Angebote, die Kunden spürbar entlasten, begeistern und wiederkommen lassen. Denn am Ende zählt nicht, was Sie können, sondern was Ihre Kunden empfinden, wenn sie mit Ihnen arbeiten.

Ihr Wertangebot ist mehr als Ihr Produkt oder Ihre Dienstleistung. Es ist die präzise Wirkung, die Sie versprechen, sauber verpackt in ein Angebot mit klarem Nutzen, fairem Preis, passenden Beweisen und geringem Risiko.

NUTZEN stiften

Ihr Wertangebot ist das Herzstück Ihres Geschäftsmodells. Es entscheidet darüber, ob Ihre Zielgruppe bei Ihnen kauft oder zum Mitbewerber geht. In diesem Abschnitt beschäftigen wir uns damit, wie Sie überprüfen können, ob Ihr aktuelles Angebot tatsächlich die Bedürfnisse Ihrer Kunden erfüllt, ihre Probleme löst und einen spürbaren Mehrwert bietet. Denn nur dann wird aus einer technischen Lösung auch ein marktfähiges, wirtschaftlich erfolgreiches Produkt oder eine wirtschaftlich erfolgreiche Dienstleistung.

So trifft Ihr Wertangebot den Nerv Ihrer Zielgruppe

Bevor wir in die Tiefe gehen, lade ich Sie ein, einen kurzen Standort-Check durchzuführen: Wie nahe ist Ihr aktuelles Wertangebot beziehungsweise Ihre aktuelle Produktidee tatsächlich an den Bedürfnissen und Problemen Ihrer Kunden ausgerichtet?

Dazu finden Sie gleich hier einen Fragebogen. Er dient für Sie als praktischer Einstieg, um sich bewusst mit der Lücke zwischen „was Sie anbieten“ und „was Ihre Kunden wirklich brauchen“ auseinanderzusetzen. Betrachten Sie den Fragebogen als eine Art Kompass, er zeigt Ihnen, wo Sie gerade stehen und in welche Richtung Sie Ihr Angebot entwickeln sollten, damit es noch treffsicherer die „Pains“ Ihrer Zielgruppe löst und deren „Gains“ ermöglicht.

Tabelle 2: Fragebogen: Trifft Ihr Wertangebot den Nerv der Zielgruppe?

Treffen die folgenden Aussagen auf Sie zu?	JA	NEIN
1. Kennen Sie Ihre drei wichtigsten Kundensegmente?		
2. Können Sie deren drängendste Herausforderungen beschreiben?		
3. Wissen Sie, wie Ihr Angebot diese Probleme konkret löst?		
4. Ist Ihr Nutzenversprechen in maximal zwei Sätzen erklärbar?		
5. Haben Sie Kundenfeedback zu einem Ihrer Angebote eingeholt?		
6. Können Sie klar benennen, wodurch sich Ihr Angebot, von dem Ihrer Mitbewerber unterscheidet?		
7. Ist Ihr Nutzenversprechen intern und extern klar kommuniziert?		

Auflösung

0 bis 2 JA-Antworten: Noch viel Potenzial, doch genau jetzt beginnt der richtige Weg.
Dass Sie aktuell nur wenige Fragen mit „Ja“ beantworten konnten, ist kein Grund zur Sorge, im Gegenteil: Sie stehen an einem wertvollen Ausgangspunkt. Denn jetzt haben Sie die Chance, Ihr Wertangebot ganz bewusst und systematisch zu entwickeln. Der große Vorteil: Sie vermeiden typische Fehler, die viele Unternehmer erst spät und oft teuer korrigieren müssen.

3 bis 4 JA-Antworten: Ein solider Anfang, jetzt gezielt weiterentwickeln.
Sie haben bereits wichtige Grundlagen für ein überzeugendes Wertangebot geschaffen. Es zeigt, dass Sie sich bewusst mit Ihrer Zielgruppe und dem Nutzen Ihrer Leistungen auseinandergesetzt haben. Um Ihr Wertangebot scharf zu positionieren, werden Ihnen die Inhalte dieses Buches eine Hilfestellung bieten.

5 bis 7 JA-Antworten: Sehr gut, Ihr Wertangebot ist klar auf Kurs!
Herzlichen Glückwunsch! Das Thema Wertangebot und Nutzenversprechen ist für Sie nichts Neues. Nutzen Sie dennoch dieses Kapitel, um etwaige Optimierungspotenziale zu entdecken.

In Teil 2 – ZIELKUNDEN dieses Buches haben wir intensiv über Customer Pains (Probleme, Hindernisse, Frustrationen) und Customer Gains (erwartete Ergebnisse, Wünsche, Vorteile) gesprochen. Genau hier knüpfen wir nun wieder an.

Ihr Ziel in diesem Kapitel ist es, ein Wertangebot zu entwickeln, das passgenau diese Pains adressiert und die identifizierten Gains Ihrer Zielgruppe ermöglicht.

- Kein „Bauchladen-Angebot“, sondern eine fokussierte Lösung, die treffsicher auf Ihre Zielgruppe zugeschnitten ist.
- Kein „Wir können alles“, sondern ein klares Nutzenversprechen, das keine Fragen offen lässt.
- Kein „Feature-Dschungel“, sondern sichtbare Entlastung und Begeisterung für Ihre Kunden.

So können Sie sicherstellen, dass Ihr Wertangebot nicht im luftleeren Raum steht, sondern direkt mit den echten Bedürfnissen Ihrer Zielgruppe verknüpft ist (55).

Das Herzstück Ihres Erfolgs: Ihr Wertangebot

Ein Wertangebot beschreibt den konkreten Mehrwert, den Ihr Unternehmen Ihren Kunden bietet. Es beantwortet die entscheidende Frage: „Warum sollten Kunden gerade bei Ihnen kaufen und nicht bei jemand anderem?“

Damit ist ein klar formuliertes Wertangebot weit mehr als ein Marketingtext. Es ist das Versprechen, das Sie Ihren Kunden geben, und gleichzeitig der Maßstab, an dem Sie sich messen lassen. Es bringt auf den Punkt, wie Sie Probleme lösen, Wünsche erfüllen und echten Mehrwert schaffen (29).

“Warum sollten Kunden gerade bei Ihnen kaufen und nicht bei jemand anderem?”

Wer sein Nutzenversprechen kennt, trifft bessere Entscheidungen, kommuniziert überzeugender und entwickelt Angebote, die wirklich gebraucht werden. Gerade in einem überfüllten Marktumfeld entscheidet nicht das WAS, sondern das WARUM. Genau hier liegt die Kraft eines starken Wertangebots. Es ist die Brücke zwischen Ihrer unternehmerischen Idee und dem, was Ihre Kunden tatsächlich bewegt.

PAIN KILLERS: Was erleichtern Sie für Ihre Kunden
„Pain Killers" reduzieren Zeitaufwand, Kosten, Nerven oder Risiken und lösen damit die drängendsten Probleme Ihrer Kunden. Sie wirken wie ein Schmerzmittel – schnell, direkt und spürbar. Diese Lösungen schaffen sofortigen Mehrwert und werden daher besonders geschätzt.

Hier knüpfen wir auch nahtlos an Kapitel 5 an, wo es darum ging, die Pain Killers, Gain Creators und Jobs to be Done Ihrer Zielgruppe zu identifizieren. Jetzt, in Kapitel 7, geht es darum, eine Lösung für diese Probleme in Form eines Wertangebotes zu entwickeln und Ihren Kunden anzubieten.

Um Ihnen den Einstieg in die Ausgestaltung Ihres individuellen Wertangebotes zu erleichtern, sind untenstehend drei der wesentlichen Bereiche angeführt, wo ein solides Wertangebot drängende Probleme löst.

Bereich 1: Ihr Wertangebot sorgt dafür, dass Frust verschwindet.
Sie eliminieren die täglichen Ärgernisse, die Ihre Zielgruppe belasten und kostbare Energie rauben. Sie verwandeln frustrierende, zeitraubende Tätigkeiten in einfache, fast automatische Abläufe. Dadurch können sich Ihre Kunden wieder auf ihre Kernkompetenzen konzentrieren, anstatt sich mit lästigen Nebenschauplätzen herumzuschlagen.

Bereich 2: Ihr Wertangebot vereinfacht Abläufe.
Komplexe, mehrstufige Prozesse werden durch Pain Killers auf das Wesentliche reduziert und intuitiv gestaltbar gemacht. Sie eliminieren dadurch unnötige Schritte, automatisieren wiederkehrende Aufgaben und schaffen klare, verständliche Strukturen.

Das Ergebnis: Ihre Kunden erreichen ihre Ziele schneller und mit weniger Aufwand als zuvor.

Bereich 3: Ihr Wertangebot macht Prozesse sicherer und/oder angenehmer.
Pain Killers reduzieren Risiken und Unsicherheiten, indem sie bewährte Lösungen für bekannte Probleme bieten. Sie schaffen Vertrauen durch Transparenz, bieten Backup-Lösungen für kritische Situationen und machen unangenehme Aufgaben erträglicher. Dadurch können Ihre Kunden ruhiger schlafen und sich sicher fühlen, dass wichtige Prozesse reibungslos ablaufen.

Abbildung 16: Die 3 wichtigsten Aufgaben von echten Pain-Killers

EXPERIMENT 32: Pain Killers

Welche Pains Ihrer wichtigsten Zielgruppe löst Ihr Wertangebot? Beschreiben Sie stichwortartig, wie Ihr spezifisches Wertangebot auf die drei relevantesten Pains ihrer Zielgruppe eingeht und welcher Nutzen für die Zielgruppe dabei gestiftet wird.

Zielgruppe: ....

Angebot zu Pain 1: ....

Kundennutzen: ....

Angebot zu Pain 2: ....

Kundennutzen: ....

Angebot zu Pain 3: ....

Kundennutzen: ....

GAIN CREATORS: Was ermöglichen Sie Ihren Kunden

„Gain Creators" verwandeln normale Lösungen in außergewöhnliche Erfahrungen und schaffen echte Begeisterung bei Ihrer Zielgruppe. Während Pain Killers Probleme beseitigen, erschaffen Gain Creators zusätzlichen Wert und positive Überraschungen. Sie sorgen dafür, dass Kunden nicht nur zufrieden sind, sondern Ihr Angebot aktiv weiterempfehlen.

Bereich 1: Ihr Wertangebot steigert die Effizienz

Gain Creators optimieren nicht nur bestehende Abläufe, sondern erschließen völlig neue Möglichkeiten für Produktivitätssteigerungen. Sie automatisieren intelligente Prozesse, die Ihre Kunden schneller ans Ziel bringen als je zuvor gedacht. Durch innovative Features oder Funktionen können Ihre Kunden in derselben Zeit deutlich mehr erreichen und dabei noch bessere Ergebnisse erzielen

Bereich 2: Ihr Wertangebot erhöht Anerkennung und/oder Image
Diese Lösungen positionieren Ihre Kunden als Vorreiter in ihrem Bereich und verschaffen ihnen einen spürbaren Prestigegewinn. Sie ermöglichen es, vor Kollegen, Partnern oder der Öffentlichkeit als kompetent und zukunftsorientiert wahrgenommen zu werden. Dadurch steigt nicht nur das Selbstwertgefühl, sondern auch die beruflichen oder privaten Chancen Ihrer Kunden.

Bereich 3: Ihr Wertangebot verbessert die Lebensqualität
Gain Creators schaffen Momente der Freude und des Wohlbefindens, die weit über die funktionale Nutzung hinausgehen. Sie reduzieren Stress, schaffen mehr Zeit für wichtige Dinge oder ermöglichen neue, bereichernde Erfahrungen. Das Ergebnis: Ihre Kunden fühlen sich nicht nur produktiver, sondern auch zufriedener und ausgeglichener im Alltag.

Abbildung 17: Die 3 wichtigsten Aufgaben von echten Gain-Creators

EXPERIMENT 33: Gain Creators

Welche Gains Ihrer wichtigsten Zielgruppe ermöglicht Ihr Wertangebot? Beschreiben Sie stichwortartig, wie ihr spezifisches Wertangebot auf die drei relevantesten Gains Ihrer Zielgruppe eingeht und welcher Nutzen für die Zielgruppe dabei gestiftet wird.

Zielgruppe: ....

Angebot zu Gain 1: ....

Kundennutzen: ....

Angebot zu Gain 2: ....

Kundennutzen: ....

Angebot zu Gain 3: ....

Kundennutzen: ....

JOBS to be DONE: Was erreichen Sie für Ihren Kunden

Hinter jeder Kaufentscheidung steckt ein „Job", den Ihre Kunden erledigt haben möchten. Mit diesem revolutionären Konzept richten Sie den Blick weg vom Produkt und hin zur eigentlichen Aufgabe, die Ihre Kunden bewältigen wollen. Es geht nicht darum, was Sie verkaufen, sondern wofür Sie von Ihren Kunden „eingestellt" werden.

Kunden kaufen nicht Ihr Produkt, sondern die Lösung für ihr konkretes Problem oder Bedürfnis. Sie „engagieren" Ihr Angebot, um eine bestimmte Aufgabe zu erfüllen, genauso wie sie einen Mitarbeiter für eine spezielle Tätigkeit einstellen würden. Dieses Verständnis verändert radikal, wie Sie über Ihre Zielgruppe denken und Ihre Lösungen entwickeln.

Wenn Sie verstehen, Jobs Ihrer Kunden zu erledigen, können Sie Lösungen entwickeln, die weit über die reine Produktfunktion hinausgehen. Sie werden vom Anbieter zum strategischen Partner, der die tieferliegenden Bedürfnisse seiner Kunden versteht und erfüllt.

Was, wenn Sie Ihr Wertangebot vernachlässigen?

Ist Ihr Wertangebot nicht klar definiert, fällt es potenziellen Kunden schwer zu verstehen, warum sie gerade bei Ihnen kaufen sollten. Dies könnte für Sie fatale Folgen haben wie zum Beispiel:

- **Unsicherheit und Kaufzurückhaltung**: Wenn Kunden nicht sofort verstehen, welchen konkreten Nutzen Sie bieten, zögern sie mit der Kaufentscheidung oder wählen bekannte Alternativen. Diese Unsicherheit führt zu längeren Verkaufszyklen und häufigeren Absagen.
- **Preisfokus statt Wertfokus**: Ohne klare Wertversprechen bleibt nur der Preis als Unterscheidungsmerkmal übrig. Das führt zu einem zermürbenden Preiskampf, bei dem alle Beteiligten verlieren und Margen kontinuierlich schrumpfen.

- **Interne Unschärfe in Kommunikation, Vertrieb, Marketing und Innovation**: Eine unklare Positionierung sorgt dafür, dass verschiedene Abteilungen unterschiedliche Botschaften senden und an verschiedenen Zielen arbeiten. Das verwässert die Marke und verschwendet wertvolle Ressourcen.

So verlieren Unternehmen langfristig ihre Wettbewerbsfähigkeit. Selbst etablierte Marken wie Kodak oder Nokia haben dies schmerzhaft erfahren müssen: Sie waren technisch exzellent, hatten jedoch kein scharfes Nutzenversprechen mehr, das Kunden überzeugte.

USE CASE Zalando

Das Praxisbeispiel von Zalando soll Ihnen verdeutlichen, wie ein erfolgreiches europäisches Unternehmen die Frage: Wie erstelle ich ein treffsicheres Wertangebot für meine Zielgruppe? gelöst hat.

Als Zalando 2008 in Berlin gegründet wurde, war der Online-Modehandel in Europa noch in den Kinderschuhen (56). Die großen Customer Pains waren damals:

- Die Kleidung konnte nicht anprobiert werden und somit herrschte große Unsicherheit über Passform, Größe und Material.
- Rücksendungen waren bei den meisten Händlern teuer oder kompliziert.
- Mode war emotional: Kunden wollten eine große Auswahl, Inspiration und Sicherheit, dass es auch „wirklich passt“.

Die identifizierten Gains von damals waren:

- Bequemes Einkaufen von zu Hause
- Riesige Auswahl an Marken und Styles
- Sicherheit, ohne Risiko kaufen zu können

Zalando nahm genau diese Hürden ernst und baute sein Geschäftsmodell gezielt darauf auf:

1) **Kostenloser Versand & kostenlose Rücksendung** bis zu 100 Tage nach Kauf: Damit fiel die größte Barriere im Online-Kleidungsmarkt nämlich das Risiko einer Fehlentscheidung.
2) **Riesige Auswahl**: Von Anfang an positionierte sich Zalando als Marktplatz mit tausenden Marken und Styles. Kunden fanden hier alles an einem Ort.
3) **Inspirierende Plattform**: Mode wurde erlebbar gemacht durch Outfit-Ideen, Personalisierung und ein modernes E-Commerce-Design.
4) **Skalierbare Logistik**: Rücksendungen wurden nicht als „Kostenfaktor", sondern als Teil des Geschäftsmodells gesehen. Das Unternehmen investierte früh in eigene Logistikzentren und Prozesse.

Zalando löste dadurch den größten Schmerzpunkt der Zielgruppe, die Unsicherheit beim Online-Modekauf, radikal. Es war ein „Pain-Killer"-Ansatz, kein „Vitamin". Statt Kunden mühsam zu überzeugen, beseitigte Zalando den Hauptgrund, nicht online zu kaufen. Genau diese Klarheit im Wertangebot führte zu schnellem Wachstum und zur Marktführerschaft in Europa.

Zalando zeigte, dass ein Wertangebot erfolgreich ist, wenn es den größten Pain der Zielgruppe eliminiert. In diesem Fall war es die

Kaufunsicherheit der Kunden. Anstatt den Markt zu „überzeugen“, machte Zalando es Kunden leicht, überhaupt einzusteigen.

EXPERIMENT 34: Nutzenstatement

QUICK CHECK IM NUTZERUMFELD

Stellen Sie Ihr Nutzenstatement drei Personen aus Ihrer Zielgruppe oder Ihrem Umfeld vor. Fragen Sie: „Würden Sie dafür bezahlen? Was überzeugt Sie, was fehlt?“ Dokumentieren Sie die Antworten.

Anzahl jener, die bezahlen / nicht bezahlen: .... / ....

Was überzeugt: ....

Was fehlt: ....

Fazit: NUTZEN stiften

Wertangebot: Der Schlüssel vom Produkt zum Markterfolg

Ein starkes Wertangebot ist weit mehr als eine Produktbeschreibung. Es ist das klare Versprechen, wie Sie die Probleme Ihrer Kunden lösen und welche positiven Ergebnisse Sie ermöglichen. Wer seine Pain Killers, Gain Creators und Jobs to be Done konsequent auf die Zielgruppe ausrichtet, schafft ein Angebot, das überzeugt, Vertrauen aufbaut und Kaufentscheidungen erleichtert.

BONUS für KI-Unterstützung

Gain Creators

`Erstelle mir eine Liste mit 10 relevanten Gain Creators für meine Zielgruppe [`*`Zielgruppe nennen`*`], um daraus Ideen zur Erstellung meines Wertangebots zu entwickeln.`

Ergänzen Sie den Prompt mit den unten angegebenen Zusatzinformationen, um noch bessere Ergebnisse zu erhalten. Beachten Sie dabei, dass Sie hier faktenbasierte Informationen verwenden sollten und keine Vermutungen.

#01: Zielgruppe ist [*Beschreibung einfügen*]

Beschreiben Sie, wer genau Ihre Zielkunden sind, nehmen Sie auch gerne die Erkenntnisse aus den Kundeninterviews und der Empathy Map aus Experiment 34 zur Hand.

#02: Wunschergebnisse der Zielgruppe sind [maximal *3 der relevantesten Wünsche hier angeben*]

Geben Sie hier bekannt, welche Ergebnisse sich Ihre Kunden wünschen. Was wollen diese zukünftig erreichen. Wo können Sie in Hinblick auf Zeit sparen, Geld sparen, Status erhöhen, Sicherheit gewinnen etc. unterstützen?

#03: Besondere Vorteile [*Zwei bis drei besondere Vorteile angeben*]

Welche zusätzlichen Vorteile würden meine Kunden begeistern, auch wenn sie nicht zwingend notwendig sind?

#04: Emotionale Gewinne [*geben Sie hier die beiden relevantesten emotionalen Gewinne Ihrer Zielkunden an*]

Welche positiven Gefühle (z. B. Freude, Stolz, Erleichterung, Vertrauen) wollen ihre Kunden erleben?

#05: Praktische Erleichterungen: [*zählen Sie hier die Punkte auf, wo Sie mit Ihrem Wertangebot glauben, eine Erleichterung zu erzielen*]

In welchen Bereichen ihres Alltags oder ihrer Arbeit würden sie sich spürbare Vereinfachungen oder Komfort wünschen?

#06: Soziale Gewinne: [*Angaben zu den sozialen Gewinnen*]

Wie können meine Kunden durch mein Angebot Anerkennung, Zugehörigkeit oder ein besseres Image gewinnen?

4-SCHRITTE-PLAN zur Umsetzung

Ein überzeugendes Wertangebot entsteht nicht im stillen Kämmerlein, sondern Schritt für Schritt, immer im Abgleich zwischen Ihren Stärken, den Bedürfnissen Ihrer Zielgruppe und der Frage, wie daraus ein tragfähiges Geschäftsmodell wird. Oft geht es weniger um „noch mehr Ideen", sondern darum, die entscheidenden Aspekte klar herauszuarbeiten. Die folgenden vier Schritte geben Ihnen einen einfachen und wirkungsvollen Fahrplan, um Ihr Wertangebot zu entwickeln: praktisch, umsetzbar und sofort zu verifizieren.

Schritt 1: Stärken identifizieren

Der erste und wahrscheinlich auch wichtigste Schritt in der Ausgestaltung Ihres Wertangebotes ist eine ehrliche und fundierte Auseinandersetzung mit den Stärken Ihres Unternehmens.

- WORIN ist Ihr Unternehmen außerordentlich gut?
- WAS zeichnet Ihr Unternehmer aus?

Nur wenn Sie genau wissen und dies auch benennen können, worin Ihr Unternehmen kompetent ist und was es leisten kann, sind Sie in der Lage, diese Fähigkeiten in ein zielgerichtetes Angebot für Ihre Kunden zu überführen. Nur so schaffen Sie ein Produkt, das am Markt bestehen kann und echten Mehrwert stiftet. Diese Analyse ist nicht nur der Startpunkt, sondern die strategische Grundlage aller weiteren Schritte in der Geschäftsmodellentwicklung.

Es geht bei der Ausarbeitung nicht nur um technische Kompetenzen oder Produkteigenschaften, sondern um ein umfassendes Bild davon, welches Know-How und welche Fähigkeiten in Ihrem Unternehmen und in Ihrer Belegschaft stecken. Welche besonderen Erfahrungen haben Sie gesammelt? Welche branchenspezifischen Kenntnisse und Referenzen zeichnen Sie aus? Welche Erfolge konnten Sie in der Vergangenheit erzielen, sei es im Rahmen von Kundenprojekten, in der Produktentwicklung oder bei der Optimierung internen Prozesse.

Damit es Ihnen gelingt, die wichtigsten Potenziale sichtbar zu machen, empfehle ich Ihnen strukturiert vorzugehen. Erstellen Sie eine Stärken-Matrix auf Unternehmensebene, in der interne Kompetenzen systematisch erfasst werden. Diese können Sie im Anschluss mit den Marktanforderungen und strategischen Zielen abgleichen.

Analysieren Sie Ihre Leuchtturmprojekte sowie das Feedback Ihrer Kunden und Geschäftspartner. Reflektieren Sie bewusst, ob Selbst- und Fremdbild übereinstimmen. Falls nicht, identifizieren Sie die Ursachen für diese Diskrepanz. Ziel ist es, ein realistisches Bild zu bekommen, wie ihr Unternehmen tatsächlich wahrgenommen wird. Welche Stärken werden beispielsweise in der Praxis besonders geschätzt? Ihr überzeugendes Wertangebot basiert auf dem, was Ihr Unternehmen tatsächlich beherrscht, auszeichnet und einzigartig macht, nicht auf kurzfristigen Trends oder Marktlaunen.

Sie müssen Ihre Stärken kennen, um diese gezielt weiterentwickeln und glaubwürdig kommunizieren zu können. So schaffen Sie die Grundlage für ein marktfähiges und strategisch scharf positioniertes Wertangebot.

EXPERIMENT 35: Stäken-Matrix

Die eigene Stärken-Matrix entwickeln

Ziel in diesem Experiment ist, Ihre unternehmerischen Stärken sichtbar zu machen, welche die Basis für Ihr Wertangebot darstellen. Untenstehend finden Sie eine Tabelle, in der Sie mindestens 10 Stärken Ihres Unternehmens eintragen können. Denken Sie dabei an Ihr fachliches Know-how, Projekterfolge, Kundenfeedback, interne Prozesse oder auch Punkte wie besondere Arbeitsweisen oder Technologien. Reflektieren Sie, welche Stärken von Ihren Kunden besonders geschätzt werden und welche dieser Stärken Sie von Ihrem

Wettbewerber unterscheidet. Überlegen Sie sich auch, welche Stärken Sie in der nächsten Zeit noch entwickeln möchten, um Ihre angestrebten Ziele erreichen zu können.

Tabelle 3: Stärken-Matrix

Unternehmens-Bereich	Stärken & Know-how	Fähigkeiten & Kompetenzen	Mehrwert für Kunden

Schritt 2: Unique Selling Proposition und Differenzierung

Ein überzeugendes Wertangebot entsteht nicht allein durch Qualität und Leistungsbereitschaft, es lebt vor allem von Differenzierung. Die zentrale Frage lautet:

- WAS macht Ihr Unternehmen unverwechselbar und einzigartig? Was ist Ihr USP (Unique Selling Proposition)?
- WAS bieten Sie Ihren Kunden, das andere nicht in gleicher Form leisten?

Hier setzt die Auseinandersetzung mit Ihrem Alleinstellungsmerkmal an. Während der USP eine konkrete, differenzierende Produkteigenschaft beschreibt, geht die UVP (Unique Value Proposition) weiter: Sie umfasst das einzigartige Nutzenversprechen, das Ihr Unternehmen für eine genau definierte Zielgruppe schafft.

Daher mein Rat: Beschäftigen Sie sich intensiv mit Ihrer unternehmerischen UVP. Wofür steht Ihr Unternehmen, und wofür wollen Sie wahrgenommen werden? Dieser Prozess ist sehr eng mit Ihrer Vision verknüpft, die wir bereits in Kapitel 1 behandelt haben. Nehmen Sie Ihre Überlegungen von Experiment 4 nochmals zur Hand und entwickeln Sie diese weiter.

Die Grundlage für ein starkes Alleinstellungsmerkmal ist ein tiefes Verständnis Ihrer Unternehmensbiografie: Welche Geschichte steckt hinter Ihrem Produkt oder Ihrer Dienstleistung? Welche Erfahrungen, kulturellen Werte oder fachlichen Perspektiven prägen Ihr Unternehmen? Diese Herkunft ist oft der Schlüssel zu einer glaubwürdigen, authentischen Positionierung. Zwei Beispiele sollen Ihnen dies verdeutlichen.

Beispiel 1: Vaude - ein deutsches Outdoor-Unternehmen
Es hebt sich durch konsequente Nachhaltigkeit, faire Arbeitsbedingungen und klimaneutrales Wirtschaften vom Wettbewerb ab. Die Marke kommuniziert diese Werte glaubhaft auf allen Kanälen und positioniert sich dadurch klar und zukunftsfähig (57).

Beispiel 2: Rimowa - Hersteller von Premium-Reisekoffern
Es kombiniert Aluminium-Design, Handwerkskunst und Markenästhetik. Das Produkt wird nicht als Gebrauchsgegenstand, sondern als Statement vermarktet, mit großer Wirkung im Luxussegment (58).

Was bedeutet das für Sie? Analysieren Sie, was Ihr Unternehmen anbietet, und vor allem, was Sie dabei anders machen als Ihre Mitbewerber und warum. Welche Sichtweisen, Prozesse oder Kompetenzen kombinieren Sie auf eine Weise, die andere nicht einfach kopieren können. Als Starthilfe und Denkanstoß habe ich Ihnen einige Beispiele für mögliche Differenzierungsmerkmale angeführt.

- Spezifische Fachkompetenz in einer Nische
- Technologische Alleinstellung
- Außergewöhnliches Kundenservice und/oder persönliche Betreuung
- Das Zusammenspiel von unterschiedlichen Disziplinen wie Technik & Design
- Besondere Produktionsweisen wie beispielsweise Lokalität, Nachhaltigkeit oder Bio.

Ich empfehle Ihnen bei der praktischen Umsetzung systematisch vorzugehen: Analysieren Sie Schritt für Schritt, wie sich Ihr Unternehmen vom Mitbewerber abhebt.

Ein klares Alleinstellungsmerkmal ist kein Zufallsprodukt. Es ist das Ergebnis von Selbstreflexion, strategischer Schärfung und konsequenter Kommunikation. Es liegt an der Schnittstelle zwischen dem, was Sie exzellent können, und dem, was Ihre Zielgruppe tatsächlich schätzt und wofür sie bereit ist zu zahlen. Unternehmen, die ihren Markenkern klar vermitteln, schaffen Vertrauen und damit die Basis für nachhaltigen Markterfolg.

Schritt 3: Marktnachfrage und Validierung

Ein starkes Wertangebot ist nur dann erfolgreich, wenn es ein reales Problem Ihrer Kunden löst oder ein konkretes Bedürfnis befriedigt, das am Markt auch existiert. Meine Erfahrungen aus der Praxis zeigen, dass viele gute Ideen nicht an mangelnder Qualität scheitern, sondern daran, dass sie an den Bedürfnissen der Zielgruppe vorbeigehen. Deshalb ist die Frage: Was braucht der Markt? zentral für jedes Unternehmen, das Produkte oder Dienstleistungen marktfähig entwickeln will.

Ein bewährter Ansatz aus der Praxis, der sehr positiv aufgenommen wird und relativ einfach anzuwenden ist, ist es, sich zu fragen: Welche Aufgaben will mein Kunde erledigt haben? Kunden haben unterschiedliche Aufgaben, die sie als unangenehm empfinden oder für die ihnen Know-how und Ressourcen fehlen. Wenn Sie diese Aufgaben übernehmen, lösen Sie ein echtes Problem und schaffen einen klaren Mehrwert.

Ein bereits bekanntes, jedoch sehr anschauliches und einfaches Beispiel soll Ihnen mehr Klarheit geben, was gemeint ist. Kunden kaufen keine Bohrmaschine, weil sie an der Technik so interessiert sind. Sie kaufen sie, weil sie ein Loch für ein Regal in der Wand haben möchten, um es befestigen zu können. Genau genommen wollen sie auch kein Loch in der Wand, sondern ein montiertes Regal, das fertig aufgestellt ist. Anhand dieser Erkenntnisse ergeben sich neue Möglichkeiten für Sie als Unternehmer: Statt nur das Gerät, also die Bohrmaschine, zu verkaufen, könnten Sie einen Montageservice anbieten. Damit sprechen Sie eine neue Zielgruppe an und erzielen höhere Margen durch den erweiterten Nutzen.

Lassen Sie diesen Perspektivenwechsel bewusst zu. Konzentrieren Sie sich nicht nur auf die Eigenschaften Ihres Produkts, sondern gezielt auf den Nutzen, den Sie für Ihre Zielgruppe stiften. Airbnb hat diesen Ansatz früh erkannt: Reisende suchten nicht nur eine Unterkunft, sondern persönliche Erlebnisse, ein „Zuhause auf Zeit", ein

Bedürfnis, das klassische Hotels nur eingeschränkt erfüllen können.

Wenn Sie Ihr Wertangebot entwickelt haben, sollten Sie dieses testen, bevor Sie in die Umsetzung gehen. Verlassen Sie sich nicht nur auf Ihr Bauchgefühl, sondern prüfen Sie Ihre Annahmen im Markt. Nachfolgend habe ich Ihnen kurz drei unterschiedliche Ansätze angeführt, mit denen Sie starten können.

- **Kundeninterviews**: So einfach es auch klingen mag, suchen Sie bewusst das Gespräch mit Ihren Kunden, um deren Sichtweise und Bedürfnisse besser zu verstehen. Fragen Sie potenzielle Nutzer, was diese von Ihrer Produktidee halten, und bekommen Sie dadurch frühzeitig Feedback zu Ihrer Idee. Nutzen Sie das Feedback, um entsprechende Anpassungen vorzunehmen, sodass Ihr Produkt am Markt akzeptiert wird.
- **Online-Umfragen:** Nutzen Sie digitale Tools und soziale Medien, um rasch Feedback zu Ihren Hypothesen einholen zu können.
- **MVP-Test** (Minimum Viable Product): Entwickeln Sie eine stark reduzierte Version Ihres Angebots nur mit den Kernfunktionen. Damit erhalten Sie erste echte Kundenreaktionen und können gezielt darauf reagieren, bevor Sie in die Weiterentwicklung investieren (41).

Ein Unternehmen, das sich intensiv mit Ihrer Marktrelevanz beschäftigt, gewinnt nicht nur Klarheit darüber, was angeboten werden soll, sondern auch darüber, wie es angeboten werden muss, damit der Markt es annimmt. Dabei geht es nicht um Perfektion, sondern um Lernschleifen: Hypothesen aufstellen, testen, lernen, anpassen. So nähert sich das Wertangebot Schritt für Schritt dem idealen Fit für die Zielgruppe an.

Mein Fazit für Sie: Der Markt bestimmt letztlich, was relevant ist, nicht Sie als Unternehmer oder Ihr Unternehmen als solches. Wenn Sie es schaffen, die Sprache Ihrer Kunden zu sprechen, deren Herausforderungen zu verstehen und Ihre Lösung exakt daran auszurichten, haben Sie die besten Chancen, mit Ihrem Angebot nicht nur sichtbar, sondern auch erfolgreich zu werden.

EXPERIMENT 36: NUTZENVERSPRECHEN

IHR NUTZENVERSPRECHEN AUF DEN PUNKT GEBRACHT

Formulieren Sie Ihr Nutzenversprechen in einem Satz. Das Ziel hier ist, mit einem klaren und verständlichen Wertangebot beim Kunden sofort Resonanz zu erzeugen. Beantworten Sie dabei folgende drei Fragen und fassen Sie die Antworten in einem Satz zusammen.

WAS bieten Sie an?

....

Für **WEN** ist Ihr Angebot gedacht?

....

WELCHES konkrete **PROBLEM** lösen Sie damit bzw. welchen **NUTZEN** stiften Sie damit?

....

Finaler Satz:

„Wir helfen ____________________ (Zielgruppe), die ____________________ (welches Problem / Bedürfnis) haben, durch ____________________ (Ihre Lösung) ____________________ (konkreten Nutzen / Verbesserung) zu erreichen."

Ein Beispiel, wie ein Nutzenversprechen aussehen kann: „Wir helfen Einzelunternehmern im Dienstleistungsbereich, die online zu wenig sichtbar sind und dadurch kaum Anfragen erhalten, durch eine gezielte LinkedIn-Strategie und Content-Planung, regelmäßige Kundenanfragen und eine klare Positionierung aufzubauen."

Schritt 4: Monetarisierung und Ertragsmodell

Bisher haben wir den Fokus auf die Entwicklung Ihres zielgerichteten Wertangebots gelegt. Im letzten Schritt geht es darum, dessen wirtschaftliche Tragfähigkeit sicherzustellen. Denn selbst das beste Angebot bleibt wirkungslos, wenn es nicht in ein tragfähiges Ertragsmodell eingebettet ist.

Die entscheidende Frage an dieser Stelle lautet: Wie wird aus dem geschaffenen Nutzen ein finanzieller Wert? Oder anders formuliert: Wofür sind Ihre Kunden bereit zu bezahlen, und wie lässt sich daraus ein stabiles Geschäftsmodell formen?

Um diese Frage zu beantworten, müssen zwei Dimensionen zusammengeführt werden: die Zahlungsbereitschaft Ihrer Zielgruppe und die wirtschaftliche Umsetzung auf Unternehmensseite. Eine frühe Validierung der Zahlungsbereitschaft ist entscheidend. Es reicht nicht, wenn Kunden Ihre Produkte oder Dienstleistungen interessant finden, sie müssen bereit sein, dafür tatsächlich Geld auszugeben.

Zur Monetarisierung stehen Ihnen heute zahlreiche Ertragsmodelle zur Verfügung wie beispielsweise:

- **Einmalverkauf** (klassisches Modell bei Konsumgütern): Der Kunde zahlt einmalig für ein Produkt, das ihm danach gehört.
- **Subscription-Modell**: Mit diesem Modell setzen Sie auf die Nutzung statt des Eigentums. Die Kunden zahlen dabei kontinuierlich für die Nutzung. Diese Form ist besonders beliebt im Software- und Dienstleistungsbereich. Ein prominentes

Beispiel ist Adobe, das seine Creative Suite nicht mehr verkauft, sondern im Rahmen eines monatlichen Abos zur Verfügung stellt. Dadurch wird nicht nur der Cashflow stabilisiert, sondern auch die Kundenbindung erhöht.

- **Freemium Modelle**: Hier wird eine kostenlose Basisversion mit einem kostenpflichtigen Premium-Angebot kombiniert. Spotify ist ein sehr erfolgreicher Anwender dieses Geschäftsmodells. Die Monetarisierung basiert auf zwei Ertragsquellen: Werbeeinnahmen im kostenlosen Modell und Abonnementgebühren im Premium-Modell. Spotify hat damit gezeigt, wie sich ein skalierbares Geschäftsmodell aufbauen lässt, das auch für unterschiedlich zahlungsbereite Zielgruppen attraktiv ist.
- Darüber hinaus gibt es noch viele weitere Möglichkeiten wie Lizenzierungen, Beratung, Pay per Use oder Plattformmodell, um nur einige aufzuzählen.

Wählen Sie Ihr Modell je nach Branche und Zielgruppe, oft sind auch Kombinationen sinnvoll.

Ziel ist es, so früh wie möglich zu testen, ob das gewählte Modell funktioniert oder ob Sie gegebenenfalls nachjustieren müssen. Bedenken Sie, dass ein Unternehmen nicht nur von der Qualität seines Angebots allein lebt, sondern von der Fähigkeit, daraus wiederkehrenden wirtschaftlichen Wert zu schöpfen. Ein durchdachtes Geschäftsmodell mit einer klaren Ertragslogik schafft die Basis für Rentabilität, Investitionen und Weiterentwicklung. Erst wenn der Nutzen Ihrer Produkte und die Monetarisierung zusammenpassen, wird aus Ihrer Idee auch ein tragfähiges Geschäftsmodell.

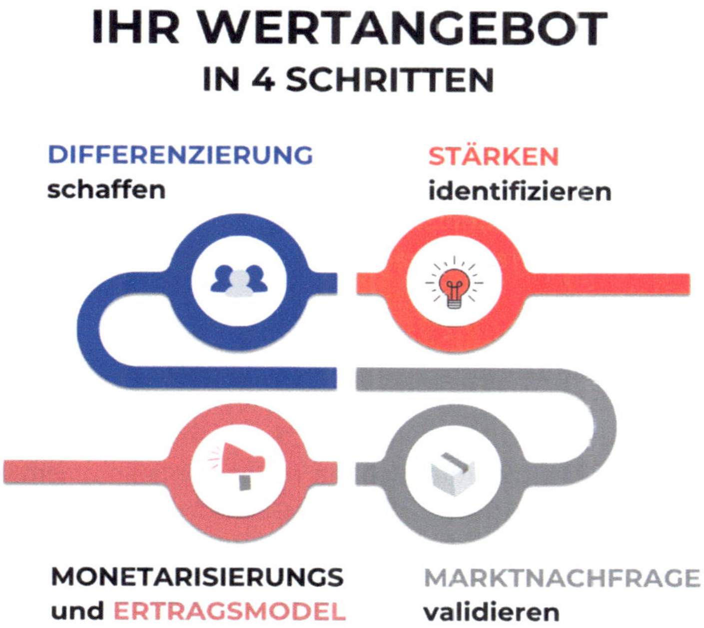

Abbildung 18: Der 4 Schritte Plan zu Ihrem Wertangebot

Fazit: 4-Schritte Plan
So entsteht ein Angebot, das Kunden lieben und bezahlen

Ein überzeugendes Wertangebot entsteht an den Schnittstellen zwischen Ihren Stärken, einer klaren Differenzierung, der echten Nachfrage Ihrer Zielgruppe und einem tragfähigen Ertragsmodell. Wenn Sie diese vier Bausteine konsequent kombinieren, schaffen Sie ein Nutzenversprechen, das nicht nur begeistert, sondern auch langfristig wirtschaftlich erfolgreich ist.

STOLPERFALLEN

Vielen kleinen und mittleren Unternehmen und selbst international tätigen Konzernen unterlaufen bei der Entwicklung ihres Wertangebots des Öfteren gravierende Fehler. Diese entstehen meist nicht durch mangelndes Engagement, sondern durch fehlende Kundenorientierung, unzureichende Validierung oder überholte Annahmen über die tatsächlichen Bedürfnisse der Zielgruppe. Die fünf häufigsten Fehler, die aus der Praxis bekannt sind, habe ich hier für Sie zusammengefasst.

Fehler 1: Am Kunden vorbei entwickelt und somit kein echtes Problem gelöst.

Viele Unternehmen entwickeln Produkte aus technischer Begeisterung heraus, ohne zu prüfen, ob ein reales Kundenproblem gelöst wird. Ein berühmtes Beispiel ist Google Glass. Trotz innovativer Technologie fehlte der Alltagsnutzen, es mangelte an der Akzeptanz der Konsumenten (59).

Fehler 2: Produktverliebtheit statt Nutzerfokus

Segway war technisch wegweisend, doch das Unternehmen konzentrierte sich zu stark auf das Produkt selbst und vernachlässigte die Frage, welchen konkreten Mehrwert es für die breite Zielgruppe liefert. Das Ergebnis war ein Nischenprodukt ohne marktrelevanten Anwendungsfall im Alltag (60).

Fehler 3: Unklare Zielgruppe, niemand fühlt sich angesprochen

Pepsi versuchte mit Pepsi AM in den 1980er-Jahren, ein koffeinreiches Frühstücksgetränk zu etablieren. Die Zielgruppe wurde nicht verstanden, das Produkt scheiterte (61).

Fehler 4: Kein tragfähiges Ertragsmodell

Beepi, ein Startup für den digitalen Gebrauchtwagenverkauf, bot ein starkes Nutzenversprechen (bequemer, sicherer Autoverkauf ohne

Zwischenhändler), konnte es jedoch wirtschaftlich nicht nachhaltig monetarisieren. Das Unternehmen scheiterte trotz großer Finanzierung (62).

Fehler Nr. 5: Zu früh, zu komplex
Quibi, eine mobile Streaming-Plattform für kurze Serienepisoden, scheiterte trotz Milliardeninvestition. Der Nutzen blieb unklar, der Markt war noch nicht bereit (63).

Wie können Sie diese Fehler vermeiden? Dazu einige Hinweise, die ich auch meinen Kunden wärmstens empfehle, um sie vor finanziellen Verlusten zu bewahren.

Starten Sie immer beim Kunden, nicht bei der Idee: Verwenden Sie dabei bewährte Instrumente wie das Value Proposition Canvas oder die Jobs-to-be-Done-Methode, um zu verstehen, was Ihre Zielgruppe wirklich braucht. Führen Sie so früh wie möglich Interviews mit Ihren Kunden oder zukünftigen Nutzern, beobachtet Sie das Kundenverhalten und finden Sie die echten Schmerzpunkte heraus. Hier können Sie sehr konkret mit Ihrem Wertangebot ansetzen und einen entsprechenden Nutzen für Ihre Kunden stiften.

Testen Sie früh und arbeiten Sie nach dem Ansatz des Minimum Viable Products (MVPs): Gestalten Sie kostengünstige Landing Pages oder definieren Sie gezielt Pilotkunden. Holen Sie sich echtes Feedback, bevor Sie Ihre Ressourcen in die Vollentwicklung stecken.

Klarheit vor Kreativität: Formulieren Sie Ihr Wertversprechen verständlich und prägnant. Vermeiden Sie technische Fachsprache und formulieren Sie Ihr Nutzenversprechen so, dass es in einem Satz für Laien verständlich ist, so wie Sie es in Experiment 36: Nutzenversprechen, bereits einmal umgesetzt haben.

Schärfen Sie Ihre Zielgruppe: Richten Sie Ihr Wertangebot an eine konkrete Zielgruppe mit einem spezifischen Problem aus. Nutzen Sie dazu die Werkzeuge wie Personas, Zielgruppenprofile wie die Empathy Map sowie Segmentierungen und machen Sie es sich zur Gewohnheit, diese in regelmäßigen Abständen zu überprüfen.

Hinterfragen Sie fortwährend Ihr Ertragsmodell: Ein starkes Nutzenversprechen ist nur dann wirksam, wenn es wirtschaftlich umsetzbar ist. Arbeiten Sie dazu mit dem Business Model Canvas, um die Einnahmequellen, Kostenstruktur und Zahlungsbereitschaft zu analysieren, und justieren Sie bei Bedarf nach.

Die konsequente Orientierung an echten Kundenbedürfnissen, die frühzeitige Validierung und ein klares Geschäftsmodell sind entscheidend für die nachhaltige Wirkung Ihres Wertangebotes.

Fazit: Stolperfallen
So gelingt Ihr Wertangebot

Die drei größten Stolperfallen bei der Entwicklung eines Wertangebots sind: am Kunden vorbei zu entwickeln, sich in Produktverliebtheit zu verlieren und ein unzureichendes Ertragsmodell zu wählen. Wer diese Fehler vermeidet, indem er konsequent den Kundennutzen in den Mittelpunkt stellt, früh validiert und eine klare Monetarisierung sicherstellt, schafft ein Wertangebot, das langfristig trägt und überzeugt.

IN A NUTSHELL: Ein WERTANGEBOT das Nutzen stiftet. So treffen Sie den Nerv Ihrer Kunden

- Ein starkes Wertangebot ist das Herzstück Ihres Geschäftsmodells und entscheidet, ob Kunden bei Ihnen oder beim Mitbewerb kaufen.
- Ziel ist es, ein Angebot zu entwickeln, das die identifizierten Pains beseitigt und Gains ermöglicht. Fokussiert statt ein Bauchladen und Klarheit statt Feature-Dschungel.
- Pain Killers reduzieren Frust, Aufwand und Risiko, Gain Creators steigern Effizienz, Image und Lebensqualität, und Jobs to be Done richten den Blick auf die echte Aufgabe der Kunden.
- Wer sein Wertangebot nicht schärft, riskiert Kaufzurückhaltung, Preiskampf und interne Unschärfe. Erfolgreiche Beispiele wie Zalando zeigen dagegen, wie das Eliminieren des größten Pains zu Wachstum führt.

Kapitel 8: Vom Wertangebot zur WERTSCHÖPFUNG

WIE werden Ihre Produkte hergestellt?

Die Entwicklung und Bereitstellung eines Produkts oder einer Dienstleistung ist ein vielschichtiger Prozess, der weit mehr als nur die reine Idee oder das Endergebnis umfasst. Dabei sind zahlreiche Schritte erforderlich, von kleinen, unscheinbaren Handlungen bis hin zu umfangreichen und komplexen Abläufen. Oft wird das Ausmaß dieser Prozesse erst dann bewusst, wenn Herausforderungen auftreten oder Termine nicht eingehalten werden können.

Ein strategischer und vorausschauender Ansatz ist daher unerlässlich. Jeder einzelne Schritt, der im Rahmen der Herstellung oder Erbringung durchlaufen werden muss, sollte klar identifiziert, strukturiert und dokumentiert werden. Dies ermöglicht nicht nur eine realistische Einschätzung der eigenen Kapazitäten, sondern zeigt auch auf, inwieweit externe Akteure wie Partner oder Netzwerke in den Prozess eingebunden werden müssen.

Wie diese einzelnen Elemente ineinandergreifen, wer daran beteiligt ist und welche Abhängigkeiten entstehen können, bilden den zentralen Fokus dieses Kapitels. Ziel ist es, Ihnen ein umfassendes Verständnis für die Dynamik und die Anforderungen der Produkt- und Dienstleistungserstellung zu vermitteln.

Es geht schließlich darum, Ihre Idee in ein verkaufsfähiges Produkt zu verwandeln. Ein Angebot, das echten Nutzen stiftet und Ihre Kunden begeistert. Aus Ihren Gedanken wird etwas Greifbares, das Mehrwert schafft und am Markt überzeugt.

Schlüssel-RESSOURCEN

Ohne die richtigen Ressourcen bleibt selbst die beste Idee nur ein Konzept. Schlüssel-Ressourcen sind die Bausteine, die Ihr Wertangebot erst möglich machen. Sie erlauben es Ihnen, Kunden zu erreichen, Kanäle zu bedienen, Beziehungen zu pflegen und Einnahmen zu erzielen. Mit anderen Worten: Sie sind das Fundament, auf dem Ihr gesamtes Geschäftsmodell steht.

In Anlehnung an Alexander Osterwalder aus Business Model Generation (64) kann man dies treffend zusammenfassen: „Ein Unternehmen ist mehr als seine Produkte, es sind seine Ressourcen und Fähigkeiten, die sein Schicksal bestimmen."

Genau deshalb widmen wir uns in diesem Kapitel den Schlüssel-Ressourcen. Wir betrachten drei zentrale Fragen: Welche Ressourcen brauchen Sie wirklich? Wie bewerten Sie deren Bedeutung? Und wie setzen Sie diese gezielt ein, um Wachstum und Erfolg zu sichern?

Ressourcen identifizieren

Bevor Sie Ressourcen bewerten und gezielt einsetzen können, müssen Sie zunächst Klarheit schaffen, welche Ressourcen dafür überhaupt notwendig sind, damit Ihr Geschäftsmodell funktioniert. Man unterscheidet dabei vier Hauptkategorien:

- **Physische Ressourcen** wie Maschinen, Produktionsstätten oder Fahrzeuge.
- **Immaterielle Werte** wie Markenrechte, spezielle Software, interne Prozesse oder Fachwissen.
- **Menschliche Ressourcen**, insbesondere in wissens- und dienstleistungsintensiven Branchen, wo Erfahrung, Teamkompetenz und Netzwerke eine zentrale Rolle spielen.
- **Finanzielle Ressourcen**, etwa Liquidität, Investitionen oder Kreditlinien, die in Wachstumsphasen von Bedeutung sind.

Gerade in der Frühphase neigen viele Gründer dazu, Ressourcen zu unterschätzen oder sich auf die Falschen zu konzentrieren. Ein Start-up im Bereich 3D-Druck braucht beispielsweise nicht sofort eine eigene Produktionshalle, sondern zunächst hochqualifizierte Entwickler und eine verlässliche Softwareplattform. Die größte Ressource ist hier nicht die Maschine, sondern das Know-how.

Entscheidend ist nicht die schiere Menge an Ressourcen, sondern deren strategische Relevanz: Welche Mittel ermöglichen es Ihnen, den Hauptnutzen für Ihre Kunden zu schaffen und zu liefern? Eine bewusste Auseinandersetzung mit Ihren Schlüssel-Ressourcen ist hier erfolgsentscheidend: Sie erkennen, worin Ihre Stärken liegen, welche Ressourcen Sie besonders schützen müssen und wo gegebenenfalls Ergänzungen oder externe Partnerschaften sinnvoll sind.

Wie unterschiedlich Schlüssel-Ressourcen ausgestaltet sein können, zeigen Beispiele erfolgreicher Unternehmen:

- **Apple** etwa baut auf immaterielle Ressourcen wie seine starke Marke, einzigartiges Design-Know-how und eigene Technologieentwicklungen wie die A-Chips. Diese Ressourcen sind schwer kopierbar und genau das verschafft Apple eine nachhaltige Marktposition.

- **Amazon** punktet mit einem globalen Logistiknetzwerk, leistungsfähiger IT-Infrastruktur und riesigen Datenmengen, die es erlauben, Kundenerlebnisse präzise zu gestalten.

- **Tesla** setzt auf technologische Exzellenz, ein eigenes Ladenetzwerk und ein innovationsgetriebenes Team. All diese Ressourcen machen es möglich, Trends nicht nur zu folgen, sondern aktiv mitzugestalten.

“Ein Unternehmen ist mehr als seine Produkte, es sind seine Ressourcen und Fähigkeiten, die sein Schicksal bestimmen”

Alexander Osterwalder (64)

Ressourcen bewerten

Nicht jede Ressource ist gleich wichtig. Manche sind austauschbar, andere wiederum sind extrem kritisch für die Herstellung Ihres Wertangebots. Die Kunst besteht darin, die Schlüsselfaktoren von den „Nice-to-haves“ zu unterscheiden.

Um nicht an Boden zu verlieren und das Wertangebot aufrecht halten zu können bzw. in der Lage zu sein dieses weiter auszubauen ist es klug, sich in regelmäßigen Abständen mit den folgenden Fragen auseinanderzusetzen:

- **Wertbeitrag**: Trägt die Ressource direkt dazu bei, Ihr Nutzenversprechen einzulösen? Ist sie zur Erstellung Ihres Wertangebots unverzichtbar?
- **Seltenheit**: Ist diese Ressource einzigartig oder schwer kopierbar? Was ist Ihr Unfair Advantage (44) und somit Ihr entscheidender Hebel für eine langfristige Differenzierung.
- **Kosten-Nutzen-Verhältnis**: Stehen Aufwand und Ertrag in einem gesunden Verhältnis?

Wenn Sie auf diese Fragen klare Antworten finden, verschaffen Sie sich einen entscheidenden Vorteil: Sie erkennen, wo Ihre Stärken liegen, wie Sie diese weiterentwickeln können und welche Ressourcen für Ihren zukünftigen Erfolg besonders kritisch sind. Schlüssel-Ressourcen sind keine statische Größe. Sie entwickeln sich weiter, genauso wie Ihr Unternehmen. Es lohnt sich also, regelmäßig zu reflektieren, wo Sie stehen, was Sie brauchen und worin Ihre tatsächliche Stärke liegt.

Ressourcen gezielt einsetzen

Das Identifizieren und Bewerten ist nur der Anfang. Entscheidend ist, wie Sie Ihre Ressourcen gezielt nutzen. Manche sollten Sie unbedingt intern kontrollieren und nicht aus der Hand geben, andere wiederum können Sie über Partner abdecken.

Wenn Sie Ihre Ressourcen identifiziert und bewertet haben, beginnt die eigentliche strategische Arbeit, nämlich deren gezielter Einsatz. Viele Unternehmer machen den Fehler, Ressourcen wahllos und zu wenig bedacht einzusetzen oder auch sich zu verzetteln. Der wahre Erfolg entsteht hingegen, wenn Sie Ihre Schlüssel-Ressourcen bewusst steuern und so einsetzen, dass sie den größten Hebel für Ihr Geschäftsmodell entfalten können.

Ein typischer Denkfehler, den ich häufig bei Kundengesprächen höre, ist: „Wenn ich mehr Ressourcen habe, bin ich automatisch erfolgreicher." Doch das Gegenteil ist oft der Fall. Zu viele Ressourcen können lähmen, wenn sie nicht klar priorisiert und gezielt eingesetzt werden. Es geht also nicht immer um Quantität, sondern um Qualität und vor allem um einen gezielten Einsatz.

Interne Kontrolle vs. externe Partnerschaften

Nicht jede Ressource müssen Sie selbst besitzen. Fragen Sie sich: Welche Ressourcen sind so kritisch für Ihr Geschäftsmodell, dass Sie diese niemals aus der Hand geben dürfen? Und bei welchen Ressourcen macht es wiederum Sinn, auf starke Partner zu setzen? Ein Startup im Bereich Robotik sollte seine Kernkompetenz, die Algorithmen und Softwareentwicklung, niemals auslagern. Die Produktion der Hardwarekomponenten hingegen kann effizient über Partner laufen.

Mehrfachnutzung vorhandener Ressourcen

Oft liegen große Potenziale brach, weil Ressourcen nur eindimensional genutzt werden. Schauen Sie bewusst, wo eine Ressource in mehreren Bereichen Ihres Geschäftsmodells Wert schaffen kann.

Kundendaten sind nicht nur für das Marketing wertvoll, sondern auch für Produktentwicklung und Kundenservice. Wenn Sie wissen, wie Ihre Nutzer Ihr Produkt tatsächlich verwenden, können Sie dieses zielgerichtet verbessern und um Services ergänzen.

Abbildung 19: In 3 Stufen zu Ihren Schlüssel-Ressourcen

Bewusste Investitionen in zukünftige Schlüssel-Ressourcen
Manche Ressourcen sind heute vielleicht noch nicht entscheidend, werden es jedoch morgen sein. Wer rechtzeitig investiert, verschafft sich einen entscheidenden Vorsprung. Unternehmen, die frühzeitig in Nachhaltigkeit und CO_2-neutrale Prozesse investiert haben,

profitieren heute von klaren Wettbewerbsvorteilen und erfüllen regulatorische Anforderungen, die andere mühsam aufholen müssen.

EXPERIMENT 37: Schlüssel-Ressourcen

RESSOURCEN ZUR ERSTELLUNG DES WERTANGEBOTS

Welche Ressourcen machen Ihr Wertangebot erst möglich? Welche davon besitzen Sie bereits und welche könnten Sie über Partner beziehen?

Notwendige Ressourcen: ....

....

Ressourcen, die ich besitze und mich **einzigartig** machen: ....

....

Ressourcen, die ich über **Partner** beziehen sollte: ....

....

Fazit: Schlüssel-RESSOURCEN

Ressourcen: Das Fundament Ihres Geschäftsmodells

Ein starkes Geschäftsmodell lebt nicht von der Menge, sondern von der klugen Auswahl und dem gezielten Einsatz seiner Schlüssel-Ressourcen. Wer diese regelmäßig reflektiert, bewusst priorisiert und konsequent auf den Kundennutzen ausrichtet, schafft die Grundlage für nachhaltigen Erfolg und Differenzierung am Markt.

Schlüssel-PARTNER

Als Unternehmer tragen Sie viel Verantwortung, doch niemand muss und sollte alles allein stemmen. Wenn Sie Ihr Geschäftsmodell effizient und nachhaltig betreiben wollen, dann ist es entscheidend, sich mit dem Thema Schlüssel-Partner auseinanderzusetzen. Denn starke Partner verschaffen Ihnen Zugang zu Ressourcen, Kompetenzen oder Märkten, die Sie selbst nicht oder nur schwer erreichen würden.

Schlüssel-Partner können zum Beispiel externe Organisationen, Dienstleister, Einzelpersonen oder Netzwerke sein, mit denen Sie gezielt zusammenarbeiten, um Ihr Wertangebot herzustellen, Ihre Prozesse zu optimieren oder Ihren Marktzugang zu verbessern. Dabei geht es nicht um beliebige Kooperationen, sondern um strategische Partnerschaften, die für Ihre Wertschöpfung tatsächlich wesentlich sind.

Die Rolle von Schlüssel-Partnern verstehen

Partnerschaften können unterschiedliche Formen annehmen: Sie können Lieferanten sein, Vertriebspartner, Technologieanbieter, Lizenzgeber oder Expertennetzwerke. Manche bringen Ressourcen ein, andere Know-how oder Marktzugang und manche helfen einfach dabei, Risiken zu teilen oder Fixkosten zu senken.

Damit Sie Ihre Schlüssel-Partner gezielt auswählen, ist es wichtig, zuerst die Schnittstellen zu erkennen: Wo in Ihrem Geschäftsmodell gibt es Abhängigkeiten? Wo sind Sie auf externe Beiträge angewiesen und wo könnten Partner nicht nur entlasten, sondern echten Mehrwert stiften?

Ein Blick in die Praxis zeigt, wie wirkungsvoll strategische Partnerschaften sein können:

- Zalando, einer der größten Onlinehändler für Mode in Europa, setzt auf ein weit verzweigtes Netz an Logistik- und Technologiepartnern. Das Unternehmen betreibt nicht alle Lager selbst, sondern nutzt spezialisierte Fulfillment-Dienstleister, um flexibel skalieren zu können. Gleichzeitig arbeitet Zalando mit externen Markenpartnern, um ein riesiges Sortiment ohne eigenes Lager anbieten zu können (65).
- Spotify, die weltweit führende Musikstreaming-Plattform, profitiert enorm von den Lizenzverträgen mit Plattenfirmen und Verwertungsgesellschaften. Diese Partnerschaften sind das Rückgrat des gesamten Geschäftsmodells, ohne sie gäbe es keine Inhalte, und damit keinen Kundennutzen. Darüber hinaus kooperiert Spotify mit Plattformpartnern wie Facebook oder Google, um Reichweite und Datenbasis zu erweitern (66).
- LEGO wiederum zeigt, wie kreative Partnerschaften völlig neue Märkte erschließen können: Die Kooperation mit Warner Brothers (für „LEGO Batman" oder „LEGO Harry Potter") oder mit Disney (für „Star Wars") hat das Unternehmen nicht nur im Spielwarenbereich gestärkt, sondern auch als Entertainmentmarke weltweit positioniert. Die Lizenzpartnerschaften bringen nicht nur neue Produkte, sondern auch enorme emotionale Markenbindung mit sich (67).

Was können Sie daraus für Ihr Unternehmen ableiten?

- Schlüssel-Partner helfen Ihnen dabei, schneller ans Ziel zu kommen und oft auch weiter, als Sie das selbst könnten.
- Sie sparen Ressourcen, erhöhen Ihre Schlagkraft und können flexibel auf Marktveränderungen reagieren.
- Und nicht zuletzt: Sie holen sich Expertise und Erfahrung ins Boot, ohne sie selbst aufbauen zu müssen.

Den richtigen Partner identifizieren

Nicht jede Partnerschaft ist ein Gewinn und nicht jeder potenzielle Partner passt zu Ihrem Geschäftsmodell. Um die richtigen Partner zu finden, brauchen Sie Klarheit über Ihre eigenen Bedürfnisse und Ziele. Partnerschaften sollten kein Selbstzweck sein, sondern immer einen erkennbaren Mehrwert stiften, wie beispielsweise den Zugang zu Ressourcen, Kostenvorteile, schnellere Umsetzung oder zusätzliche Glaubwürdigkeit im Markt. Stellen Sie sich deshalb drei zentrale Leitfragen, wenn es um die Auswahl Ihrer Geschäftspartner geht:

1) Welche Aktivitäten können Partner besser, günstiger oder schneller leisten? Prüfen Sie vorab, wo externe Spezialisten Effizienz und Qualität steigern können, ohne dass Sie selbst diese Kompetenzen aufbauen müssen.
2) Wo brauchen Sie Zugang zu Ressourcen, die Sie selbst nicht besitzen? Häufig sind es Technologien, Netzwerke oder Marktzugänge, die Sie allein nicht stemmen können.
3) Welche Partner verleihen Ihnen mehr Glaubwürdigkeit und Vertrauen bei Ihren potenziellen neuen Kunden? Ein bekannter Name an Ihrer Seite kann Türen öffnen, die Ihnen sonst verschlossen bleiben.

Der Bezug zu Ihren Schlüssel-Ressourcen ist dabei entscheidend. Partner ergänzen oft genau die Elemente, die Ihnen fehlen. Haben Sie etwa starke technische Kompetenzen, doch keine Vertriebskanäle, dann ist ein Partner mit Marktzugang wertvoller als jede zusätzliche Technologie.

Doch Achtung! Nicht jede Partnerschaft ist vorteilhaft. Falsche Partner können Sie in Abhängigkeiten führen, Werte-Konflikte hervorrufen oder unerwartete Kosten verursachen. Deshalb gilt: Prüfen Sie nicht nur das „Was bringt mir der Partner?“, sondern auch: „Passt er wirklich zu mir?“ Ein Werte-Mismatch mag kurzfristig ertragreich wirken, wird jedoch langfristig Ihre Marke schwächen.

Um die richtigen Partner gezielt zu identifizieren, helfen praktische Tools wie die Partner-Map (30) oder das Ecosystem-Canvas (31). Mit einer Partner-Map visualisieren Sie, welche bestehenden und potenziellen Partner Sie unterstützen können, sei es bei Ressourcen, Aktivitäten oder Marktpositionierung. Das Ecosystem-Canvas geht noch einen Schritt weiter. Es zeigt, wie Ihr Unternehmen in einem größeren Netzwerk eingebettet ist, wer welche Rolle spielt und wo Synergien entstehen können.

Eine durchdachte Partnerstrategie bedeutet, dass Sie weniger dem Zufall überlassen und mehr mit System arbeiten. Mit den richtigen Partnern an Ihrer Seite haben Sie nicht nur Unterstützer, sondern zusätzlich auch Mitgestalter Ihres Erfolgs.

EXPERIMENT 38: Partner-Map

Entwickeln Sie Ihre individuelle Partner-Map

Erstellen Sie eine Liste Ihrer aktuellen Partner und beantworten Sie für jeden: Wer liefert welche Ressourcen? Wer verschafft Zugang zu Kunden und wer unterstützt bei Technologie oder Finanzierung? Wer birgt welche Risiken?

Tabelle 4: Partner-Map

	Ressource	Kundenzugang	Technologie / Finanzen	Risiko
Partner 1				
Partner 2				
Partner 3				
Partner 4				
Partner 5				

Partnerschaften erfolgreich gestalten
Eine Partnerschaft ist schnell vereinbart, doch erst ihre Gestaltung entscheidet, ob sie langfristig zum Erfolg führt. Gute Partnerschaften brauchen hingegen mehr als ein Handschlaggefühl. Sie erfordern klare Absprachen, gegenseitiges Vertrauen und die Bereitschaft, den gemeinsamen Weg immer wieder zu überprüfen.

Abbildung 20: 4 Tipps wie Sie Partnerschaften erfolgreich gestalten

Tipp 1: Evaluieren Sie die Partnerschaft regelmäßig
Auch die beste Partnerschaft ist kein Selbstläufer. Märkte verändern sich, Strategien ändern sich, und manchmal entwickeln sich Partner auseinander. Prüfen Sie daher regelmäßig, ob die Partnerschaft noch ihren ursprünglichen Zweck erfüllt und welche Anpassungen nötig

sind. Ein einfaches Jahresgespräch kann hier viel Klarheit schaffen, oft genügt schon das offene Ansprechen kleiner Spannungen, um größere Konflikte zu vermeiden.

Gute Partnerschaften beruhen auf Vertrauen, Klarheit und gemeinsamer Zielsetzung. Wenn Sie Ihre Schlüssel-Partner mit Bedacht auswählen und professionell managen, wird aus einem funktionierenden Geschäftsmodell ein kraftvolles Netzwerk mit mehr Wirkung, mehr Effizienz und mehr Chancen auf nachhaltigen Erfolg.

Tipp 2: Treffen Sie klare Vereinbarungen
Zu Beginn jeder Partnerschaft sollten die Spielregeln klar sein. Legen Sie schriftlich fest, welche Ziele Sie gemeinsam verfolgen, welche Rollen jede Partei übernimmt und welche Rechte und Verantwortlichkeiten damit verbunden sind. Das klingt formal, schützt jedoch beide Seiten vor Missverständnissen. Ein klares Commitment verhindert, dass Erwartungen auseinanderdriften, gerade dann, wenn das Geschäft wächst oder komplexer wird.

Tipp 3: Verfolgen Sie das Prinzip Win-Win
Eine Partnerschaft funktioniert nur dann nachhaltig, wenn beide Seiten profitieren. Fragen Sie sich daher auch regelmäßig, welchen konkreten Nutzen Ihr Kooperations-Partner von dieser Zusammenarbeit hat? Wenn Sie diese Frage nicht klar beantworten können, wird die Partnerschaft früher oder später ins Wanken geraten. Denken Sie stets in Win-Win-Kategorien wie beispielsweise Effizienzgewinne, neue Marktchancen, geteilte Risiken oder Imagevorteile.

Tipp 4: Bauen Sie gegenseitiges Vertrauen auf
Keine Vereinbarung kann Vertrauen ersetzen. Vertrauen entsteht durch Verlässlichkeit, Transparenz und eine offene Kommunikation und muss Tag für Tag gelebt werden. Wer Zusagen einhält, Informationen teilt und den Partner bei Herausforderungen unterstützt, baut

eine tragfähige Beziehung auf. Vertrauen ist die unsichtbare Ressource, die Partnerschaften nicht nur absichert, sondern beflügelt.

EXPERIMENT 39: Potenzielle Partner

Erkennen Sie zukünftige Geschäftspartner

Bestimmen Sie drei Aufgaben, die Ihnen aktuell sehr viel Zeit und Energie kosten. Überlegen Sie, welche Partner diese besser oder effizienter leisten können.

Aufgabe 1: ....

Möglicher Partner: ....

Aufgabe 2: ....

Möglicher Partner: ....

Aufgabe 3: ....

Möglicher Partner: ....

Fazit: Schlüssel-PARTNER

Gemeinsam unschlagbar: Mit den Richtigen an Ihrer Seite

Starke Partnerschaften sind kein Beiwerk, sondern ein zentraler Erfolgsfaktor, der Ihnen Zugang zu Ressourcen, Märkten und Kompetenzen eröffnet, die Sie allein kaum erreichen würden. Wer seine Partner bewusst auswählt, klar strukturiert und auf Vertrauen sowie Win-Win ausrichtet, verwandelt Kooperationen in ein stabiles Fundament für nachhaltiges Wachstum.

BONUS für KI-Unterstützung

Schlüssel-Partner identifizieren

Liste mir 20 Unternehmen, die [*nach welchen Unternehmen Sie suchen, hier einsetzen] auf*. Stelle die Ergebnisse alphabetisch nach Firmennamen dar. Achte bei der Auswahl auf folgende Kriterien:

#01: KMU mit maximal 120 Mitarbeitern (falls nicht genau verfügbar, dann bitte mit Schätzung anhand öffentlicher Daten).

#02: Bestehen seit mehr als 10 Jahren.

#03: Eigentümer- oder familiengeführt (falls nicht eindeutig erkennbar: bitte Hinweis geben).

#04: Ordentlicher Webauftritt mit klarer Darstellung von Vision, Werten und Leistungen.

#05: Unternehmen sollte sich nachweislich oder erkennbar mit den Themen [*hier Ihre Wunschthemenfelder eingeben*] beschäftigen.

Ergebnisdarstellung bitte als Tabelle mit folgenden Spalten: Firmenname, Standort, Branche, Eigentümerstruktur, Website-Link.

Hier können Sie nach Belieben Ihre Kriterien für die Auswahl Ihrer möglichen Partner und die Darstellungsform frei wählen. Die oben angegebenen Kriterien sind ein frei gewähltes Beispiel.

Anbei noch ein Beispiel, wie eine Beschreibung der Unternehmen aussehen kann, nach denen man gezielt die Suchanfrage stellt.

Produzierende Unternehmen in Oberösterreich mit Schwerpunkt Metallbearbeitung, die innerhalb von 100 km von meinem Unternehmensstandort liegen.

Schlüssel-AKTIVITÄTEN

Nachdem wir uns in den vorangegangenen Abschnitten mit Ihren Schlüssel-Ressourcen und Schlüssel-Partnern beschäftigt haben, geht es nun um den dritten entscheidenden Baustein Ihres Geschäftsmodells, den Schlüssel-Aktivitäten.

Stellen Sie sich Ihr Unternehmen wie ein Orchester vor. Die Ressourcen sind die Instrumente, die Partner sind die Musiker, die Sie unterstützen, jedoch erst das Zusammenspiel, also das konkrete Handeln, erzeugt die Musik. Ohne die richtigen Aktivitäten, die täglich konsequent ausgeführt werden, bleibt Ihr Wertangebot Theorie. Genau hier setzen die Schlüssel-Aktivitäten an. Sie beschreiben, was Sie tun müssen, um Ihr Nutzenversprechen Wirklichkeit werden zu lassen, Ihre Kunden zu erreichen und um dabei nachhaltige Umsätze zu generieren.

Die Brücke zu den Partnern ist dabei klar. Manche Aktivitäten sollten Sie selbst erbringen, weil sie Ihr Kerngeschäft und Ihre Differenzierung ausmachen. Andere lassen sich gezielt an Partner auslagern, die diese effizienter, schneller oder in besserer Qualität erledigen können. Entscheidend ist, dass Sie Klarheit haben, welche Aktivitäten für Ihr Geschäftsmodell unverzichtbar sind und welche nicht.

Gerade für Gründer und kleinere Unternehmen besteht die Gefahr, in einem Meer an Aufgaben zu ertrinken. Alles scheint wichtig, vieles drängt, doch nur wenige Aktivitäten zahlen tatsächlich auf Ihr Wertangebot und Ihre Kundenbeziehung ein. Erfolgreiche Unternehmen unterscheiden sich von weniger erfolgreichen nicht durch Fleiß oder Einsatz, sondern durch Fokus auf die richtigen Aktivitäten.

In diesem Abschnitt werden wir uns daher drei zentralen Fragen widmen:

- Welche Schlüssel-Aktivitäten braucht Ihr Geschäftsmodell tatsächlich?

- Wie finden Sie die Balance zwischen selbst erledigen und an Partner auslagern?
- Wie können Sie Ihre Aktivitäten laufend verbessern und skalieren, um effizienter und erfolgreicher zu werden?

Damit runden wir den Dreiklang aus Ressourcen, Partnern und Aktivitäten ab und schaffen die Grundlage, Ihr Wertangebot nicht nur zu versprechen, sondern Tag für Tag erfolgreich einzulösen.

Welche Aktivitäten halten Ihr Unternehmen am Laufen

Wenn Ressourcen und Partner das Fundament Ihres Geschäftsmodells bilden, dann sind die Schlüssel-Aktivitäten das, was dieses Fundament zum Leben erweckt. Es sind dies die zentralen Tätigkeiten, die ein Unternehmen beherrschen muss, um sein Wertangebot zu schaffen, Kunden zu erreichen, Beziehungen aufzubauen und Einnahmen zu erzielen. Kurz gesagt: Schlüssel-Aktivitäten sind die täglichen Handlungen, die über Erfolg oder Misserfolg entscheiden.

Nicht alle Aufgaben sind gleich wichtig und genau hier liegt die Schwierigkeit, eine klare Differenzierung zu treffen. Dabei unterscheidet man zwischen:

- **Kernaktivitäten** sind jene Tätigkeiten, ohne die Ihr Geschäftsmodell nicht funktionieren würde. Je nach Branche und Unternehmensmodell unterscheiden sich die Schlüssel-Aktivitäten stark. In einem Produktionsbetrieb sind es etwa Fertigung, Qualitätskontrolle und Logistik. In einem Dienstleistungsunternehmen spielen Kundenberatung, Konzeption und Umsetzung eine große Rolle. Betreiben Sie einen Onlinehandel, so gehören Websitepflege, Bestellabwicklung und Kundenservice zu Ihren täglichen Kernaufgaben. Arbeiten Sie als Coach oder Berater, dann sind Ihre Hauptaktivitäten möglicherweise die Vorber-eitung und Durchführung von Workshops und Seminaren.

- **Unterstützende Aktivitäten** sind wichtig, doch nicht der Kern. Dazu gehören etwa Buchhaltung, allgemeine Administration oder IT-Aufgaben. Sie halten Ihr Geschäft am Laufen, sind jedoch selten das, was Sie einzigartig macht.

Die Kunst liegt darin, die wirklich kritischen Aktivitäten zu identifizieren und sich bewusst auf diese zu konzentrieren, denn hier entsteht der größte Wert für Ihre Kunden.

Was ist unverzichtbar? Diese einfache, jedoch äußerst wirkungsvolle Frage hilft Ihnen, Klarheit zu gewinnen: Welche Aktivitäten sind absolut unverzichtbar, damit mein Wertangebot Realität wird? Alles, was nicht direkt auf Ihr Nutzenversprechen einzahlt, sollten Sie kritisch hinterfragen. Müssen Sie es selbst machen, oder kann es ausgelagert werden? Ist es wirklich erfolgskritisch oder nur eine lieb gewonnene Gewohnheit?

Um zu verstehen, wie unterschiedlich Schlüssel-Aktivitäten ausgestaltet sein können, lohnt sich ein Blick in die Praxis:

- **Tesla** konzentriert sich auf Forschung & Entwicklung sowie die Produktion innovativer Elektrofahrzeuge. Der Kern liegt nicht allein im Bau der Autos, sondern im technologischen Vorsprung bei Batterien und Software. Diese Aktivitäten sichern Tesla einen Platz als Innovationstreiber.

- **Spotify** betreibt selbst keine Plattenfirma und produziert keine Musik. Die entscheidenden Aktivitäten liegen im Lizenzmanagement und im Betrieb der Plattform. Nur wenn es gelingt, Inhalte verfügbar zu machen und gleichzeitig die Plattform stabil, personalisiert und nutzerfreundlich zu halten, entsteht echter Kundennutzen.

- **IKEA** wiederum definiert seine Schlüssel-Aktivitäten vor allem über Design und Logistik. Das clevere Produktdesign ermöglicht niedrige Preise und einfache Selbstmontage, die ausgeklügelte Logistik sorgt dafür, dass Millionen Produkte weltweit verfügbar sind.

Diese Beispiele zeigen, Schlüssel-Aktivitäten sind so vielfältig wie die Geschäftsmodelle selbst. Entscheidend ist, dass sie genau zu Ihrem Wertangebot und Ihrer Strategie passen. Die oben angeführten Unternehmen haben ihre operativen Hebel klar erkannt und strukturiert aufgestellt. Sie konzentrieren sich auf das, was wirklich den Unterschied macht, und eliminieren oder automatisieren alles andere.

EXPERIMENT 40: Kernaktivität oder Nebenschauplatz

So unterscheiden Sie zwischen Ihren Kernaktivitäten und den viele Nebenschauplätzen

Welche Aktivitäten erledigen Sie täglich beziehungsweise regelmäßig, damit Ihr Wertangebot beim Kunden einen erkennbaren Nutzen stiftet? Denken Sie dabei an operative Aufgaben, doch ebenso an unterstützende Tätigkeiten.

Schritt 1: Listen Sie alle **Aufgaben** und **Aktivitäten auf**.

Schritt 2: Ordnen Sie jede **Aufgabe,** die Sie in Ihrer Liste angeführt haben, einem der 4-Quadranten der Eisenhower-Matrik zu. Die Eisenhower-Matrix ist ein in der Praxis äußerst beliebtes Werkzeug, um wichtige von nicht wichtigen Aufgaben zu unterscheiden.

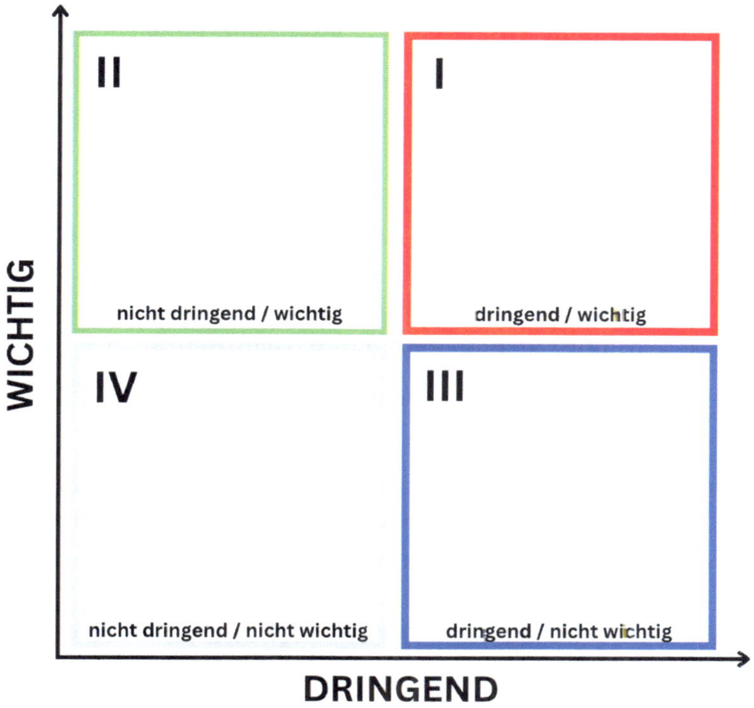

Abbildung 21: Eisenhower Matrix zur Aktivitätenzuordnung

I) wichtiges & dringendes erledigen Sie sofort.

II) wichtig & nicht dringend → hier verstecken sich oft die Schlüssel-Aktivitäten, planen Sie diese strategisch gut ein

III) nicht wichtig & dringend → diese Aufgaben sind ideal, um an geeignete Partner ausgelagert zu werden

IV) nicht wichtiges & nicht dringendes streichen Sie sofort

Schritt 3: Fokusliste erstellen. Evaluieren Sie dazu die gesammelten Aufgaben kritisch und halten Sie abschließend Ihre Erkenntnisse schriftlich fest:

Diese Aktivitäten **bleiben** im Unternehmen (Kernkompetenzen)

....

Diese Aktivitäten werden **ausgelagert** (Nebenschauplätze)

....

Diese Aktivitäten werden **gestrichen** (keine Relevanz)

....

Effizienz durch Fokussierung: Was Sie selbst tun sollten

Viele Unternehmer machen oft noch den altbekannten Fehler, alles selbst erledigen zu wollen. Doch wer versucht, überall gleichzeitig tätig zu sein, verliert nicht nur an Energie, sondern auch an Klarheit. Der Schlüssel zu nachhaltigem Erfolg liegt darin, sich bewusst zu fragen: Welche Aktivitäten sind mein Kerngeschäft und welche nicht?

Nicht alles muss oder sollte in Ihrem Unternehmen stattfinden. Manches erledigen Partner besser, günstiger oder schneller und genau das entlastet Sie, damit Sie sich auf das Wesentliche konzentrieren können.

Konzentration aufs Wesentliche

Greg McKeown beschreibt in seinem Buch „Essentialism“ treffend: „Wenn Sie nicht bewusst entscheiden, was wesentlich ist, entscheiden andere für Sie“ (68). Übertragen auf Ihr Geschäftsmodell bedeutet das: Ihre Energie gehört dorthin, wo Sie echten Wert für Ihre Kunden schaffen. Alles andere ist Beiwerk. Effizienz entsteht nicht durch mehr Aktivität, sondern durch den Fokus auf die richtigen Aktivitäten.

Kerngeschäft versus Nebenschauplätze
Fragen Sie sich regelmäßig: „Was gehört wirklich zu meinem Kerngeschäft?“ Die Unterschiede zwischen Ihrem Kerngeschäft und Nebenschauplätzen wurden ja bereits im vorangegangenen Absatz angeführt. Die größte Gefahr liegt darin, sich in Nebenschauplätzen zu verzetteln. Zu viele Nebenaktivitäten rauben Fokus, verursachen Kosten und verhindern, dass Sie Ihr Geschäft konsequent weiterentwickeln.

Praktische Tools für Ihre Fokussierung
Um klarer unterscheiden zu können, was wirklich zählt, helfen einfache Werkzeuge wie zum Beispiel:

- **Die Eisenhower-Matrix**: Sie trennt Aufgaben nach wichtig vs. dringend. Schlüssel-Aktivitäten sind fast immer „wichtig, jedoch nicht dringend“. Wenn Sie hier konsequent Zeit investieren, entsteht langfristiger Erfolg. Sie haben diese bereits in Experiment 40 kennen und anwenden gelernt.
- **Outsourcing-Checkliste**: Prüfen Sie jede Aktivität systematisch:
    - Ist sie für mein Wertangebot strategisch relevant?
    - Könnte ein Partner diese Aktivität günstiger oder besser ausführen?
    - Würde mich das Auslagern entlasten, sodass ich mehr Zeit für mein Kerngeschäft habe?

Effizienz durch Fokussierung heißt: weniger tun, jedoch besser. Wer seine Kräfte konsequent auf die Schlüssel-Aktivitäten bündelt und alles andere strukturiert organisiert oder abgibt, gewinnt nicht nur Zeit und Energie, sondern auch die Freiheit, sein Unternehmen klar auszurichten und erfolgreich wachsen zu lassen.

EXPERIMENT 41: Aktivitäten-Radar

Ordnen Sie Ihre Aktivitäten strategisch ein

Beginnen Sie jede Ihrer aktuellen Aktivitäten einem dieser vier Bereiche des Kreises zuzuordnen. Es sollten in jedem Quadranten mindestens fünf unterschiedliche Aufgaben angeführt sein. Priorisieren Sie die Aufgaben pro Quadrant nach Relevanz für Ihren Geschäftserfolg. Beginnen Sie danach mit der wichtigsten Aktivität aus dem Feld Delegieren und setzen Sie innerhalb der nächsten 14 Tage den ersten Schritt, um diese Aufgabe an jemanden zu delegieren. Machen Sie dies für je eine Aufgabe pro Feld. Sind Sie einmal rundum, dann setzen Sie mit der nächsten Aktivität im Quadranten Delegieren fort. Machen Sie dies so lange, bis alle relevanten Aufgaben erfolgreich delegiert, automatisiert, verbessert oder beibehalten wurden.

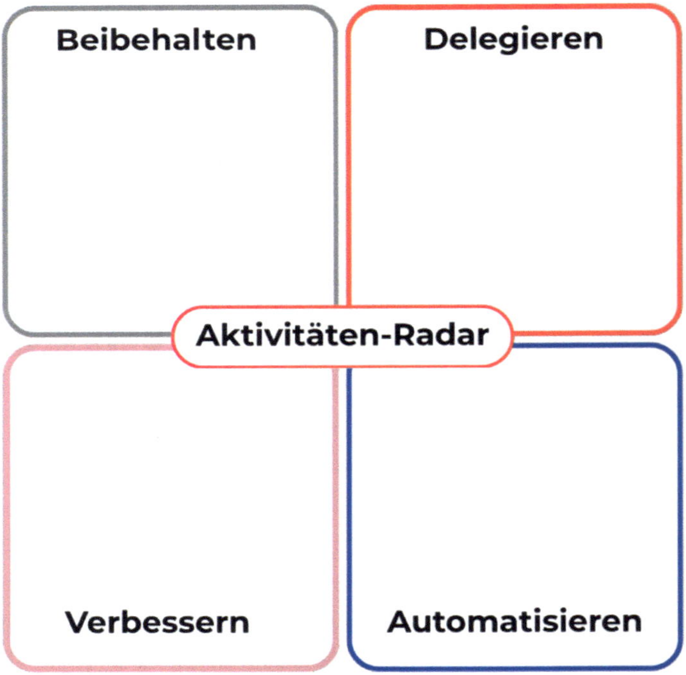

Abbildung 22: Aktivitäten Radar

Kontinuierliche Verbesserung und Skalierung

Schlüssel-Aktivitäten sind kein starres Gerüst, das einmal definiert wird und dann unverändert bleibt. Sie entwickeln sich mit Ihrem Markt, mit neuen Technologien und mit der strategischen Ausrichtung Ihres Unternehmens stetig weiter. Was heute noch eine entscheidende Aktivität ist, kann morgen bereits automatisiert, ausgelagert oder überflüssig sein. Gleichzeitig entstehen ständig neue Tätigkeiten, die für Ihr Wertangebot und Ihre Wettbewerbsfähigkeit unverzichtbar werden.

Innovation durch Lernschleifen

Unternehmen müssen in Lernzyklen arbeiten: testen, messen, anpassen. Ich kann nicht genug betonen, wie wichtig es ist, die getroffenen Annahmen immer wieder zu überprüfen und neue Ansätze frühzeitig am Markt zu validieren. Übertragen auf Ihre Aktivitäten bedeutet das: Bleiben Sie flexibel und sehen Sie jede Routine auch als Möglichkeit, etwas besser zu machen.

Um nicht jedes Mal das Rad neu erfinden zu müssen, gibt es bewährte Ansätze zur kontinuierlichen Verbesserung wie beispielsweise die Kaizen-Methode (69) mit dem Grundgedanken dahinter, dass kleine, stetige Verbesserungen im Alltag, die sich über die Zeit summieren und zu enormen Fortschritten führen können.

Ein weiterer, sehr klassischer Ansatz ist die Prozessoptimierung. Hier wird regelmäßig analysiert, welche Arbeitsschritte unnötig sind und wie Abläufe vereinfacht werden können. Denken Sie bei der Verbesserung und Optimierung Ihrer Aufgaben und Abläufe auch an Themen wie Automatisierung & digitale Tools: Von Buchhaltung bis Kundenservice, vieles lässt sich mit Software unterstützen oder ganz automatisieren. So sparen Sie Zeit und Ressourcen, die Sie in wertschöpfende Aktivitäten investieren können.

Skalierung durch Standardisierung

Wenn Prozesse gut funktionieren, ist der nächste Schritt die Standardisierung. Nur so können Sie wachsen, ohne dass Qualität oder Effizienz leiden. McDonald's (70) ist ein klassisches Beispiel dazu. Weltweit gibt es dieselben Standards für Abläufe, Zubereitung und Service. Auch Amazon zeigt mit seiner Logistik, wie standardisierte Prozesse Wachstum in völlig neuen Dimensionen ermöglichen (42).

Monitoring als Kompass

Um nicht im Blindflug zu arbeiten, braucht es ein kontinuierliches Monitoring. Fragen Sie sich regelmäßig: Welche meiner Aktivitäten schaffen wirklich Wert und welche kosten nur Ressourcen? Nur so erkennen Sie rechtzeitig, wo Sie nachschärfen, vereinfachen oder loslassen müssen.

EXPERIMENT 42: Standardisierung

Entwickeln Sie für wichtige Aufgaben einen standardisierten Ablauf

Schreiben Sie dazu Ihre drei wichtigsten Kernaufgaben auf. Prüfen Sie zu jeder Aufgabe folgende drei Fragen:

1) Gibt es klare Ablaufschritte?
2) Könnte eine andere Person diese Aufgabe übernehmen, ohne Qualitätsverlust?
3) Sind die Ergebnisse messbar und wiederholbar?

Wenn Sie eine dieser Fragen mit „nein" beantworten, entwickeln Sie eine kurze Arbeitsanleitung oder einen Standardprozess, der diese Lücke schließt.

Fazit: Schlüssel-AKTIVITÄTEN
Die Hebel Ihres Erfolgs

Schlüssel-Aktivitäten sind das Herzstück Ihres Handelns, sie machen den Unterschied zwischen einem bloßen Geschäftsmodell auf Papier und einem gelebten Unternehmen. Wer seine Aktivitäten fokussiert, laufend verbessert und bewusst skaliert, schafft die Basis für nachhaltigen Erfolg und langfristige Wettbewerbsfähigkeit.

IN A NUTSHELL: Vom Wertangebot zur WERT SCHÖPFUNG
Ihre Schlüssel-Ressourcen, -Partner und -Aktivitäten

- Wertschöpfung entsteht durch einen klar strukturierten Herstell- und Leistungsprozess, in dem jeder Schritt, jede Abhängigkeit und jeder Mitwirkende bewusst definiert ist.
- Schlüssel-Ressourcen sind Ihr Fundament: identifizieren, bewerten (Wertbeitrag, Seltenheit, Kosten-Nutzen) und gezielt einsetzen, das ist hier entscheidend.
- Schlüssel-Partner erweitern Ihre Schlagkraft. Wählen Sie diese strategisch und managen Sie die Zusammenarbeit mit klaren Regeln, Win-Win und Vertrauen.
- Schlüssel-Aktivitäten sind die täglichen Hebel Ihres Erfolgs: Fokussieren Sie sich auf das Kerngeschäft, lagern Sie Nebenschauplätze aus und nutzen Sie einfache Tools wie die Eisenhower-Matrix.
- Verbessern und skalieren Sie kontinuierlich: Arbeiten Sie in Lernschleifen, standardisieren Sie funktionierende Prozesse, automatisieren Sie wo es sinnvoll ist und monitoren Sie fortlaufend, was wirklich Wert schafft.

Kapitel 9: Ihr individuelles GESCHÄFTSMODELL

Erstellen Sie Ihr erstes Geschäftsmodell!

Der Weg zu einem tragfähigen Geschäftsmodell ist kein Zufall, sondern das Ergebnis klarer Prioritäten und systematischer Arbeit. Im Kern geht es darum, die Bedürfnisse der Kunden zu verstehen und ein Wertangebot zu entwickeln, das echten Nutzen stiftet.

Doch ein starkes Geschäftsmodell entsteht nicht allein am Schreibtisch, es wird durch Hypothesen, Tests und kontinuierliches Lernen im Markt geformt. Ebenso entscheidend ist die Balance zwischen Kosten und Einnahmen, die Fokussierung auf das Wesentliche und der Mut, bei Bedarf Kurskorrekturen vorzunehmen.

In diesem finalen Kapitel erfahren Sie die zentralen Prinzipien, mit denen Sie Ihr Geschäftsmodell Schritt für Schritt robust und zukunftsfähig machen. Jetzt liegt es an Ihnen, liebe Leser, setzen Sie das bisher Gelernte konkret um und bringen Sie Ihre Ideen in Bewegung. Jeder kleine Schritt in der Praxis bringt Sie Ihrem tragfähigen Geschäftsmodell und somit Ihrem Erfolg ein Stück näher.

Bevor es losgeht: LESSONS LEARNED

Die Entwicklung eines Geschäftsmodells geht weit über die bloße Formulierung einer Idee hinaus. Der Schlüssel zum Erfolg liegt darin, die richtigen Prioritäten zu setzen: Ein tiefes Verständnis für die Bedürfnisse der Kundschaft zu entwickeln, Annahmen systematisch zu validieren und die wirtschaftliche Machbarkeit zu gewährleisten. Nur so entsteht eine solide Grundlage für langfristigen Erfolg.

In diesem Kapitel destillieren wir die Essenz des gesamten Buches auf drei zentrale Punkte aller Inhalte, die Ihnen als praktische Orientierungshilfe dienen sollen. Somit finden Sie hier die wichtigsten Erkenntnisse aus Theorie, Praxis und langjähriger Beratungserfahrung kompakt zusammengefasst. Das Ergebnis für Sie ist eine klare und direkt umsetzbare Anleitung, die Ihnen zeigt, worauf es bei der Konzeption und Umsetzung Ihres eigenen Geschäftsmodells ankommt.

Nummer 1: Kundenzentrierung & Wertangebot

Alles beginnt mit den Bedürfnissen der Zielgruppe und dem klaren Nutzenversprechen für diese individuelle Gruppe. Kundenzentrierung heißt, das Geschäftsmodell konsequent an den tatsächlichen Bedürfnissen, Herausforderungen und Erwartungen der Zielgruppe auszurichten. Das Wertangebot konkretisiert den einzigartigen Nutzen, den Ihr Produkt oder Ihre Dienstleistung stiftet und der Ihre Kunden schlussendlich überzeugt.

Erst wenn beide Aspekte nahtlos ineinandergreifen, entsteht ein Angebot, das nicht nur Marktrelevanz besitzt, sondern auch langfristigen Erfolg sichert.

Nummer 2: Hypothesen testen & validieren

Hier geht es um das systematische Prüfen Ihrer getroffenen Annahmen im Markt, bevor große Ressourcen aktiviert und gebunden werden. Jedes Geschäftsmodell gründet auf Annahmen darüber, was

Kunden wirklich benötigen, wofür sie bereit sind zu zahlen und wie sie am besten erreicht werden. Doch diese Annahmen dürfen nicht theoretisch bleiben: Sie müssen durch gezielte Experimente und Markttests überprüft werden. Eric Ries hat in diesem Zusammenhang eine sehr passende Aussage in seinem Buch Lean Startup (71) getätigt: „The only way to win is to learn faster than anyone else."

Das Ziel dabei ist, frühzeitig Klarheit zu gewinnen, ob das Modell tragfähig ist, noch bevor hohe Investitionen oder langfristige Verpflichtungen entstehen. Dazu gilt es, die jeweiligen Hypothesen systematisch zu validieren. Wer diesen Schritt konsequent geht, minimiert Risiken und schafft eine belastbare Entscheidungsgrundlage für das jeweilige Geschäftsmodell, das nicht nur auf dem Papier, sondern auch in der Praxis überzeugt.

Nummer 3: Finanzielle Tragfähigkeit & Skalierbarkeit

Ein überzeugendes Geschäftsmodell schafft nicht nur Kundennutzen, sondern muss auch wirtschaftlich tragfähig sein. Dafür braucht es einen klaren und robusten Erlösmechanismus, der zuverlässige Einnahmen generiert und die Kosten nachhaltig deckt.

Genauso entscheidend ist die Skalierbarkeit. Lässt sich das Modell ausbauen, ohne dass die Kosten proportional ansteigen? Erst wenn beide Faktoren, Profitabilität und Wachstumspotenzial, Hand in Hand gehen, hat ein Geschäftsmodell das Zeug, langfristig erfolgreich zu sein.

Fazit: LESSONS LEARNED

Drei Bausteine für ein unschlagbares Geschäftsmodell

Der Erfolg eines Geschäftsmodells basiert auf Kundenzentrierung, validierten Annahmen und einer finanziell tragfähigen sowie skalierbaren Struktur, die gemeinsam die Grundlage für nachhaltiges Wachstum bilden.

“Der einzige Weg zu gewinnen besteht darin, schneller zu lernen als alle anderen.”

Eric Ries (71)

Ihr INDIVIDUELLES Geschäftsmodell entwickeln

In den vergangenen Kapiteln haben Sie die zentralen Bausteine, die es für die Erstellung eines Geschäftsmodells braucht, kennengelernt. Angefangen bei den Zielgruppen und dem Wertangebot über Ressourcen, Partner und Aktivitäten bis hin zu den Kosten und Erlösen, die hier noch ergänzt werden. Nun geht es darum, dieses Wissen in die Praxis zu übertragen und Ihr eigenes Geschäftsmodell zu entwickeln.

Das Business Model Canvas (29) bietet diesbezüglich eine klare Orientierungshilfe, sodass auch sichergestellt ist, dass keine erfolgskritischen Bereiche übersehen werden können. Es macht sichtbar, wo Sie heute stehen, welche Chancen vor Ihnen liegen und welche Anpassungen notwendig sind. Es unterstützt eine strukturierte Vorgehensweise bei der Entwicklung und dient als Landkarte, um alle relevanten Tätigkeiten und Zusammenhänge im Überblick zu behalten. Dieses Kapitel ist deshalb bewusst praxisorientiert gehalten, denn das Ziel ist, Ihr Geschäftsmodell Schritt für Schritt zu skizzieren, zu prüfen und so eine tragfähige Grundlage für Ihren unternehmerischen Erfolg zu schaffen. Doch lassen Sie uns zuerst noch die Kostenseite und die Ertragsmöglichkeiten beleuchten.

Welche Kosten fallen bei der Leistungserstellung an?

Die Kostenstruktur ist das finanzielle Fundament, auf dem jedes Geschäftsmodell aufgebaut ist, und gleichzeitig einer der am häufigsten unterschätzten Bausteine. Viele Unternehmer konzentrieren sich auf ihr Wertangebot, ihre Zielgruppe oder ihre Vertriebswege, doch die nüchterne Frage nach den tatsächlichen Kosten entscheidet oft darüber, ob ein Geschäftsmodell langfristig tragfähig oder zum Scheitern verurteilt ist. Auf den Punkt gebracht beschreibt die Kostenstruktur alle Kosten, die bei der Ausführung eines Geschäftsmodells anfallen.

Jede Ressource, die Sie benötigen, jede Aktivität, die Sie erbringen, und jeder Partner, den Sie einbinden, zieht Kosten nach sich. Die Kostenstruktur macht diese Zusammenhänge transparent: Sie zeigt Ihnen schwarz auf weiß, welche Aufwendungen notwendig sind, um Ihr Wertangebot Realität werden zu lassen, um es an Ihre Zielgruppe liefern zu können.

Um Ihre Kostenstruktur richtig zu verstehen, lohnt sich ein grober Blick auf die unterschiedlichen Kostenarten:

- **Fixkosten** sind unabhängig von Ihrer Produktions- oder Absatzmenge. Dazu zählen beispielsweise Mieten, Gehälter oder Investitionen in Infrastruktur. Sie bleiben konstant, egal ob Sie zehn oder tausend Einheiten verkaufen.
- **Variable Kosten** verändern sich mit der Menge. Dazu gehören Materialkosten, Versandgebühren oder Provisionszahlungen.
- **Skaleneffekte** entstehen, wenn die Stückkosten durch größere Produktionsmengen sinken. Wer mehr produziert oder einkauft, profitiert oft von günstigeren Preisen.
- **Verbundeffekte** treten auf, wenn mehrere Produkte oder Dienstleistungen gemeinsame Ressourcen nutzen und dadurch die Kosten sinken. Zum Beispiel wenn Marketingkampagnen mehrere Angebote gleichzeitig bewerben.

EXPERIMENT 43: Kostenlandkarte

Erstellen Sie Ihre individuelle Kostenlandkarte

Um sich einen Überblick über die anfallenden Kosten zu verschaffen, ist es sehr hilfreich, mit einer überblicksmäßigen Kostenlandkarte zu starten. Listen Sie dazu alle fixen und variablen Kosten Ihres Geschäftsmodells auf. Ordnen Sie diese den jeweiligen Schlüssel-Ressourcen, Schlüssel-Aktivitäten und Schlüssel-Partnern zu.

Markieren Sie die Top-3-Kostenblöcke, die den größten Hebel auf Ihre Rentabilität haben.

Schlüssel-Ressourcen

1) ....
2) ....
3) ....

Schlüssel-Partner

1) ....
2) ....
3) ....

Schlüssel-Aktivitäten

1) ....
2) ....
3) ....

Kostenorientiertes versus wertorientiertes Geschäftsmodell
Unternehmen gehen sehr unterschiedlich mit ihrer Kostenstruktur um. Man kann diesbezüglich zwischen zwei Extrema unterscheiden:

1) **Kostenorientierte Modelle** setzen konsequent auf Effizienz und niedrige Kosten. Ziel ist es, Leistungen zu minimalen Preisen anzubieten. Ein Beispiel diesbezüglich ist die Fluglinie Ryanair: Hier werden ohne Aufpreis keine Extraservices angeboten. Konsequentes Sparen bei allen nicht zwingend notwendigen Positionen, jedoch mit klarem Fokus auf die Preisführerschaft.

2) **Wertorientierte Modelle** hingegen stellen den Kundennutzen und die Qualität in den Mittelpunkt. Kosten spielen hier eine untergeordnete Rolle, solange der wahrgenommene Mehrwert hoch genug ist. Typische Beispiele finden sich bei Luxusmarken, die bewusst hohe Preise verlangen und ihre Kostenstruktur so gestalten, dass Exklusivität und Premiumqualität im Vordergrund stehen.

Die meisten Geschäftsmodelle liegen zwischen diesen beiden Polen. Wichtig ist, dass Sie Ihre Position bewusst wählen.

Welche Erträge können Sie lukrieren?

Ein Geschäftsmodell lebt nicht nur von einer guten Idee oder einem überzeugenden Wertangebot. Entscheidend ist, wie daraus tatsächlich Umsätze generiert werden können. Das Feld der Einnahmequellen im Business Model Canvas beantwortet dabei die zentrale Frage: Wofür sind Kunden bereit zu zahlen und in welcher Form? Nur wenn dieser Teil klar durchdacht ist und nachhaltig ausreichend hohe Erlöse erzielt werden können, lässt sich ein Geschäftsmodell erfolgreich betreiben.

Die Einnahmequellen stehen in direkter Verbindung zu den Kundensegmenten und Ihrem Wertangebot. Sie machen sichtbar, wie ein Unternehmen den geschaffenen Nutzen in wirtschaftlichen Erfolg übersetzt. Dabei geht es nicht allein um Preise, sondern um die grundsätzliche Logik, wie Geld verdient wird.

Wer Einnahmequellen von Beginn an systematisch betrachtet, vermeidet den klassischen Fehler vieler Gründer, die sich zwar auf die Produktentwicklung konzentrieren, doch zu spät prüfen, ob und wie sich daraus stabile Umsätze generieren lassen.

Geschäftsmodelle können sehr unterschiedliche Erlösmechanismen nutzen. In der Praxis haben sich einige Muster herauskristallisiert, die branchenübergreifend funktionieren:

- **Einmalverkäufe**: Das klassische Modell, bei dem Kunden für ein Produkt zahlen, das ihnen danach gehört.
- **Wiederkehrende Einnahmen**: Abonnements oder Mitgliedschaften, bei denen Kunden kontinuierlich zahlen, um dauerhaft Zugang zu einem Produkt oder einer Dienstleistung zu erhalten (z. B. Netflix, Fitnessstudio).
- **Nutzungsgebühren**: Bezahlung nach tatsächlicher Inanspruchnahme, auch bekannt als Pay-per-Use (z. B. Carsharing, Cloud-Dienste).
- **Lizenzierung & Rechte**: Unternehmen verdienen an der Nutzung von geistigem Eigentum wie Patenten, Software oder Markenrechten.
- **Werbung & Cross-Selling**: Einnahmen durch Drittanbieter, die die Reichweite oder Plattform eines Unternehmens nutzen (z. B. Google, Facebook).
- **Freemium-Modelle**: Basisleistungen sind kostenlos, Zusatzfunktionen oder Premiumservices werden kostenpflichtig angeboten (z. B. Spotify, LinkedIn).

Die Auswahl der passenden Einnahmequellen ist eine strategische und sollte gut überlegt sein, denn sie beeinflusst nicht nur die Stabilität der Umsätze, sondern auch die Kundenbindung und die Wachstumschancen Ihres Unternehmens im Markt. Es lohnt sich daher, sich frühzeitig mit dem Thema der Ertragsmechanik auseinanderzusetzen. Relevant dabei ist, dass das eingesetzte Modell auch von den Kunden angenommen wird.

EXPERIMENT 44: Check der Einnahmequellen

Wie sieht es mit der Regelmäßigkeit Ihrer Einnahmen aus? Listen Sie dazu alle aktuellen Einnahmequellen Ihres Unternehmens auf. Ordnen Sie diese nach: einmalig / wiederkehrend / nutzungs-abhängig oder in einer für Sie relevanten Charakteristik. Analysieren Sie, welche Quelle am stabilsten, welche am profitabelsten und welche am riskantesten ist.

Stabil: ....

Profitabel: ....

Riskant: ....

Einnahmequellen sind auch eng mit der Frage der Preisgestaltung verknüpft. Preise bestimmen, wie der geschaffene Wert wahrgenommen und in Geld übersetzt wird. Dabei gibt es unterschiedliche Ansätze, die ich Ihnen kurz vorstellen möchte:

- **Kostenbasierte Preisgestaltung**: Der Preis orientiert sich an den Produktions- oder Bereitstellungskosten plus einer Gewinnmarge. Diese Methode ist einfach, berücksichtigt jedoch nicht unbedingt den tatsächlichen Kundennutzen.
- **Wertbasierte Preisgestaltung**: Hier steht der wahrgenommene Kundennutzen im Vordergrund. Der Preis richtet sich danach, welchen Mehrwert die Lösung bietet, unabhängig von den tatsächlichen Kosten. Besonders in Dienstleistungs- und Technologiebranchen wird dieser Ansatz immer wichtiger.
- **Dynamische Preismodelle**: Preise passen sich flexibel an Nachfrage, Marktbedingungen oder individuelle Kundenprofile an (z. B. Fluggesellschaften, Hotels, Plattformanbieter).

- **Psychologische Preisgestaltung**: Der Preis wird so gewählt, dass er in den Köpfen der Kunden attraktiver wirkt, etwa durch Preispunkte (9,99 € statt 10 €), Bundling-Angebote oder durch die Platzierung mehrerer Optionen, um den „Mittelwert“ attraktiv erscheinen zu lassen.

Ein klug gewähltes Erlösmodell entscheidet also nicht nur über kurzfristige Umsätze, sondern über die langfristige Tragfähigkeit Ihres gesamten Geschäftsmodells. In den folgenden Experimenten haben Sie nun die Möglichkeit, Ihre eigenen Einnahmequellen zu reflektieren und unterschiedliche Preisgestaltungen praktisch zu erproben.

Abbildung 23: Ausgewählte Beispiele von Erlösmechanismen

EXPERIMENT 45: Zahlungsbereitschaft testen

Was ist Ihre Zielgruppe tatsächlich bereit zu bezahlen?

Um die Zahlungsbereitschaft zu ermitteln, formulieren Sie drei Preispunkte für Ihr Produkt wie beispielsweise Basis, Standard und Premium. Befragen Sie fünf bis zehn Kunden oder Pilotkunden, welches Angebot Sie wählen würden und wofür sie wirklich bereit zu zahlen sind. Dokumentieren Sie die Unterschiede zwischen wahrgenommenem Wert und tatsächlicher Zahlungsbereitschaft.

Erkenntnis der Befragung zu den Unterschieden zwischen dem wahrgenommenen Wert und der Zahlungsbereitschaft.

1) ....

2) ....

3) ....

Ihr individuelles Geschäftsmodell gestalten

In Kapitel 3 wurden die jeweiligen Felder des Business Model Canvas bereits behandelt. In Experiment 14 haben Sie einen ersten Entwurf Ihrer Geschäftsidee entwickelt und in der Canvas dargestellt. Nachdem nun Ihr Wissen rund um Ihre Geschäftsidee und deren Umsetzung viel umfassender ist, gilt es, die seither gewonnenen Erkenntnisse in die jeweiligen Felder einzuarbeiten.

EXPERIMENT 46: Ihr individuelles Geschäftsmodell verfeinern

Überarbeitung des ersten Entwurfs aus Experiment 14.

Nehmen Sie Ihre Aufzeichnungen aus Experiment 14 zur Hand und reflektieren Sie die folgenden Fragen.

1) Ist die Kundenauswahl nach wie vor zutreffend?

2) Ist das identifizierte Problem oder die ursprüngliche Herausforderung Ihrer Zielgruppe noch dieselbe oder haben sich weitere Probleme oder auch Möglichkeiten identifizieren lassen, um Ihren Kunden einen Mehrwert zu bieten?

3) Für welche Leistungen sind Ihre Kunden tatsächlich bereit zu bezahlen? Konnten Sie hier mehr Klarheit gewinnen und welche Punkte müssen Sie bei der Angebotslegung berücksichtigen?

4) Überarbeiten Sie alle neun Felder Ihres Geschäftsmodells und aktualisieren Sie diese auf den derzeitigen Wissensstand. Leiten Sie davon Ihre nächsten Schritte ab, sodass alle Aktivitäten in den neun Feldern reibungslos ineinandergreifen und Ihr Geschäftsmodell dadurch immer stärker und robuster und somit auch lukrativer wird.

Fazit: Ihr EIGENES Geschäftsmodell entwickeln
Von der Idee zur Rentabilität

Ein tragfähiges Geschäftsmodell lebt von der Balance zwischen klarer Kostenkontrolle und stabilen Einnahmequellen. Nutzen Sie daher die angeführten Experimente, um Ihre Zahlen zu durchleuchten und Ihr Erlösmodell so zu gestalten, dass es Ihren langfristigen Erfolg trägt.

Als Bonus können Sie sich noch den kostenlosen Fragebogen zum Thema Einnahmequellen-Check auf meiner Homepage unter www.yoursuccess.at/bonusmaterial herunterladen.

Ihr Geschäftsmodell im EINSATZ

Eine Geschäftsidee entfaltet ihr volles Potenzial erst, wenn sie am Markt überprüft wird. Tests sind dafür der Schlüssel, um Annahmen zu validieren, Risiken zu minimieren und Klarheit über die tatsächliche Nachfrage zu gewinnen. In diesem Kapitel erfahren Sie, wie Sie Hypothesen formulieren, Experimente durchführen und die Ergebnisse so auswerten, dass daraus konkrete Entscheidungen für Ihr Geschäftsmodell entstehen.

Wie kann ein Geschäftsmodell getestet werden?

Eine gute Geschäftsidee allein reicht nicht. Der entscheidende Schritt liegt darin, die eigenen Annahmen systematisch zu testen, bevor größere Investitionen getätigt werden. Bedenken Sie immer, dass der Erfolg eines Geschäftsmodells nicht am Schreibtisch entschieden wird, sondern im freien Markt. Drei zentrale Fragen, die sich mit dem Testen von Geschäftsmodellen beschäftigen möchte, ich Ihnen hier kurz vorstellen:

1) Wie formuliere ich eine **Hypothese**?
2) Wie führe ich ein **Experiment** durch?
3) Wie fasse ich die Ergebnisse zusammen und leite daraus **Entscheidungen** ab?

Erstens: Eine Hypothese aufstellen

Jedes Geschäftsmodell basiert im ersten Schritt auf Annahmen. Wer sind die möglichen Kunden, die man adressieren möchte, welche Herausforderungen haben diese, wie groß könnte ihre Zahlungsbereitschaft sein oder auch welche Kanäle funktionieren, um diese neuen Kunden gezielt anzusprechen. Man beginnt hier zuerst damit, diese Annahmen explizit zu formulieren und in überprüfbare Hypothesen zu übersetzen (19). Eine Hypothese sollte dabei folgende drei wesentlichen Elemente aufweisen:

1) **Annahme**: Was glauben Sie über Ihre möglichen neuen Kunden oder Ihr neues Geschäftsmodell bereits zu wissen?

2) **Messkriterium**: Woran erkennen Sie, ob Ihre Annahmen stimmen? Wie könnte man diese bewerten und messen?

3) **Zeitraum / Umfang**: Wann und mit wie vielen Personen soll getestet werden, um eine valide Aussage zu erhalten?

Das folgende Beispiel soll Ihnen verdeutlichen, was mit den drei Elementen einer Hypothese gemeint ist:

> „Wir glauben, dass (***Zielgruppe**: Studierende*) bereit sind, für (***Lösung**: eine Lern-App mit personalisierten Karteikarten*) zu zahlen, wenn wir (***Beweis**: mindestens 30 Voranmeldungen innerhalb von 2 Wochen*) erreichen."

EXPERIMENT 47: Hypothesen-Check

Lernen Sie Ihre ersten Annahmen zu formulieren

Formulieren Sie drei unterschiedliche Annahmen zu Ihrem Geschäftsmodell. Nutzen Sie dafür die untenstehende Vorlage.

> „Wir glauben, dass (Zielgruppe) bereit sind, für (Lösung) zu zahlen, wenn (Beweis) erreicht wird."

Wählen Sie dafür die kritischste Hypothese aus, also jene, deren Bestätigung oder Widerlegung die größte Auswirkung auf Ihr Geschäftsmodell hat, und testen Sie diese.

Hypothese 1: ....

....

Hypothese 2: ....

....

Hypothese 3: ....

....

Zweitens: Ein Experiment durchführen
Ist die Hypothese formuliert, folgt die Durchführung eines dazu passenden Experiments. Die Grundregel dafür lautet: So schnell, so günstig und so risikolos wie möglich testen. Ziel dabei ist es, echte Kundenreaktionen zu messen. Bitte beachten Sie bei der Durchführung Ihrer Experimente folgende, wichtige Prinzipien:

- **Eine Hypothese** pro Experiment testen: Vermeiden Sie es, zu viele Variablen gleichzeitig zu prüfen.
- **Messbare Kriterien**: Definieren Sie vorab, welche Kennzahlen den Erfolg zeigen.
- **Realistischer Rahmen**: Planen Sie den Test so, dass er in wenigen Tagen oder Wochen Ergebnisse liefert.

Drittens: Ergebnisse auswerten und lernen
Der Wert eines Experiments liegt nicht nur in den Zahlen, sondern darin, was Sie daraus lernen. Maßgebend ist, die Ergebnisse systematisch auszuwerten und in eine klare Entscheidung für die nächsten Schritte zu überführen. Dazu kann ich Ihnen die unten angegebene Vorgehensweise empfehlen.

- **Daten sammeln**: Dokumentieren Sie die erzielten Ergebnisse und halten Sie diese schriftlich fest, wie beispielsweise die Anzahl der Registrierungen, Kaufabsichten, Feedback aus Interviews, etc.

- **Vergleich mit Hypothese**: Wurde die Annahme bestätigt oder widerlegt? Wurde die Hypothese bestätigt, gehen Sie zur nächsten Annahme und testen Sie weiter. Wurde die Hypothese widerlegt, passen Sie die Annahmen an und überarbeiten Sie die Hypothese.
- **Lernpunkte festhalten**: Welche Erkenntnisse ergeben sich für Kunden, Wertangebot, Kanäle oder Erlöse?
- **Entscheidung treffen**: Hier werden zwei Begriffe gerne verwendet: Zum einen „Pivot" um zu beschreiben, dass man die Richtung ändern und anpassen muss, und zum anderen „Persevere" was bedeutet, dass der eingeschlagene Kurs weiterverfolgt wird.

Es wird, um Ihnen mehr Klarheit zu geben, das zuvor angeführte Beispiel nochmals aufgegriffen. Die Hypothese ist, dass 30 Studierende eine App vorbestellen. Tatsächlich melden sich nur 5 Studenten. Die Erkenntnis daraus: Das Problem ist vielleicht nicht groß genug, oder der Preis passt nicht. Somit folgt, dass das Angebot nochmals überarbeitet und angepasst werden sollte und dass auch die angesprochene Zielgruppe und deren Bedürfnisse überarbeitet werden sollten.

Das Testen von Geschäftsmodellen folgt einem klaren Muster: Hypothese – Experiment – Lernen. Wenn Sie dabei systematisch vorgehen, reduzieren Sie Risiken, sparen Ressourcen und entwickeln Angebote, die Ihre Kunden wirklich wollen. Entscheidend ist, Hypothesen klar zu formulieren, Experimente schlank aufzusetzen und Ergebnisse ehrlich auszuwerten. Nur so wird aus einer Geschäftsidee ein tragfähiges Modell mit Zukunftspotenzial.

Auswahl praxiserprobter Experimente

Ein Geschäftsmodell ist zunächst immer nur eine Annahme, erst durch das Testen und Verifizieren wird es zur belastbaren Grundlage. Doch welche Experimente eignen sich, um Hypothesen mit möglichst geringem Aufwand und hoher Aussagekraft zu überprüfen? In diesem Kapitel erfahren Sie, welche Überlegungen Sie bei der Auswahl von Tests vorab anstellen sollten, welche Methoden sich für Gründer und KMUs besonders eignen und welche weiteren Experimente Ihnen zusätzliche Einblicke geben können.

Erste Überlegungen vorab für die konkrete Testauswahl

Bevor Sie sich für eine konkrete Testmethode entscheiden, gilt es, einige grundlegende Fragen zu klären:

- **Welche Hypothese** wollen Sie prüfen? Geht es um den Kundenbedarf (Problem-Solution-Fit), um die Zahlungsbereitschaft oder die Umsetzbarkeit einer Lösung?
- **Welche Risikofrage** ist entscheidend? Testen Sie dort, wo Ihr Geschäftsmodell die größte Unsicherheit aufweist, beispielsweise ob Kunden überhaupt das Problem haben, das Sie lösen wollen.
- **Welches Ergebnis** benötigen Sie? Möchten Sie qualitative Einblicke (Kunden verstehen) oder quantitative Beweise (Zahlen, Zahlungsbereitschaft, Conversion-Raten)?
- **Welches Budget** und **welche Zeit** stehen zur Verfügung?

Test-Methoden für eine rasche Umsetzung & geringe Kosten

Im Folgenden sind drei unterschiedliche Testmethoden angeführt, die sich über die Jahre hinweg in der Praxis äußerst bewährt haben und sehr rasch und auch kostengünstig zu guten Ergebnissen führen.

Kundeninterviews

Kundeninterviews sind strukturierte Gespräche mit potenziellen oder bestehenden Kunden, um deren Bedürfnisse, Herausforderungen und Verhaltensweisen zu verstehen. Diese Methode ermöglicht es, direkte Einblicke in die Denkweise der Zielgruppe zu gewinnen und kritische Annahmen über das Geschäftsmodell zu validieren. Der große Vorteil liegt in der Flexibilität, man kann spontan nachfragen und tiefer in relevante Themen einsteigen. Bereits wenige Interviews (5-10) können wertvolle Erkenntnisse liefern und dabei helfen, teure Fehler in der Produktentwicklung zu vermeiden (19).

Bereits in Experiment 8 aus Kapitel 2 haben Sie erste Erfahrungen zum Thema Kundeninterviews gesammelt. Bauen Sie auf die dort gewonnenen Erfahrungen weiter auf. In dem unten angeführten Experiment geht es um eine ganz spezifische Frage, die Sie an Ihre Kunden richten, um eine möglichst klare Aussage zu erhalten, wo aktuell die größten Probleme und Herausforderungen liegen.

EXPERIMENT 48: Interview-Quick-Check

So erhalten Sie rasch erstes Feedback für Ihre Idee

Führen Sie drei Interviews mit Ihren potenziellen Kunden durch. Stellen Sie dabei nur eine Frage: Was ist Ihre größte Herausforderung bei (*Thema*)? Dokumentieren Sie die Antworten stichwortartig und vergleichen Sie diese mit Ihren ursprünglichen Annahmen.

Antwort Kunde 1: ....

Antwort Kunde 2: ....

Antwort Kunde 3: ....

Landing Page Test
Bei einem Landing Page Test wird eine einfache Webseite erstellt, die das geplante Produkt oder die Dienstleistung bewirbt, ohne dass diese bereits existieren muss. Besucher können ihr Interesse durch Anmeldungen, Downloads oder andere Aktionen bekunden, wodurch messbare Daten zur Nachfrage entstehen. Bitte berücksichtigen Sie dabei, dass Sie auf der Webseite klar kommunizieren sollten, dass es sich um einen Produkttest handelt, um nicht falsche Erwartungen bei Ihren potenziellen Kunden zu schüren.

Die Landing Page kann binnen weniger Stunden erstellt und über gezielte Werbung beworben werden. Durch Kennzahlen wie Conversion-Rate und Traffic-Quellen lässt sich schnell bewerten, ob genügend Marktinteresse vorhanden ist, bevor Zeit und Geld in die tatsächliche Entwicklung investiert werden (19).

EXPERIMENT 49: Landing Page Challenge
Erstellen Sie eine erste rudimentäre Landing Page
Erstellen Sie innerhalb von 48 Stunden eine einfache Landing Page für Ihr Wertangebot. Definieren Sie dabei ein eindeutiges Ziel, man nennt das auch „call to action“ indem Sie die Nutzer auffordern, eine konkrete Handlung zu setzen wie: Klicken Sie auf „Jetzt testen“. Sammeln und analysieren Sie die Ergebnisse nach einer Woche und entscheiden danach, wie die nächsten Schritte aussehen.

Concierge-Test
Der Concierge-Test bedeutet, eine Dienstleistung zunächst manuell und ohne automatisierte Systeme anzubieten, um das Geschäftsmodell im kleinen Rahmen zu testen. Dabei übernimmt das Gründerteam/Unternehmerteam alle Prozesse persönlich und lernt dadurch die tatsächlichen Kundenbedürfnisse sowie operativen Heraus-

forderungen kennen. Diese Methode eignet sich besonders für servicebasierte Geschäftsmodelle, da sie ohne technische Infrastruktur auskommt und direkten Kundenkontakt ermöglicht. Der große Vorteil ist, dass man mit minimalem Risiko echte Kunden gewinnt und gleichzeitig wertvolle Erkenntnisse für die spätere Skalierung sammelt (19).

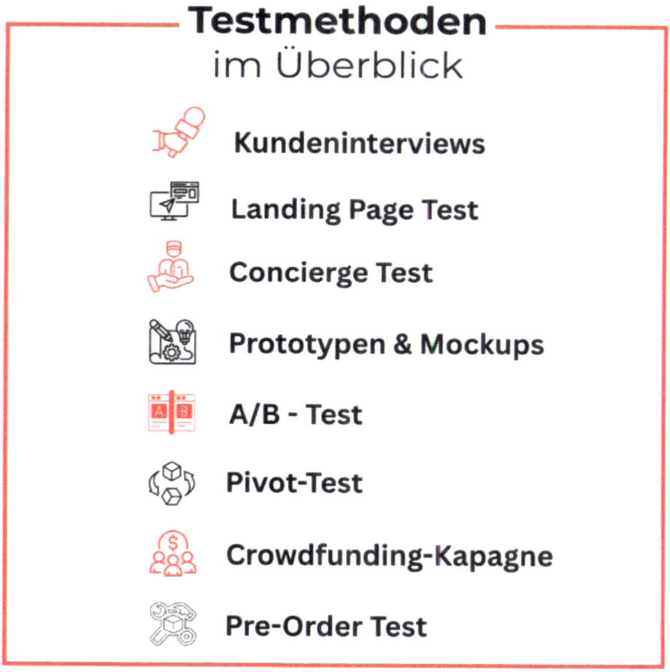

Abbildung 24: Testmethoden im Überblick

Weitere empfehlenswerte Testmethoden
Prototypen & Mockups

Das sind vereinfachte, visuelle Darstellungen eines geplanten Produkts, die es ermöglichen, Design und Funktionalität zu testen, ohne das finale Produkt zu entwickeln. Sie bieten eine kostengünstige

Möglichkeit, frühzeitig Feedback von Nutzern zu erhalten und Verbesserungen vorzunehmen, bevor größere Investitionen getätigt werden.

A/B-Test

Beim A/B-Test werden zwei oder mehrere Varianten eines Produkts, einer Website oder einer Marketingmaßnahme gleichzeitig verschiedenen Nutzergruppen präsentiert. Durch den direkten Vergleich der Leistungsdaten lässt sich objektiv bestimmen, welche Variante bessere Ergebnisse erzielt und somit die Annahmen über Nutzerpräferenzen validieren.

Pivot-Test

Ein Pivot-Test untersucht, ob eine grundlegende Änderung der Geschäftsstrategie, des Zielmarktes oder des Produktkonzepts zu besseren Ergebnissen führt. Durch systematisches Testen verschiedener Geschäftsmodell-Varianten lässt sich herausfinden, welche Richtung das größte Marktpotenzial bietet, ohne das gesamte Unternehmen zu gefährden (41).

Crowdfunding-Kampagne

Eine Crowdfunding-Kampagne testet die Marktakzeptanz eines Produkts, indem potenzielle Kunden bereits vor der Entwicklung Geld dafür bereitstellen. Gleichzeitig dient sie als Finanzierungsinstrument und Marketingkanal, wodurch sowohl die Nachfrage validiert als auch das nötige Kapital für die Umsetzung beschafft wird.

Pre-Order Test

Beim Pre-Order Test werden Vorbestellungen für ein noch nicht existierendes Produkt gesammelt, um die tatsächliche Kaufbereitschaft der Zielgruppe zu messen. Diese Methode liefert konkrete Zahlen zur Marktnachfrage und kann gleichzeitig als Finanzierungsquelle für die Produktentwicklung dienen.

Was noch zu berücksichtigen ist

Geschäftsmodell-Experimente sind der schnellste Weg, Unsicherheit zu reduzieren. Doch wer testet, läuft auch Gefahr, sich zu verzetteln oder falsche Schlüsse zu ziehen. In diesem Abschnitt werden die wichtigsten Stolperfallen beleuchtet. Sie erhalten Tipps, wie Sie die Experimente schlank halten und wie Sie Ihre Teststrategie effizient organisieren.

Fallstrike beim Testen von Geschäftsmodellen

Hier möchte ich nur auf die vier relevantesten und in der Praxis am häufigsten auftretenden Fallstricke eingehen, sodass Sie diese bei der Durchführung Ihrer eigenen Experimente berücksichtigen können.

1. **Bestätigungsfehler (Confirmation Bias)**: Dieser Fehler ist eine der häufigsten psychologischen Fallen im Validierungsprozess, bei der viele Unternehmer unbewusst nach Informationen suchen, die ihre bereits bestehenden Überzeugungen stützen, während sie widersprüchliche Erkenntnisse ignorieren oder herunterspielen. Erfolgreiche Unternehmer entwickeln daher eine wissenschaftliche Herangehensweise und formulieren ihre Geschäftsannahmen bewusst als Hypothesen, die sie aktiv zu widerlegen versuchen, anstatt nach Bestätigung zu suchen (19).

2. **Zu kleine Stichproben**: Ein weit verbreiteter Fehler ist die Ableitung weitreichender Schlussfolgerungen aus unzureichend großen Datenmengen, wie beispielsweise drei Kundeninterviews oder hundert Website-Besucher. Während qualitative Erkenntnisse bereits bei kleineren Stichproben wertvoll sein können, erfordern quantitative Entscheidungen statistisch signifikante Datenmengen, um Zufallsergebnisse von echten Markttrends zu unterscheiden (19).

3. **Falsche Fragen:** Die Art der Fragestellung entscheidet maßgeblich über die Qualität der erhaltenen Antworten, wobei hypothetische Fragen wie: Würden Sie das kaufen? häufig zu sozial erwünschten und damit wenig aussagekräftigen Reaktionen führen. Effektive Validierung basiert stattdessen auf verhaltensorientierten Fragen nach vergangenen Erfahrungen und konkreten Handlungen, die echte Bedürfnisse und Zahlungsbereitschaft aufdecken.

4. **Zu spätes Testen:** Je weiter die Produktentwicklung voranschreitet, desto höher werden die emotionalen und finanziellen Kosten für notwendige Änderungen oder gar einen kompletten Kurswechsel. Frühzeitige und kontinuierliche Experimente ermöglichen es, fundamentale Fehlannahmen zu identifizieren, solange noch Zeit und Ressourcen für Anpassungen vorhanden sind, anstatt erst nach Monaten der Entwicklung festzustellen, dass der Markt nicht existiert.

Experimente durchführen, ohne sich zu verzetteln
Viele engagierte Unternehmer starten voller Energie mit der Durchführung erster Tests und stellen nach kurzer Zeit fest, dass sie in einer Vielzahl von Experimenten den Überblick verlieren. Damit Experimente wirklich Klarheit schaffen, braucht es Fokus: Nicht alles gleichzeitig, sondern Schritt für Schritt. Entscheidend ist, die knappen Ressourcen bewusst einzusetzen und sich zuerst auf die kritischsten Annahmen zu konzentrieren.

- **Fokus auf das erfolgsentscheidende Risiko**: Erfolgreiche Validierung beginnt mit der systematischen Identifikation und Priorisierung der riskantesten Annahmen des Geschäftsmodells, jener Hypothesen, deren Scheitern das gesamte

Vorhaben zum Einsturz bringen würde. Anstatt Zeit und Ressourcen mit der Überprüfung weniger kritischer Details zu verschwenden, sollten Gründer und Unternehmer zuerst die fundamentalen Fragen klären: Existiert das Problem wirklich, ist die Zielgruppe bereit zu zahlen, und kann die geplante Lösung das Problem tatsächlich lösen?

Abbildung 25: Fallstricke und Tipps, um sich nicht zu verzetteln

- **Klein starten**: Der Grundsatz "Think big, start small" gilt besonders für die Validierungsphase, in der eine Vielzahl kleiner, kostengünstiger Experimente deutlich wertvoller ist als ein einziges aufwendiges und teures Großexperiment. Kleine Tests ermöglichen es, schnell zu lernen, flexibel auf Erkenntnisse zu reagieren und bei Bedarf die Richtung zu ändern, ohne bereits bedeutende Investitionen getätigt zu haben, die eine objektive Bewertung der Ergebnisse erschweren könnten.

- **Iterative Lernschleifen**: Jedes Experiment ist Teil eines kontinuierlichen Lernprozesses, bei dem die gewonnenen Erkenntnisse die Grundlage für die nächsten Schritte bilden, sei es die Anpassung der ursprünglichen Hypothese, die Entwicklung neuer Tests oder eine grundlegende Neuausrichtung der Geschäftsstrategie. Nach jedem Experiment sollten Gründer bewusst die kritische Entscheidung treffen, ob die Ergebnisse für ein "Persevere" (Weitermachen in die gleiche Richtung) oder ein "Pivot" (strategische Kurskorrektur) sprechen.

- **Stop-Regeln**: Ohne klar definierte Erfolgskriterien und Abbruchbedingungen besteht die Gefahr, dass Experimente endlos fortgeführt werden, ohne dass jemals konkrete Entscheidungen getroffen werden, ein Phänomen, das wertvolle Zeit und Ressourcen verschwendet. Erfolgreiche Gründer legen daher bereits vor Beginn eines Tests fest, welche Ergebnisse als Erfolg oder Misserfolg gewertet werden und wann das Experiment beendet wird, um eine objektive und zeitnahe Bewertung der Erkenntnisse zu ermöglichen.

EXPERIMENT 50: STOP-Regel

Definieren Sie Ihre individuellen STOP-Regeln

Formulieren Sie vor dem nächsten Experiment drei konkrete Kriterien, die über Abbruch oder Weiterführung entscheiden, wie beispielsweise die Mindestanzahl an Registrierungen, eine Conversion Rate > 5%, mindestens drei Zahlungszusagen, etc.

Kriterium 1: ....

Kriterium 2: ....

Kriterium 3: ....

Experimente organisieren: 4 Tipps aus der Praxis

Tipp 1 – Experiment-Board nutzen: Dieses dient als zentrales Steuerungsinstrument für den gesamten Validierungsprozess und schafft Transparenz über alle laufenden und geplanten Tests. In einer übersichtlichen Tabelle werden die Hypothesen, Experimente, Messkriterien und Ergebnisse strukturiert erfasst. Anhand dieser übersichtlichen Darstellung kann verhindert werden, dass wichtige Erkenntnisse vergessen werden. Darüber hinaus ermöglicht es auch die strategische Planung aufeinander aufbauender Experimente sowie die objektive Bewertung des Fortschritts bei der Validierung des Geschäftsmodells.

Tipp 2 – Klare Verantwortlichkeiten: Die eindeutige Zuteilung von Rollen und Verantwortlichkeiten für jeden Aspekt eines Experiments, von der Durchführung über die Datensammlung bis zur Analyse, ist entscheidend für eine professionelle und zielgerichtete Validierung. Ohne klare Zuständigkeiten entstehen häufig Kommunikationslücken, wichtige Details gehen verloren, und die Qualität der Experimente leidet.

Tipp 3 – Zeitboxen setzen: Die Festlegung konkreter, nicht verhandelbarer Zeitrahmen für jedes Experiment schafft den notwendigen Handlungsdruck, um Entscheidungen zu treffen, und verhindert das endlose Hinauszögern unbequemer Erkenntnisse.

Tipp 4 – Dokumentieren & teilen: Die schriftliche Dokumentation aller Ergebnisse aus Ihren unterschiedlichsten Experimenten und deren aktive Diskussion mit Teammitgliedern, Mentoren oder anderen Sparringspartnern verwandeln rohe Daten in echte Lernerkenntnisse und verhindern, dass wertvolle Einsichten in Vergessenheit geraten. Durch das Teilen und Reflektieren der Ergebnisse entstehen oft neue Perspektiven und Interpretationen, die dem Team allein möglicherweise entgangen wären und die für die nächsten strategischen Schritte entscheidend sein können.

Fazit: Ihr Geschäftsmodell im EINSATZ
Fallstricke vermeiden, Fokus gewinnen

Geschäftsmodelle werden nur dann tragfähig, wenn ihre Annahmen durch klare Hypothesen und schlanke Experimente direkt am Markt überprüft werden. Entscheidend ist die ehrliche Auswertung der Ergebnisse, um fundiert zu entscheiden, ob ein Kurswechsel nötig ist oder der eingeschlagene Weg konsequent weiterverfolgt werden sollte.

IN A NUTSHELL: Ihr GESCHÄFTSMODELL

Vom Bauchgefühl zur Evidenz

- Erfolgreiche Geschäftsmodelle starten mit radikaler Kundenzentrierung und einem glasklaren Wertangebot, das ein reales Problem spürbar löst.
- Formulieren Sie überprüfbare Hypothesen und testen Sie diese mit schlanken, schnellen Experimenten direkt am Markt, bevor Sie große Ressourcen binden.
- Balancieren Sie Ihr Modell konsequent zwischen Kostenstruktur und Einnahmequellen, sodass Erlöslogik und Preisgestaltung belastbar bleiben.
- Arbeiten Sie fokussiert: Priorisieren Sie Schlüsselaktivitäten, nutzen Sie Partner gezielt, setzen Sie STOP-Regeln und entscheiden Sie nach jedem Test „Pivot“ oder „Persevere“.
- Dokumentieren, lernen und iterieren Sie kontinuierlich am Business Model Canvas, bis alle neun Felder stimmig ineinandergreifen.

Zum Schluss

Herzlichen Glückwunsch! Sie haben das Ende dieses Buches erreicht – doch das ist erst der Anfang. Schließen Sie es nicht, um es beiseitezulegen, sondern um durchzustarten. Denn es sind nicht die großen Pläne, die den Unterschied machen, sondern die kleinen Schritte, die Sie heute setzen. Bleiben Sie neugierig, geduldig und mutig und verwandeln Sie Ihre Ideen in Wirklichkeit.

Fangen Sie an. Egal wie klein der erste Schritt ist, er bringt Sie näher an Ihr Ziel. Und manchmal ist der wichtigste Schritt einfach der, der Sie in Bewegung setzt.

„Erfolg ist kein Sprint, sondern ein gut geplanter Marathon: Schritt für Schritt, mit Freude und Leidenschaft für das, was Sie täglich tun."

Für noch mehr Impulse und konkrete Tools finden Sie zusätzliches Bonusmaterial auf meiner Homepage, nutzen Sie es, um Ihr Wissen zu vertiefen und Ihre nächsten Schritte zielgerichtet zu gestalten.

Ihre Reise beginnt jetzt!

BONUS

www.yoursuccess.at/bonusmaterial

scan me

Ich wünsche Ihnen dabei viel Erfolg!

Ihre Michaela Schatzl-Linder

Danksagung

Ein Buch wie dieses entsteht nicht im stillen Kämmerlein. Es wächst aus unzähligen Gesprächen, Erfahrungen und Begegnungen. Mein herzlicher Dank gilt daher allen Wegbegleitern, die mich inspiriert, gefördert und bestärkt haben: Kollegen, Vorgesetzten, Freunden und Bekannten, vor allem aber meinen Kunden und Partnern, mit denen ich in den letzten Jahren intensiv zusammengearbeitet habe. Sie haben mir gezeigt, welche Themen Gründer und Unternehmer wirklich bewegen – insbesondere jene, die Wachstum und Entwicklung nicht nur anstreben, sondern aktiv gestalten und dabei die richtigen, kritischen Fragen stellen.

Ein besonderer Dank geht an Eva, Doris, Elke, Thomas und Michael, deren kritisches Feedback und wertvolle Impulse dem Manuskript den letzten Schliff verliehen und es zur finalen Version dieses Buches geformt haben.

Mein ganz besonderer Dank gilt meinem Mann Bernhard. Er ist nicht nur meine stärkste Stütze, sondern auch derjenige, der mit mir Erfolge feiert, Rückschläge meistert und mit mir lacht, wenn mal wieder alles anders kommt als geplant. Mit ihm an meiner Seite darf ich wachsen, Neues wagen und habe immer jemanden, der an mich glaubt, auch in Momenten des Zweifels.

Vielen Dank dafür!

ANHANG

Glossar

B2B
Business-to-Business: Bezeichnet die Geschäftsbeziehung zwischen zwei oder mehreren Unternehmen.

Bedürfnisse
Es handelt sich um Wünsche, Erwartungen und Probleme, die Ihre potenziellen Kunden mit Ihrem Angebot stillen oder lösen möchten.

Aggregationspunkte
Sind Orte (digital oder physisch), an denen sich die Zielgruppe regelmäßig aufhält, um sich auszutauschen und zu informieren?

Alleinstellungsmerkmal
Beschreibt das besondere Merkmal oder den eindeutigen Vorteil, den Ihr Angebot von den Mitbewerbern unterscheidet.

Affinitätsdiagramm
Eine Methode zur systematischen Gruppierung von Ideen oder Informationen nach inhaltlicher Ähnlichkeit, um Muster zu erkennen und komplexe Themen übersichtlich zu strukturieren.

After Sales
Sind alle Aktivitäten und Maßnahmen nach dem Kauf, die darauf abziehen, Kunden langfristig zu binden, zufrieden zu stellen, um Folgegeschäfte oder Empfehlungen zu fördern.

Co-Creation
Entwicklung neuer Produkte oder Dienstleistungen gemeinsam mit Kunden, Partnern oder anderen, um Kundenbedürfnisse besser zu treffen und um Innovation zu fördern.

Content
Darunter versteht man alle Inhalte wie Texte, Bilder, Grafiken oder Videos, die erstellt und veröffentlicht werden.

Customer Pain
Beschreibt die konkreten Probleme, Schwierigkeiten oder Frustrationen Ihrer Kunden. Diese soll Ihr Produkt lösen.

Customer Gain
Das sind positive Ergebnisse, Vorteile oder Verbesserungen, die Kunden durch Ihr Angebot erreichen möchten.

Earned Channels
Sind Kommunikationskanäle, in denen Dritte freiwillig über Ihr Unternehmen oder Produkt berichten z.B. Presseartikel, Kundenbewertungen oder Social-Media-Erwähnungen.

Empathy Map
Ist ein Tool, um ein besseres Verständnis für die Kunden zu erhalten. Es visualisiert, was die Zielgruppe denkt, fühlt, hört, sagt und tut.

Einnahmequellen (Revenue Streams)
Sind alle Wege, in denen ein Unternehmen Geld verdient. Umsatzströme durch den Verkauf von Produkten und Wertleistungen.

Feedback
Ist die professionelle Rückmeldung zu einem Verhalten oder Produkt, die dazu dient, Stärken zu erkennen, Schwächen zu verbessern und eine Weiterentwicklung zu fördern.

Freemium
Ist ein Geschäftsmodell, bei dem meist eine Dienstleistung in einer kostenlosen Basisversion angeboten wird, während erweiterte Funktionen kostenpflichtig sind.

Geschäftsidee
Ist eine erste grundlegende Vorstellung davon, wie durch ein Produkt, oder eine Dienstleistung ein konkreter Kundenbedarf gedeckt und daraus ein tragfähiges Geschäftsmodell entwickelt werden kann.

Geschäftsmodell
Beschreibt, wie ein Unternehmen Wert für seine Kunden schafft, diesen liefert und dabei wirtschaftlich erfolgreich arbeitet.

Ideal Customer (Idealkunde, Wunschkunde)
Bezeichnet den perfekten Wunschkunden, der am besten zu Ihrem Angebot passt und den größten Nutzen daraus zieht.

Innovation
Die erfolgreiche Umsetzung einer neuen Idee in ein Produkt, eine Dienstleistung oder einen Prozess, der einen klaren Mehrwert schafft und sich am Markt oder in der Anwendung durchsetzt.

Jobs to be done
Beschreiben die konkreten Aufgaben, die Kunden mit einem Produkt erledigen wollen oder müssen, um einen Fortschritt zu erzielen.

Kanäle (Channels)
Kanäle beschreiben die verschiedenen Wege, über die ein Unternehmen seine Kunden erreicht, um ihnen ein Nutzenversprechen zu vermitteln, ein Produkt bereitzustellen und einen Service anzubieten.

KANO – Modell
Ist eine Methode zur Bewertung von Produkt- oder Service-eigenschaften und deren Einfluss auf die Kundenzufriedenheit. Man unterscheidet zw. Basis-, Leistungs- und Begeisterungsfaktoren.

Kostenstruktur (Cost Structure)
Die Kostenstruktur beschreibt die Gesamtheit aller anfallenden Kosten, einschließlich fixer und variabler Kosten, und macht sichtbar, welche Ressourcen, Aktivitäten oder Partnerschaften als zentrale

Kostentreiber wirken.

Kundenbeziehungen (Customer Relationship)
Beschreiben die Art und Weise, wie ein Unternehmen mit seinen Kunden interagiert, sie gewinnt und betreut. Von der persönlichen Betreuung bis hin zu automatisierten Services.

Kundennutzen
Ist der Mehrwert oder Vorteil, den Kunden durch ihr Produkt erhalten, weil damit ein Problem gelöst oder ein Wunsch erfüllt wird.

Kunden-Problem-Fit
Bedeutet, dass Ihr Angebot genau auf ein reales und vor allem relevantes Problem Ihrer Zielgruppe zugeschnitten ist und dadurch einen echten Bedarf im Markt trifft.

Kundensegmente (Customer Segments)
Kundensegmente sind klar definierte Gruppen von Personen oder Organisationen, die ein Unternehmen gezielt anspricht, weil sie gemeinsame Bedürfnisse, Verhaltensweisen oder Merkmale zeigen.

Kundeninterview
Ist ein strukturiertes Gespräch mit potenziellen oder bestehenden Nutzern, das dazu dient, deren Bedürfnisse, Probleme und Entscheidungsverhalten besser zu verstehen, um darauf basierend ein passendes Angebot zu entwickeln

Landingpage
Ist eine eigens gestaltete Webseite, auf die Besucher durch eine Werbung gezielt geleitet werden, um dort ein konkretes Angebot vorzustellen.

Maker-Spaces
Sind meist offen zugängliche Werkstätten oder Kreativräume, in denen mit Maschinen und digitalen Technologien experimentiert werden kann, um Ideen umzusetzen und Prototypen zu bauen.

Mind-Map (Themenlandkarte)
Ist eine visuelle Methode zur Strukturierung von Gedanken, bei der ein zentrales Thema im Mittelpunkt steht und durch Haupt- und Unterzweige in zusammenhängende Teilaspekte gegliedert wird.

Mission
Sie beschreibt den konkreten Auftrag und Zweck eines Unternehmens im Hier und Jetzt. Was es tut, für wen und mit welchem Nutzen.

Mock-UP
Ist ein realitätsnahes Modell oder eine visuelle Darstellung eines Produkts oder Designs, das zeigt, wie das Endergebnis aussehen wird, bevor es tatsächlich umgesetzt oder produziert wird.

MVP (Minimum Viable Product)
Ist die einfachste funktionsfähige Version eines Produkts, mit der eine Idee schnell am Markt getestet und erstes Nutzerfeedback gesammelt werden kann, bevor weitere Investitionen erfolgen.

Nutzerorientierung/Nutzen
Bezeichnet die konsequente Ausrichtung von Produkten und Dienstleistungen an den tatsächlichen Bedürfnissen, Erwartungen und Problemen der Nutzer, um maximalen Mehrwert zu schaffen.

Owned Channels
Sind Kommunikationskanäle, die einem Unternehmen selbst gehören und die es auch vollständig kontrollieren kann wie beispielsweise die eigene Webseite, Newsletter oder Social-Media-Profile.

Paid Channels
Sind bezahlte Kommunikationskanäle, über die ein Unternehmen gegen Bezahlung Werbung schalten kann, um die Reichweite zu erhöhen oder um neue Kunden zu gewinnen.

Pain Points
Sind konkrete Probleme, Hindernisse oder Frustrationen, die Kunden

im Alltag oder bei der Nutzung eines Produktes erleben und die durch das eigene Angebot gezielt gelöst werden können.

Persevere

Im Startup-Kontext versteht man darunter, an einer Idee oder Strategie festzuhalten und sie weiterzuentwickeln.

Personas

Sind fiktive, aber trotzdem realitätsnahe Vertreter ihrer Zielgruppe, die auf Daten und Beobachtungen basieren und helfen, Motive, Kundenbedürfnisse und Entscheidungsverhalten besser zu verstehen.

Pivot

Im Startup-Kontext versteht man darunter eine strategische Richtungsänderung, bei der das Unternehmen sein Produkt, Geschäftsmodell oder Zielsegment anpasst, um besser auf Kundenbedürfnisse und Marktbedingungen zu reagieren.

Produkt-Markt-Fit

Bedeutet, dass Ihr Produkt oder Ihre Dienstleistung den Bedürfnissen des Marktes genau entspricht und Kunden begeistert kaufen und weiterempfehlen.

Prompt

Ist eine gezielte Eingabe oder Fragestellung an eine künstliche Intelligenz, die als Ausgangspunkt dient, um relevante, hilfreiche oder kreative Antworten zu generieren.

Prototyp (siehe auch MVP)

Ist eine einfache, oft unvollständige Vorabversion eines Produkts oder einer Lösung, die genutzt wird, um Ideen frühzeitig greifbar zu machen, zu testen und Feedback von Nutzern einzuholen.

Reverse Engineering

Bezeichnet die systematische Analyse eines bestehenden Produkts oder Systems, um dessen Funktionsweise, Struktur oder

Herstellungsprinzipien nachvollziehen zu können, um daraus eigene, verbesserte oder neue Lösungen abzuleiten.

Schlüssel-Aktivitäten (Key Activities)
Sind die wichtigsten Tätigkeiten, die ein Unternehmen ausführen muss, um sein Geschäftsmodell erfolgreich umsetzen zu können.

Schlüssel-Partnerschaften (Key Partnerships)
Bezeichnet strategische Kooperationen mit externen Partnern, die für den Erfolg des eigenen Geschäftsmodells von entscheidendem Vorteil sind.

Schlüssel-Ressourcen (Key Ressources)
Sind die zentralen Mittel wie Know-how, Kapital oder Infrastruktur, die ein Unternehmen benötigt, um sein Geschäftsmodell umsetzen zu können.

Self-Service
Bezeichnet ein Angebots- oder Servicekonzept, bei dem Kunden Leistungen selbständig einbringen können und aktiv mithelfen, was sich meist im geringeren, zu bezahlenden Produktpreis widerspiegelt.

Subscription
Dieses Geschäftsmodell basiert auf Kunden, die regelmäßig wiederkehrende Zahlungen leisten, um kontinuierlich Zugang zu einem Produkt oder einer Dienstleistung zu erhalten.

Themenlandkarte – siehe Mind-Map
Ist eine Methode, die einen visuellen Überblick zeigt, welche Themen, Inhalte und Zusammenhänge für ein Projekt oder eine Zielgruppe relevant sind. Sie unterstützt dabei Struktur, Fokus und strategische Schwerpunkte zu erkennen.

Traffic
So bezeichnet man die Anzahl der Besucher oder Aufrufe auf einer Webseite oder Plattform. Es zeigt den Datenverkehr, wie viele

Menschen sich online mit Ihren Inhalten beschäftigen.

Trendkombination
Trendkombination bezeichnet die kreative Verbindung zweier oder mehrerer gesellschaftlicher, technologischer oder wirtschaftlicher Entwicklungen, um daraus innovative Produkte, Dienstleistungen oder Geschäftsmodelle mit Zukunftspotenzial zu gestalten.

Unternehmenskultur
Sie beschreibt die gemeinsamen Werte, Überzeugungen und Verhaltensweisen, die bestimmen, wie Menschen in einem Unternehmen miteinander arbeiten, kommunizieren und Entscheidungen treffen, aber auch, wie sie mit ihren Kunden umgehen.

Use Case
Darunter versteht man einen konkreten Anwendungsfall, der beschreibt und klar zeigt, wie ein Produkt oder eine Lösung in der Praxis genutzt wird, um ein bestimmtes Ziel zu erreichen.

Validierung
Darunter versteht man, dass Annahmen getroffen, Konzepte entworfen und anschließend systematisch überprüft werden, um zu klären, ob sie in der Praxis auch funktionieren würden und bei den Kunden einen echten Bedarf wecken.

Vision
Sie beschreibt die langfristige und inspirierende Zukunft eines Unternehmens, wohin es sich entwickeln möchte und welchen positiven Beitrag für die Welt es stiften möchte.

Wechselkosten
Dies sind Aufwände, Kosten oder ganz allgemein gesprochen Nachteile, die Kunden entstehen, wenn sie von einem Anbieter oder einem Produkt zu einem anderen wechseln. Sie wirken daher oft als Hürde.

Wertangebot (Value Proposition)
Darunter versteht man den zentralen Nutzen oder Mehrwert, den ein Unternehmen seinen Kunden bietet, um deren Probleme zu lösen oder deren Wünsche zu erfüllen.

Zielgruppe
Bezeichnet die Gruppe von Menschen oder Unternehmen, die ein Angebot am meisten ansprechen sollte, weil sie den größten Nutzen daraus ziehen und am ehesten bereit sind, dafür zu bezahlen.

Experimente

Tabellen

Abbildungen

Literatur

1. Dr. Ingeborg Hochmair-Desoyer. [Online] [Zitat vom: 26. Juni 2025.] https://de.wikipedia.org/wiki/Ingeborg_Hochmair-Desoyer.
2. MEDEL Wir machen das Leben hörbar. [Online] [Zitat vom: 26. Juni 2025.] https://www.medel.com/de-at.
3. Hill, Stephen, Inoescu-Sommer, Aileen und Coduras, Alicia. *GEM 2024/25 Global Report Entrepreneurship Reality Check.* 2025.
4. Sinek, Simon. The Golden Circle. *Simon Sinke's Optimism Company.* [Online] [Zitat vom: 25. Oktober 2025.] https://simonsinek.com/golden-circle/.
5. Patagonia EU. *Werte&Projekte.* [Online] [Zitat vom: 30. Juni 2025.] https://eu.patagonia.com/at/de/core-values/?srsltid=AfmBOopAVPbmkA16hS_OuoUwSFZ_VTdv5hXBLflCVlDx_jE69BJyApST.
6. IKEA. *The IKEA vision and values.* [Online] [Zitat vom: 30. Juni 2025.] https://www.ikea.com/nz/en/this-is-ikea/about-us/the-ikea-vision-and-values-pub9aa779d0/.
7. Pereira, Daniel. Businessmodelanalyst. *Airbnb Missions- und Visionserklärung.* [Online] 15. März 2025. [Zitat vom: 30. Juni 2025.] https://businessmodelanalyst.com/de/airbnb-mission-and-vision-statement/?srsltid=AfmBOootcATMZFClGNnJgFZN-WWLAcvG0nl4QA_QhWNJTdAXKkhXnyD2.
8. Dyson, James. wikipedia. [Online] [Zitat vom: 15. Juni 2025.] https://en.wikipedia.org/wiki/James_Dyson.
9. *A Story of Innovation: The Cyclone Vacuum Cleaner Invented by James Dyson.* . Robin, Roy. United Kingdom : The Open University, 2016.
10. GoogleTrends. [Online] [Zitat vom: 16. Juni 2025.] https://trends.google.de/trends/.
11. BMI Lab. *Ressources: 55+PatternCards.* [Online] [Zitat vom: 16. Juni 2025.] https://bmilab.com/resources/ideation-tools#bmi-pattern-cards.
12. Blank, Steve und Dorf, Bob. *The Startup Owner's Manual, Zitat von Seiten 1ff.* s.l. : Wiley, 2020.
13. SCAMPER Technique: Drive Innovation & Creativity. *SixSigma.* [Online] 15. July 2024. [Zitat vom: 15. Juni 2025.] https://www.6sigma.us/lean-tools/scamper-technique/.
14. Schulz, Dr. Christoph. Die KJ Methode – Probleme & Lösungen visuell strukturieren. *Consulting Live.* [Online] 13. Mai 2024. [Zitat vom: 24. Juni 2025.] https://www.consulting-life.de/kj-methode/.

15. Niemeier, Claire, Carpio, Elissa und Gupta, Priyanka. Navigating public transit can be confusing at the best of times, but for people with physical impairments or anxiety-related mental health struggles it can be even more challenging. Our goal for this project was to create accessibility features within Goo. *CLAIRE NIEMEIER.* [Online] Oktober 2023. [Zitat vom: 13. Oktober 2025.] https://www.claireniemeier.com/case-study-google-maps-accessibility.
16. Knapp, Jake. The Design Sprint. *GV.* [Online] [Zitat vom: 24. Juni 2025.] https://www.gv.com/sprint/.
17. Kano, Prof. Noriaki. [Online] [Zitat vom: 24. Juni 2025.] https://en.wikipedia.org/wiki/Noriaki_Kano.
18. Noetzel, Denise. Kano Model of Customer Satisfaction. *OMR Reviews.* [Online] 11. November 2024. [Zitat vom: 24. Juni 2025.] https://omr.com/en/reviews/contenthub/kano-model.
19. Bland, David, et al. *Testing Business Ideas.* Frankfurt/New York : Campus Verlag, 2020.
20. Osterwalder, Alexander, et al. *The Invincible Company.* Frankfurt / New York : campus Verlag, 2020.
21. Hoffmeister, Christian. *Digital Business Modelling: Digitale Geschäftsmodelle verstehen, designen, bewerten.* München : Hanser, 2022.
22. Dunne, Kevin. SWOT Analysis, Understanding Your Business, Informing Your Strategy . *Mindtools.* [Online] [Zitat vom: 24. Juni 2025.] https://www.mindtools.com/amtbj63/swot-analysis.
23. Gupta, S.K. SWOT Analysis of Apple. *Business Strategy Hub.* [Online] 5. May 2025. [Zitat vom: 13. Oktober 2025.] https://bstrategyhub.com/swot-analysis-of-apple-apple-swot/.
24. Becker, Sophia. Porters 5 Forces: Eine klare und einfache Erklärung mit Beispiel. *Hausarbeit schreiben.* [Online] 18. Juni 2024. [Zitat vom: 13. Oktober 2025.] https://hausarbeit-schreiben.com/porters-5/.
25. Johnson, Gerry, Scholes, Kevan und Whittington, Richard. *Exploring Corporate Strategy.* Essex : Pearson Education Limited, 8. Auflage.
26. Prioritize Projects and Tasks With Impact Effort Matrix. *SixSigma.* [Online] 22. März 2024. [Zitat vom: 13. Oktober 2025.] https://www.6sigma.us/project-management/impact-effort-matrix/.
27. Gary Hamel: Visiting Professor of Strategy and Entrepreneurship. *London Business School.* [Online] [Zitat vom: 22. September 2025.] https://www.london.edu/faculty-and-research/faculty-profiles/h/hamel-g.
28. Hamel, Gary. *Leading the Revolution: How to Thrive in Turbulent Times by Making Innovation a Way of Life.* New Yoork : Penguin Putnam Inc. , 2002.
29. Osterwalder, Alexander und Pigneur, Yves. *Business Model Generation.* Frankfurt am Main : campus Verlag GmbH, 2011.

30. Lewrick, Michael, Link, Patrick und Leifer, Larry. *Das Design Thinking Playbook.* München : Verlag Franz Vahlen GmbH, 2018.
31. Gassmann, Oliver, Frankenberger, Karolin und Choudury, Michaela. *Geschäftsmodelle entwickeln: Der Business Model Navigator.* München : Carl Hanser Verlag GmbH, 2021.
32. History: Cultural Icon. *Kodak Company.* [Online] [Zitat vom: 03. Juli 2025.] https://www.kodak.com/en/company/page/history/.
33. Mui, Chinka. How Kodak Failed. *Forbes.* [Online] 18. Jänner 2012. [Zitat vom: 03. Juli 2025.] https://www.forbes.com/sites/chunkamui/2012/01/18/how-kodak-failed/.
34. Lee, Dave. Nokia: The rise an fall of a mobile gigant. *BBC News.* [Online] 03. September 2013. [Zitat vom: 03. Juli 2025.] https://www.bbc.com/news/technology-23947212.
35. Ali, Ash und Kubba, Hasan. *The Unfair Adfantage: How you already have what it takes to succeed, Zitat von Seite 6.* London : Profile Books Ltd., 2021.
36. Godin, Seth. *This is Matketing: You Can't be Seen Until You Learn to See.* s.l. : Penguin Random House UK, 2018.
37. Lewrick, Michael, Link, Patrick und Leifer, Larry. *Das Design Thinking Playbook.* Zürich : Versus Verlag, 2018.
38. Jawfer, Mohamed Fayas. Building Emires with Empathy Maps: An AirBnB Case Study. *Medium.* [Online] 25. Februar 2023. [Zitat vom: 14. Oktober 2025.] https://m-fayasjawfer.medium.com/from-empathy-to-empire-airbnb-case-study-part-6-6517275a6e60.
39. Torossian, Ronn. toyLEGO'S Marketing Strategy: An Analysis. *Medium.* [Online] 25. August 2023. [Zitat vom: 4. August 2025.] https://ronntorossian.medium.com/legos-marketing-strategy-an-analysis-e06d7d625169.
40. Blank, Steve und Dorf, Bob. *The Startup Owner's Manual: The Step-by-Step Guide for Building a Great Company, Zitat von Seite I.* New Jersey : Wiley, 2020, 2012. Zitat.
41. Ries, Eric. *Lean Startup: Schnell, risikolos und erfolgreich Unternehmen gründen.* München : Redline Verlag, 2020.
42. Osterwalder, Alexander, et al. *Value Proposition Design.* New Jersey : John Wiley & Sons, Inc., 2014.
43. Kahneman, Daniel. *Schnelles Denken, langsames Denken.* München : Verlagsgruppe Random House FSC, 2011.
44. Ali, Ash und Kubba, Hasan. *The Unfair Advantage: How you already have what it takes to succeed.* London : Profile Books Ltd., 2021.
45. Alonso, Tefin. How dyson's Innovation Became Its Key To Success. *strategyfactory by Cascade.* [Online] 4. Oktober 2024. [Zitat vom: 11. August 2025.] https://www.cascade.app/studies/dyson-strategy-study?utm.

46. *Identifying competitice customer value proposition in retailing.* Rintamäki, Timo, Kuusela, Hannu und Mitronen, Lasse. Vol. 17 No. 6, s.l. : Emerald Group, 2007, Bd. Managing Service Quality.
47. Conley, James G., Bican, Peter M. und Ernst, Holger. *The Nespresso Case.* Northwestern University, USA : Kellogg School of Management, 2013.
48. Livescault, Jonathan. Customer Co-Creation Examples: 12 Companies Doing It Right. *Braineet.* [Online] [Zitat vom: 12. August 2025.] https://www.braineet.com/blog/co-creation-examples?utm.
49. Christensen, Clayton M., et al. *Competing Against Luck: The Story of Innovation and Customer Choice, Zitat Seite 1ff.* New York : Harper Business, 2016.
50. Nobel, Carmen. Harvard Business School Working Knowledge. *Clay Christensen's Milkshake Marketing.* [Online] 14. Februar 2011. [Zitat vom: 25. September 2025.] https://www.library.hbs.edu/working-knowledge/clay-christensens-milkshake-marketing.
51. Prajwal. IKEA Marketing Strategy: A Case Study - 2024 Updates. *SPRINTZEAL Empowering Professionals.* [Online] 12. Februar 2025. [Zitat vom: 21. August 2025.] https://www.sprintzeal.com/blog/ikea-marketing-strategy?utm.
52. Brunson, Russel. *Traffic Secrets - The Underground Playbook for filling your websites and funnels with your dream customers.* London : Hay House UK LTD., 2020.
53. Pafitis, Effy. Red Bull's Marketing Strategy: What Your Company Can Learn. *Marketing & Branding.* [Online] 28. Jänner 2020. [Zitat vom: 21. August 2025.] https://newcompany.co/blog/marketing-strategy-red-bull?utm.
54. Kim, Chan und Mauborgne, Renèe. *Der Blaue Ozean als Strategie: Wie man neue Märkte schafft, wo es keine Konkurrenz gibt.* München : Carl Hanser Verlag, 2016.
55. Hormozi, Alex. *$100M Offers.* Austin, Texas : Selfpublished, 2021.
56. Cuofano, Gennaro. The Zalando Business Model In A Nutshell. *FourWeekMBA FourWeekMBA.* [Online] 11. Juni 2024. [Zitat vom: 14. Oktober 2025.] https://fourweekmba.com/zalando-business-model/?utm_source=chatgpt.com.
57. Dewitz, Antje von. Der Weg von Vaude zu Nachhaltigkeit. *Plant Vaules.* [Online] 6. Februar 2020. [Zitat vom: 27. September 2025.] https://plant-values.de/vaude-interview-nachhaltigkeit/?amp=1.
58. B2B2C Use Case Rimowa: Vom Koffer zur Luxusmarke. *XQ Digital.* [Online] 30. April 2025. [Zitat vom: 27. September 2025.] https://xq-digital.com/b2b2c-use-case-rimowa-vom-koffer-zur-luxusmarke.

59. Thompson, S. H., et al. Google Glass: Developement, Marketing and user Acceptance. *National University of Singapore, Ivey Publishing.* 2016, Bd. W15592.
60. Olenick, Michael. Segway Case Study: Avoiding the Fate of the Segway Electric Scooter. *Blue Ocean.* [Online] [Zitat vom: 8. September 2025.] https://www.blueoceanstrategy.com/blog/segway-case-study-avoiding-fate-of-segway-electric-scooter/.
61. Muse, Tylor. What Happend to Papsi A.M. - Why it failed. *History Oasis.* [Online] 18. Juni 2024. [Zitat vom: 06. September 2025.] https://www.historyoasis.com/post/pepsi-am?utm.
62. What was Beepi? *Failory.* [Online] [Zitat vom: 06. September 2025.] https://www.failory.com/cemetery/beepi?utm.
63. Crawford, John. The Lessons Learned from a $1,7 Billion Failure. *Babson Thought & Action.* [Online] 16. November 2020. [Zitat vom: 06. September 2025.] https://entrepreneurship.babson.edu/lessons-from-billion-dollar-failure/?utm.
64. Osterwalder, Alexander und Pigneur, Yves. *Busines Model Generation Zitat von Zeite 18ff.* Frankfurt am Main : campus, 2011.
65. Jóskowiak, Przemysław. *Strategie zur Markenentwicklung am Beispiel von Zalando in den Jahren 2014-2021.* Warszawa : s.n., 2023.
66. Pereira, Daniel. Spotify-Geschäftsmodell. *The Business Model Analyst.* [Online] 08. Dezember 2024. [Zitat vom: 28. September 2025.] https://businessmodelanalyst.com/de/Spotify-Gesch%C3%A4ftsmodell/.
67. Persson, Emil. Quartr. *The LEGO Story: Building a Business Brick by Brick.* [Online] 8. Oktober 2024. [Zitat vom: 15. Oktober 2025.] https://quartr.com/insights/edge/the-lego-story-building-a-business-brick-by-brick.
68. McKeown, Greg. *essentialsim: The Discipline Pursuit of Less.* s.l. : Penguin Radom House UK, 2021.
69. Rahman, Lubna und Ullah, Hafiza. Global Journal of Management and Business Research. *The Concept and Implementation of Kaizen in an Organization.* [Online] 14. Jänner 2019. [Zitat vom: 08. September 2025.] https://journalofbusiness.org/index.php/GJMBR/article/view/2678/2-The-Concept-and-Implementation_JATS_NLM_xml?utm.
70. Ritzer, George. The McDonaldization of Society. *The Journal of American Culture.* 1983, Bd. 6, 1 (100 - 107).
71. Ries, Eric. *Lean Startup: Schnell, risikolos und erfolgreich Unternehmen gründen, Zitat Seite 21ff.* München : redline, 2020.

Über die Autorin

Dr. Michaela Schatzl-Linder BSc, vereint als promovierte Technikerin, Wirtschaftsingenieurin und Unternehmensberaterin eine einzigartige Kombination aus technischem Know-how, strategischer Weitsicht und unternehmerischer Leidenschaft. Nach fast 20 Jahren in verantwortungsvollen Positionen in der internationalen Forschung und Entwicklung wagte sie 2023 den Schritt in die Selbstständigkeit und gründete yourSUCCESS.

Mit ihrem Unternehmen unterstützt sie technikaffine Gründer:innen und KMUs dabei, aus innovativen Ideen tragfähige und marktfähige Geschäftsmodelle zu entwickeln. Ihre besondere Stärke ist die Verbindung von technischer Expertise mit klarem Kundenfokus. Sie hilft ihren Kund:innen, Visionen aus dem Labor oder der Werkstatt in strukturierte, wirtschaftlich überzeugende Strategien zu übersetzen. Immer mit dem Ziel, einen echten Nutzen für die Zielgruppe zu schaffen.

In der kritischen Startphase eines Unternehmens ist sie eine entschlossene Wegbegleiterin: Sie schafft Klarheit, reduziert Komplexität und gibt motivierende Impulse, um Handeln möglich zu machen. Ihr Credo: „Wer dranbleibt, erreicht sein Ziel: Schritt für Schritt."

Privat wie beruflich verbindet sie analytische Präzision mit begeisterndem Optimismus und der feste Überzeugung, dass jeder Erfolg mit dem ersten mutigen Schritt beginnt. Verankert in Oberösterreich, arbeitet sie mit Menschen, die Technologie und Unternehmergeist verbinden wollen, um nachhaltige Lösungen zu schaffen.